PHILIPPE MABILLY

Les Villes de Marseille au Moyen-Age

VILLE SUPÉRIEURE
ET
VILLE DE LA PRÉVOTÉ

1257—1348

DÉPOT
Chez M. J.-B. ASTIER
Boulevard du Jardin Zoologique, 40

1905

PHILIPPE MABILL

Les Villes de Marseille au Moyen-Age

VILLE SUPERIEURE ET VILLE DE LA PREVOTE

1257—1348

DÉPOT
Chez M. J.-B. ASTIER
Boulevard du Jardin Zoologique, 40

1905

INTRODUCTION

Le travail que nous soumettons au public ne saurait avoir la prétention de constituer l'histoire des villes hautes de Marseille, c'est-à-dire de la ville supérieure qui, avant 1257, avait l'évêque pour seigneur, et de la ville de la prévôté et de l'œuvre qui était sous la seigneurie du chapitre de la Major. L'histoire doit être un exposé suivi et raisonné des institutions et des événements. Or, une partie des documents qu'elle nécessiterait ne sont pas parvenus jusqu'à nous ou se trouvent dans des archives encore fermées aux investigations. C'est pour cette raison que les pages suivantes sont présentées sous la forme d'une succession de notes que les historiens futurs pourront utiliser sans doute. Il est cependant indispensable pour éclairer les documents analysés et ceux qui sont donnés in-extenso, *d'indiquer, dans la mesure du possible, l'origine de ces deux villes.*

I.

De la pluralité des villes a Marseille pendant le Moyen-Age (1)

Au moyen âge, jusqu'en 1348, le territoire de Marseille, on le sait, était soumis à plusieurs seigneurs. Sans parler de la vaste portion sur laquelle la domination de l'abbaye de Saint-Victor s'étendait, on comptait à Marseille, avant le XIVe siècle, trois villes dépendant d'autorités différentes : 1° La ville vicomtale ou inférieure, comprenant la partie nord du port et s'élevant au-delà de l'hôpital du Saint-Esprit (aujourd'hui Hôtel-Dieu), longeant le dit port depuis Saint-Jean jusque vers la Canebière et placée sous la seigneurie des vicomtes de Marseille ; 2° la ville épiscopale ou supérieure, dite aussi ville des Tours, située au nord-est dans l'enceinte des remparts, sous la seigneurie de l'évêque ; 2° la ville de la prévôté et de l'œuvre ou du chapitre de la Major, comprenant la partie ouest depuis Saint-Jean jusqu'au rempart situé derrière l'église de la Trinité, sous la seigneurie de la Prévôté et de l'Œuvre.

Le régime sous lequel vivaient les habitants des terres abbatiales est connu grâce à la publication du *Cartulaire* de l'Abbaye et à la préface qui le précède, due à la plume savante de Guérard.

Rufli, dans son *Histoire de Marseille,* s'est surtout attaché à exposer les faits qui se sont produits à la fin du XIIIe siècle et au commencement du XIVe, dans la ville vicomtale. Les *Statuts*, publiés et commentés par divers auteurs, ont jeté quelque lumière sur la vie municipale de cette ville.

Mais on a presque complètement laissé dans l'ombre la formation, le développement, les coutumes, l'organisation, etc., de la ville épiscopale et de la ville de la prévôté et de l'œuvre, car l'*Antiquité de l'Église de Marseille* et la *Major* ne s'occupent que très peu des faits municipaux. Les notes publiées ici pourront donc servir à ceux qui voudraient plus tard tracer une histoire complète de ces deux villes.

Les quatre autorités qui gouvernèrent pendant plusieurs siècles ces quatre parties de la cité marseillaise prirent naissance à l'époque où la féodalité s'étendait à peu près sur toute l'Europe. Du reste, on n'a pas ici la prétention de donner l'origine exacte de ces pouvoirs, d'autant que les écrivains spéciaux n'ont pu dissiper tous les doutes qui planent sur ces temps obscurs. On croit que la ville vicomtale demeura tout d'abord sous la suzeraineté des comtes de Provence. Mais peu à peu leurs délégués, les vicomtes, s'affranchirent de la tutelle comtale et devinrent les véritables souverains du territoire qu'ils avaient au début charge seulement d'administrer. N'ayant plus aucune puissance au dessus d'eux, les vicomtes vendirent vers 1217 leurs droits aux citoyens de la partie inférieure de la cité marseillaise.

L'autorité prise par les évêques sur la partie supérieure de la ville se consolida grâce à la politique habile qu'ils suivirent pendant des siècles. L'origine de leurs premières entreprises pour établir leur domination civile est enveloppée de ténèbres que l'histoire a très peu dissipées. Grégoire de Tours (1) cependant nous signale l'existence du pouvoir temporel des prélats marseillais vers l'an 576 en nous relatant les démêlés de l'évêque Théodore avec le gouverneur Dinamius. Mais c'est vers la fin du Xe siècle que ce pouvoir s'affirme et s'établit définitivement. Le prélat tenant le siège épiscopal en 948, Honoré, refusa de reconnaitre comme suzerain Boson, qui s'était emparé du gouvernement de la Provence. Ce refus acheva la main-mise opérée par les évêques sur la partie du territoire de Marseille qu'on appela plus tard les villes hautes, main-mise qu'ils firent consacrer par les empereurs d'Allemagne en reconnaissant leur suzeraineté purement nominale qui, parait-il, suffisait alors à l'orgueil féodal de ces monarques.

Par une charte de l'an 1165 (2), Frédéric Barberousse confirma les droits et les possessions que les évêques détenaient à cette époque, sur la ville épiscopale, Roquebarbe, Plombière, Mont-Juif, Pratlong, Saint-Just, Les Garbiers, Casau (Saint-Charles), Saint-Bauzily, Morier, Château-Babon, le port de Porte-Galle, etc., et les droits que tous les habitants du territoire appartenant à l'évêque possédaient de faire le commerce dans le port de la ville inférieure sans payer le cens.

Les papes, de leur côté, octroyèrent de semblables confirmations.

Les évêques auraient donc seuls jouis de l'entière et pleine autorité sur la ville supérieure si, au commencement du XIIIe siècle, des divisions ne s'étaient

(1) Livre IX, chap. 31 et 32.

(2) Publiée par F. Famin, Agen, 1868.

produites au sujet de l'administration de ces biens et de ces droits au sein de l'Église marseillaise.

En effet, l'abbaye de Saint-Victor d'une part, et le chapitre de la Major par l'organe de son prévôt, d autre part, élevèrent la prétention d'exercer d'une manière effective les droits qui avaient été octroyés à chacun d'eux, disaient-ils, à diverses époques.

Ils ne repoussaient pas l'autorité éminente de l'évêque, mais ils affirmaient qu'ils devaient jouir séparément des privilèges et des bénéfices que ces droits comportaient. Les juges donnèrent tout d'abord gain de cause à l'Abbaye. Le chapitre de la Major formé, on le sait, par les chanoines, après des démarches relatées dans des documents qui nous restent (1) obtint, en 1161, à la suite d'une décision arbitrale rendue par les évêques de Carpentras et d'Antibes, la faculté d'administrer ses possessions et d'exercer à son profit les droits dont les actes antérieurs l'avaient investi. Or, comme certaines des possessions et par conséquent des droits appartenant au Chapitre étaient situées et s'exerçaient sur la partie nord-ouest de Marseille, le gouvernement du territoire nord de la cité se trouva divisé entre l'évêque et le Chapitre. Le territoire sur lequel l'autorité de l'évêque s'exerça se nomma la ville épiscopale ou des Tours, et celui qui était soumis à l'autorité du Chapitre prit le nom de ville de la prévôté et de l'œuvre de la cathédrale *(villa præpositura et operæ sedis massiliæ)*, parce que le Chapitre comprenait deux institutions particulières : la Prévôté et l'Œuvre, dirigées chacune par un fonctionnaire particulier : le Prévôt et l'Ouvrier.

(1) *Livre de la Major*, Arch. de la Préfecture.

On trouvera plus bas la division territoriale de ces deux villes hautes, d'après les documents qui sont parvenus jusqu'à nous.

II.

Les villes hautes de Marseille avant 1257

Les prétentions satisfaites de l'abbaye de Saint-Victor et du Chapitre, bien qu'elles diminuassent l'autorité et les revenus des évêques, n'enlevaient rien cependant à l'Eglise marseillaise. Les biens ne sortaient pas de ses mains. Ils passaient du pouvoir épiscopal à celui de l'Abbaye et du prévôt. Du reste, l'évêque conserva la haute justice sur la ville de la prévôté et de l'œuvre. L'Église du diocèse, dans son ensemble, possédait donc les droits, les privilèges et les profits dont elle s'était emparée durant le cours des siècles. Les évêques avaient tout d'abord repoussé ces prétentions. C'était leur devoir. La haute fonctions qu'ils occupaient les obligeait à protester. Ils résistèrent, ils protestèrent ; mais ils se soumirent sans mauvaise grâce.

Il n'en fut pas de même lorsque des revendications d'une autre nature se manifestèrent, lorsque sous le vent d'émancipation communale qui soufflait de toute part en Occident, les habitants de la ville épiscopale réclamèrent une part de l'administration du territoire sur lequel ils vivaient. C'était au moment où les citoyens de la ville inférieure, appelée ville vicomtale, venaient de racheter tous les droits dont jouissaient les vicomtes et inauguraient chez eux le gouvernement républicain. Réunis le jour de la fête de saint

Jean-Baptiste dans le cimetière des Accoules, ils nommaient les cent chefs de métiers qui formaient le grand conseil de la commune. Tous les magistrats municipaux tenaient leurs fonctions du suffrage direct ou à plusieurs degrés des citoyens.

Le voisinage de ces institutions démocratiques réveilla, sans doute, les désirs d'émancipation que les habitants de la ville épiscopale nourrissaient, désirs qui, du reste, étaient partagés par les hommes de presque toutes les villes et les bourgs. On ignore s'ils proposèrent de racheter, comme leurs concitoyens de la ville vicomtale, les droits que l'évêque possédait sur leur ville. Il est donc impossible de dire que l'évêque d'alors refusa de les vendre bien que l'attitude prise par lui et ses successeurs au cours des événements postérieurs indique que, si une pareille proposition lui avait été faite, il l'aurait très probablement repoussée ; les faits exposés plus bas autorisent cette assertion.

Du reste, que les habitants de la ville épiscopale aient voulu s'affranchir de l'autorité des évêques contre espèce ou non, ils n'en firent pas moins des efforts répétés pour conquérir la liberté que leurs voisins avaient payée à beaux deniers d'argent.

A peu près à la même époque où les citoyens de la ville inférieure organisaient le gouvernement républicain et établissaient des lois démocratiques qui font encore aujourd'hui l'admiration des jurisconsultes, les habitants de la ville supérieure, brisant les liens qui les soumettaient à l'évêque, s'érigèrent, aidés par ceux de la ville inférieure, en commune, constituèrent un état particulier auquel ils donnèrent la forme républicaine et instituèrent une administration politique, judiciaire, financière, etc. Ils nommèrent Rieu, podesdestat, chef de la République; des consuls, des assesseurs, des juges, un notaire de la commune, Guillaume Arnaud. Enfin après avoir déterminé toutes les fonctions de l'État, ils les pourvurent de titulaires. L'administration fonctionnait, la justice était rendue, les impôts perçus au nom de la République. Mais les citoyens de la ville inférieure qui, à la même époque, avaient concouru à la destruction du pouvoir temporel de l'évêque, déclarèrent par l'organe de leurs syndics, en un parlement public, qu'ils voulaient vivre en bonne harmonie avec l'Église et l'on procéda à la délimitation des villes épiscopale et vicomtale (1).

Cette attitude de la part des syndics eut son contre-coup sur le nouveau régime. En effet, l'organisation de cet état libre dans la ville supérieure n'eut qu'une existence éphémère. A la suite de quels événements les hommes de la ville supérieure firent-ils la paix avec leur seigneur et le gouvernement républicain dans les villes hautes fut-il renversé et l'ancienne autorité se rétablit-elle sur la ville supérieure ? Les documents ne le font pas connaître. On sait seulement, outre le fait qui vient d'être cité, qu'en 1219, le 19 des kalendes de février, *v. s. (13 janvier)*, Pierre de Montlaur, évêque de Marseille, siégeant en parlement public, dans la cour en face de la sculpture représentant un lion, qui se trouvait dans le palais épiscopal, et en présence du peuple assemblé là par la voix du crieur public et au son des trompes, rendit une sentence détruisant toutes les institutions créées par les citoyens et abrogeant tous les actes accomplis par les représentants du gouvernement républicain.

(1) Arch. Munic. Livre des *Statuts*.

Cette sentence, rédigée par Gauthier, notaire public de Marsille et de la cour impériale, fut attestée et signée par l'archidiacre Jean Bauzan, le préchantre Bérenger, les chanoines Hugues de Bourg, jeune ; Guillaume Ancelme, Bonaventure Bertrand et Béroard et par cent citoyens de la ville supérieure. Beaucoup, il est vrai, se tinrent à l'écart. L'évêque comptait-il sur la seule influence de sa parole ou avait-il la promesse de quelque prince d'être appuyé dans sa résistance ? Quoi qu'il en soit, une partie des habitants de la ville épiscopale, mus par le repentir ou la crainte de la prochaine venue d'une force étrangère, hypothèse admissible, firent leur soumission. Quatre délégués, citoyens notables, Pierre Bomand, Fouque de Ners, Jean de Bouc, et Raymond de Vienne, apportèrent à l'évêque, au nom de ces citoyens, l'acte d'obéissance dans lequel ils déclarèrent, en vertu du mandat à eux donné par le peuple assemblé dans la cour du palais épiscopal (1), s'être emparé à tort de la juridiction de la ville, d'avoir établi le consulat, nommé des consuls et un podestat ; ils déclarèrent en outre que les habitants de la ville supérieure resteraient désormais sous l'autorité de l'Église de Marseille ; qu'ils ne formeraient aucune association entre eux ; qu'ils ne pactiseraient plus avec les citoyens de la ville vicomtale et avec l'étranger, et qu'ils ne feraient plus aucun complot contre le pouvoir de l'évêque.

Cette soumission fut attestée par un grand nombre de citoyens dont nous rencontrerons les noms, plus tard, portés par les descendants de ces premiers partisans de la liberté municipale.

(1) *Livre vert,* de l'Évêché. Arch. de la Préfecture.

Cette soumission fut-elle sincère ? Les citoyens de la ville haute, en signant cet acte, abandonnaient-ils réellement les revendications qu'ils avaient poursuivies en 1219, ou des faits inconnus les forcèrent-ils à accomplir cet acte sauf à l'annuler à la prochaine occasion ? Les événements qui suivirent prouvent que cette soumission ne fut que la conséquence d'une défaite dont les causes nous échappent ; mais cette défaite eut une prompte revanche. Peu de temps après, en effet, les habitants de la ville supérieure, poursuivant toujours la conquête des libertés et franchises municipales, crurent tout d'abord, en 1226, arriver à leurs fins en s'unissant de nouveau aux citoyens de la ville inférieure pour ne former qu'une seule et même commune que des fonctionnaires élus par tout le peuple marseillais administreraient. Les citoyens des deux villes avaient juré ce pacte.

L'évêque, par un détour habile, parvint à empêcher la durée de cette union. Il instruisit des événements qui venaient de se produire à Marseille le légat du Saint-Siège qui fit intimer au podestat de la ville inférieure l'ordre d'annuler cette convention. Le podestat, Hugolin, seigneur de Dame, obéit. Il réunit le peuple sur la place des Accoules et déclara, en présence de l'évêque même, nuls les engagements pris par les deux villes (1). Les habitants de la partie supérieure de Marseille retombèrent sous le joug épiscopal. Mais cet événement ne les abattit pas. Ils continuèrent à revendiquer leurs droits de citoyens et la faculté d'administrer les affaires publiques et ils furent soutenus par ceux de la ville inférieure qui poursuivaient tou-

(1) Arch. munic. AA., 15.

jours le même but : l'union ou l'alliance des cités marseillaises. A la suite d'une nouvelle tentative de ce genre, les citoyens de la ville vicomtale furent excommuniés. Ils voulurent faire retirer l'excommunication et, dans ce but, ils acceptèrent une transaction formulée en 1229 par le légat du siège apostolique. Mais les clauses de cette transaction ne furent pas observées par tous les habitants de la ville inférieure. Ancelme Fer et quelques autres s'emparèrent de la ville des Tours, du palais épiscopal, des fortifications, des biens de l'évêque et chassèrent les hommes de cette dernière cité qui résistaient à leur entreprise. Le chef de l'Eglise même et les chanoines durent sortir de Marseille (1).

Les citoyens de la ville des Tours, aidés par Ancelme Fer et ses amis, s'organisèrent en état républicain comme en 1219. Ils nommèrent de nouveau des consuls et les autres fonctionnaires.

Les consuls étaient nommés pour un an. Ils prêtaient un serment solennel dont les archives municipales nous ont conservé la formule datée du 3 des ides de février 1230, *c. s.*, *(11 février* (2).

Les consuls juraient pour eux et leurs officiers, sur l'évangile. Ils devaient observer et appliquer pendant la durée de leurs fonctions, la justice, la légalité et l'équité à l'égard de toute personne habitant sous leur juridiction, selon les droits et les lois qui existaient déjà et selon ceux qui interviendraient plus tard par l'action législative du Conseil :

(1) *Antiquité de l'Eglise de Marseille*, t. II, p. 113.

(2) Le document déposé aux archives de la ville est une copie de la veille des nones de juin 1231, *c. s. (4 juin)*.— BB. V° pièces justificatives.

Ils appliqueraient aux délinquants la peine seulement pécuniaire ou corporelle méritée, et gouverneraient la ville supérieure et ses habitants le plus justement et le plus équitablement possible ;

Ils sauvegarderaient et défendraient les personnes et les biens de ceux qui habitent entre les murs de Marseille, c'est-à-dire dans la ville supérieure comme dans la ville inférieure sans aucune distinction ;

Ils protègeraient les amis des villes supérieure et inférieure et du comte de Toulouse et ne recevraient jamais ni ne feraient recevoir les ennemis des dites villes et particulièrement les *Mascarats* ;

Ils n'entretiendraient aucune relation ni par parole, ni par écrit, ni au moyen de délégués avec ces ennemis et empêcheraient toute personne habitant la ville d'en avoir ;

Ils ne recevraient et ne feraient recevoir en leur nom, pendant la durée de leur charge par aucune personne, pour quelque service que ce soit et de quelque personne que ce soit, une somme quelconque au dessus de 12 deniers ;

Dès qu'ils le pourraient, ils devaient choisir quarante citoyens probes, loyaux, parmi les plus honnêtes, les plus instruits et les meilleurs, de bon jugement et de bonne réputation qu'ils trouveraient dans le territoire, avec le conseil desquels ils régiraient et gouverneraient la cour de justice et la ville, et agiraient selon les faits et les dires exprimés par ces conseillers, sans rien y changer ;

Ils feraient jurer à ces quarante citoyens probes de conseiller les consuls, de bonne foi et sans fraude, le mieux et le plus justement qu'ils sauront et pourront, sans haine comme sans amour, afin que lesdits consuls puissent tenir égales la justice et l'équité comme il a été dit ;

Ils établiraient, dès qu'ils le pourraient, dans la cour de justice, des personnes justes et capables, c'est-à-dire un juge, un notaire et d'autres officiers chargés de rendre la justice et l'équité à toutes les personnes qui viendront devant la dite cour ;

Ils donneraient leurs soins efficaces pour que les dettes ou cautions consenties par certaines personnes, sur l'ordre de l'évêque ou des siens, au comte de Provence ou aux siens, pendant la guerre, soient soldées au plus tôt et spécialement sur les biens dudit évêque ;

Ils ne devraient recevoir et faire recevoir dans la cour de justice, pour les causes qui viendraient devant eux ou devant les juges, rien sinon 12 deniers par livre, sauf pour les malfaiteurs contre lesquels il leur sera permis de prendre des gages qu'ils augmenteraient ou diminueraient selon leur jugement ;

Ils accompliraient et observeraient toutes les choses susdites et ne s'y opposeraient ni par eux-mêmes ni par l'intermédiaire d'autres personnes et cela sans haine ni amour, ni prière, ni prix, ni crainte, étant sauvegardé le droit de toutes les personnes et particulièrement le droit de l'Église ;

Ils feraient la guerre en compagnie du comte de Toulouse et des hommes de la ville inférieure contre le comte de Provence et contre Arles et, pareillement, feraient la paix lorsque le comte de Toulouse et les hommes de la ville vicomtale concluraient la paix ou une trêve ;

Ils défendraient le comte de Toulouse et les hommes de la ville inférieure, par eux-mêmes et avec les hommes de la ville supérieure, sur mer et sur terre, avec armes et sans armes.

L'analyse de ce document, un peu longue mais instructive, indique que les hommes de la ville supérieure poursuivaient surtout la conquête de leur indépendance. Ils ne voulaient pas entreprendre sur le droit de l'Église qu'ils séparaient, semble-t-il, du pouvoir temporel détenu par l'évêque et le Chapitre. Ils laissaient à l'Église ce qui lui compète, c'est-à-dire le pouvoir spirituel, mais ils organisaient la société civile en dehors de toute ingérence ecclésiastique et seigneuriale.

Cette situation dura jusqu'au mois d'août 1233. A cette époque, les citoyens de la ville inférieure « soit que les magistrats craignissent les censures, soit pour d'autres raisons qu'ils turent, » dit l'*Antiquité de l'Église de Marseille* (1), firent la paix avec l'évêque. Ils convoquèrent, le 6 novembre de la même année, le peuple devant l'église des Accoules et là, les syndics, le viguier, Jourdan de Tantar, représentant du comte de Toulouse, en présence de l'évêque et des chanoines, déclarèrent qu'ils n'entreprendraient « plus rien contre les autorités de la ville supérieure (2). »

Cette soumission des citoyens de la ville vicomtale eut naturellement son contre coup sur les événements de la ville supérieure. L'organisation républicaine que celle-ci s'était donnée fut de nouveau détruite. L'évêque redevint maître et seigneur de son ancienne juridiction.

(1) T. II, p. 134.

(2) *Idem.*

Il avait, dès 1233, reconquit toute son autorité, paraît-il, puisque cette année même, il promit au comte de Provence d'empêcher ses hommes de faire la guerre à lui, Raymond Bérenger, et aux Arlésiens, ses alliés (1). Il alla plus loin en 1235. Il s'engagea à faire tous ses efforts pour terminer à l'avantage du comte de Provence le différend qui existait entre celui ci et la ville inférieure. Son intervation, il est vrai, ne fut pas désintéressée. Il conclut un traité réglant les droits du comte et les siens sur la cité marseillaise et stipulait que, dans le cas où l'armée des Croisés passerait par un point de la Provence autre que Marseille, l'évêque percevrait néanmoins le tiers des bénéfices provenant de ce passage (2).

Avant même que ces affaires eussent reçu leur solution, l'évêque ne redoutant plus les armes du comte de Provence, avait repris son autorité sur la ville supérieure. Consuls et conseils n'existaient plus. Une charte datée du 15 des kalendes de janvier 1233, *c. s., (1234)*, relative au traité de paix intervenu entre les Marseillais et les Pisans, ne laisse aucun doute à ce sujet. Le nouveau traité passé à Marseille ne mentionne pas la présence d'un représentant du conseil de la ville supérieure, ni consul, ni syndic, tandis que la ville vicomtale est représentée par Hugues Vivaud, syndic. On y trouve même les noms de quarante-cinq conseillers de cette dernière.

La ville supérieure participa cependant à l'élaboration de cet acte par les soins de Raymond d'Agout, délégué de l'évêque, du prévôt et de l'ouvrier. Il sti-

(1) Arch. de la Préfecture, B., 323.

(2) *Idem.* B., 320.

pula, au nom de l'évêque pour l'Église, pour les hommes de la ville supérieure et pour la dite ville. Si le conseil et les consuls n'avaient été supprimés depuis quelque temps, ils eussent été signalés dans l'acte ; le conseil eût été représenté par un syndic ou par tout autre personnage. Tout au moins le document en signalerait l'existence (1).

A la vérité, un acte de 1251 relate un conseil général convoqué spécialement par la voix du crieur public et auquel assistaient les chevaliers et les probes hommes de la ville supérieure en vue de régler un différend survenu entre eux au sujet des chevauchées (2), différend soumis au jugement de l'évêque. Mais ce conseil général, cette réunion spéciale tenue dans un but particulier, n'indique pas qu'un conseil avec ses syndics existât à cette époque. Parmi les noms des présents, il n'y a ni syndic ni autres fonctionnaires d'un conseil de ville. Ce conseil général n'avait donc que le caractère d'un « parlement » comme l'assemblée de 1219.

Du reste, aucun document ne signale l'existence d'un conseil de ville pendant la domination des évêques. Ruffi, il est vrai, donne le nombre des membres du conseil de la ville épiscopale et le nombre de ceux du conseil de la ville de la prévôté et de l'œuvre sans indiquer la date, sans produire les preuves de son assertion, sans indiquer une source quelconque. Il a sans doute confondu les époques. Parce qu'il a ren-

(1) *Revue des Sociétés Savantes*, juillet-août 1874

(2) « ... Milites inferius nominati cum quibus erat questio per se et successores suos et probi homines in consilio generali in aula et ad hec specialiter per preconem vocati cum cornu per se et omnes alios qui non interfuerunt. »

contré des séances du conseil de la ville supérieure après l'achat, par Charles d'Anjou, de la seigneurie de la dite ville, il a cru que ce conseil existait alors que l'évêque possédait cette seigneurie. Quant à nous, nous n'avons rien trouvé qui puisse autoriser une semblable allégation, à moins que Ruffi n'ait voulu parler de 1230. Mais les documents de cette époque ne donnent pas le nombre des conseillers de la ville de la prévôté.

III.

ACHAT DE LA SEIGNEURIE EN 1257

Après bien des résistances et après les nombreuses manœuvres de l'évêque, les citoyens de la ville inférieure, en 1243, firent la paix avec Raymond Bérenger. Ils déléguèrent Raolin, drapier, leur syndic, pour la conclure. Un traité fut passé entre le représentant de la ville et le comte (1). On l'observa de part et d'autre jusqu'en 1252. A cette époque, Charles d'Anjou était comte de Provence. Il ne se contenta pas des avantages que l'acte de 1243 lui accordait. Il voulut soumettre tout à fait sous son autorité plusieurs villes où florissait le régime républicain : Avignon, Arles, Marseille. La guerre éclata. Marseille comprenant qu'elle ne pouvait lutter contre un ennemi puissant, conclut un nouveau pacte par lequel elle dût céder encore quelques-uns de ses privilèges et de ses libertés : Une seconde convention intervint en 1257 (2) sous la

(1) Arch. de la Préfecture, B., 336.

(2) Arch. Munic. *Chapitre de paix de 1257.*

menace du comte de venir dans la ville avec une armée considérable.

Charles d'Anjou possédait donc la seigneurie sur la ville inférieure, mais il n'était pas satisfait, son ambition allait plus loin. Il supportait mal le voisinage d'une autre autorité à côté de la sienne dans la même cité, c'est-à-dire celle de l'évêque sur la ville supérieure. Il projeta donc de réunir sous sa seigneurie les deux villes. Il fit des propositions à l'évêque qui, après quelque hésitation, consentit à vendre au comte de Provence ses droits sur la ville épiscopale et la ville prévôtale où il possédait la haute justice.

« Ce prélat donc, et tout son chapitre cédèrent et remirent à Charles et à Béatrix sa femme et à leurs successeurs, toute la juridiction et seigneurie temporelle et tous les droits qu'ils avoient en la ville supérieure et ses dépendances, soit en terre ou en mer, à la réserve de la juridiction spirituelle et des biens immeubles qu'ils possédoient, comme aussi des directes et des censives des biens particuliers qui relevoient de l'évêché de Marseille (1). »

La valeur des droits cédés par l'évêque fut estimée 400 livres royales de rente annuelle. Charles d'Anjou et Béatrix, comprenant qu'ils faisaient un excellent marché, portèrent la somme à 500 livres (2) de rente annuelle, assise sur des terres dont ils cédèrent à perpétuité la seigneurie : les terres d'Alleins, de Mimet, le hameau de Pichauri (Bouches-du-Rhône) ; les terres de Châteauvert, Roquebrussane et Néoules (Var) ;

(1) Ruffi, *Histoire de Marseille*, t. I, chap. III, liv. V.

(2) *Antiquité de l'Eglise de Marseille*, t. II.

les terres de Valbonnette, Mallemort et Mérindol (Vaucluse (1).

La partie de la ville supérieure qui se trouvait sous la juridiction de la Prévôté et de l'Œuvre ne fut pas comprise d'une manière complète dans cette vente. Le comte de Provence n'eut tout d'abord sur ce territoire que le droit de haute justice que l'évêque possédait. Cet échange ne fut pas approuvé par tous. En effet, d'après l'auteur de l'*Antiquité de l'Église de Marseille,* on blâma le prélat d'avoir conclu ce traité avec le comte. Mais, ajoute cet auteur, l'évêque « trouvait peu de soumission dans ses sujets. » Et de plus, il comprit « que tôt ou tard il faudrait céder par force, et peut-être à pure perte ce qu'il pouvait alors vendre à des conditions avantageuses pour son Église. »

Les successeurs de Benoît n'acceptèrent pas de gaieté de cœur ce nouvel état de chose. Raymond poursuivit, en 1266, la cassation de cette vente devant la cour de Rome qui, du reste, le débouta de sa demande. Plus tard, en 1286, le procureur de la cour royale dut protester contre l'usurpation opérée par ce même prélat de la juridiction de la ville supérieure (2). Les évêques ne pouvaient se résoudre à voir en d'autres mains le pouvoir temporel sur cette ville, pouvoir qu'ils avaient défendu avec tant d'âcreté depuis près d'un siècle contre les revendications du peuple même. Ces retours répétés pour reconquérir la puissance perdue démontrent bien qu'ils ne cédèrent qu'à la force et qu'ils n'auraient accordé qu'à la force les libertés municipales réclamées avec tant d'insistance

(1) Famin, *Revue de Marseille*, mai 1860.

(2) Arch. de la Préfecture, B.

et depuis si longtemps par les habitants du territoire épiscopal.

Quant à la villle de la prévôté et de l'œuvre elle demeura, en ce qui concerne les moyenne et basse justices, sous l'autorité du Chapitre qui ne passa aucun contrat avec Charles d'Anjou.

FIN DE L'INTRODUCTION

LES VILLES HAUTES A PARTIR DE 1257

IV.

Enceintes et limites des villes hautes

Le comte de Provence possédait donc, dès 1257, la seigneurie de la ville supérieure. Ce changement dût être accepté sans mécontentement par les habitants. Ils pouvaient espérer qu'ils trouveraient chez ce nouveau seigneur un peu plus de libéralisme que chez les anciens. En effet, le traité passé avec la ville inférieure, bien que restreignant les privilèges et les libertés dont elle jouissait auparavant, sanctionnait cependant l'existence du conseil de la commune et un grand nombre de dispositions légales en vigueur.

Quoi qu'il en soit, si les habitants de la ville supérieure ne furent pas immédiatement doté d'un conseil municipal, il est certain que dès 1285 ils le possédait, ainsi qu'on le verra plus bas. Mais avant d'émmérer les institutions des villes hautes et d'en exposer, d'une manière forcément incomplète, le fonctionnement, il convient d'indiquer les limites territoriales de ces villes, leur topographie générale et quelques-unes des rues qui les sillonnaient, d'après des documents imprimés ou inédits.

Vers l'an 1300 les villes hautes étaient, du côté du midi, séparées de la ville inférieure par une succession de rues et limitées, à l'est et au nord, par des remparts dans lesquels quelques portes avaient été pratiquées ; du côté de l'ouest, par le rivage de la mer (1).

(1) Le rivage de la mer limitait la ville de Marseille à partir de la tour de Saint-Jean jusqu'à l'extrémité du couvent de la Sainte-Trinité. Rien n'indique qu'à l'époque qui nous occupe le littoral fût bordé de murailles, comme on le constate plus tard. Il est vrai qu'une charte du 8 novembre 1226 (Méry et Guindon, t. I, p. 312), dans laquelle Thomas, comte de Savoie, promet certains privilèges aux Marseillais, porte que ces privilèges seront attribués aux hommes « tam in villa superiori Marxilia quæ dicitur episcopalis et canonicalis quam in villa inferiori Marxilia que dicta fuit vicecomitalis, circuita muris et vallatis à portu porte Galice usque ad portam Calade, et a portali Calade usque ad Sanctum Johannem et ab ecclesia Sancti Johannis usque ad dictum portum porte Gallice. » Il semble donc qu'alors les villes hautes étaient séparées de la mer par des murailles. Mais, comme le dit Ruffi (t. II, p. 293), « en 1262, lorsque la ville fit la troisième convention avec Charles d'Anjou, les murailles étoient beaucoup ruinées par divers sièges qu'elle avoit soutenus, soit du règne de ce prince ou de Raymond Bèrenger son devancier. » Du côté de la mer on peut dire qu'il n'en existait pas vers 1300 et les documents suivants le prouvent. En effet, on lit dans divers actes de notaires : « Domus Bartholome Jorgesse sita in carreria Sancte Trinitatis, confr. cum domo Ste Trinitatis, cum domo Millayrole, et cum mari (Pasc. de Mayranegis, 15 septembre 1302). » Adzemar de Treillis vend, à Arnaud Safabregue, un cazal situé « in ferragine Furni (qui se trouvait près de Château-Babon, comme on le verra plus loin), confr. cum via publica et cum littore maris (*Idem*, 30 mai 1302). » Marie, fille d'Hugues Cortes, vend au même Safabregue « quandam domum cum viridario contiguo... sitam et sitam apud ferragine Furni, versus castrum Babonum, confr. cum carreria publica, cum cazali Adzemari Delcazal, condam, et cum littore maris (*Ibid.* 3 des ides d'avril 1298). » Nicolas Arzelier vend à Alazacie d'Albis une maison située « in carreria Recta qua itur ad Stam Trinitatem, confr. cum domo G. Romandi, et retro cum cimeterio dicte ecclesie et cum transversia qua itur ad mare (*Ibid.*, 13 kal. juillet 1298). » Giraud Domigo, mégissier, vend à Guillaume Ytier, mégissier, « quoddam operatorium blanquerie... situm in transversia Mandine Chabasse qua tenditur ad mare del Tatol (*Ibid.*, 29 mars 1307. — V. plus bas, à l'article : *La*

Il existait deux portes dans la ville supérieure : 1° la porte d'Aix, nommée à cette époque porte de l'Annonerie ou de Marseille, située en face de l'entrée de la rue des Grands-Carmes ou de l'Annonerie ; 2° la porte Gallique s'ouvrant à l'angle de la rue Malaval et du boulevard des Dames (1).

La porte de la Frache, située à l'est de Marseille, dans la rue actuelle de Sainte-Barbe, à la hauteur du N° 27 (2), ne faisait pas partie de la ville supérieure qui commençait à quelques mètres vers le nord de cette porte.

La délimitation exacte des villes hautes et vicomtale fut établie en 1219. Le document qui nous la fait connaître existe aux archives municipales (3). Mais

mare de Titol. » La femme de Nicolas Engras, mégissier, vend à Giraude Marie la moitié d'un atelier de mégissier avec une cour situés « apud mare vocatum de Titol, confr. cum littore maris... (*Ibid.*, 23 novembre 1308). » V. aussi plus bas l'article concernant le quartier de l'Ourse et l'article concernant les délibérations du Conseil, où il est dit qu'en 1322, le viguier invita les trois villes « à établir des bretèches à partir de Saint-Jean jusqu'à la porte Gallique. » Il est à noter que parmi tous les actes que nous avons recueillis, et datant de 1280 à 1320 environ, aucun ne signale l'existence de remparts sur le rivage de la mer à partir de Saint-Jean jusqu'au couvent de la Trinité. Du reste, on trouve dans Ruffi la phrase suivante qui semble ne laisser aucun doute : « Deux ans après (en 1379) les consuls donnèrent le prix fait des murailles depuis l'église Majeur jusqu'à la Tourette, moyennant trois florins la canne ... Aux années 1407 et 1408, on fit construire les murailles qui sont du côté de l'église Saint-Laurent... En l'an 1407, la ville commença de faire construire la tour du Cabiscolat et la tour de Lourée. L'année d'après elle fit bâtir les murailles du cimetière de l'église Majeur jusqu'à la Prévôté. (T. II, p, 293). »

(1) J. Albanès, *Entrée solennelle du pape Urbain V à Marseille en 1365.*

(2) Octave Teissier, *Marseille au Moyen-Age.*

(3) AA., 1, f° 172, verso.

les bornes qu'il cite ne peuvent guère servir aujourd'hui. Sauf quelques points dont nous parlerons, tel que celui qui est indiqué pour la porte de l'église Sainte-Marthe, il nous est impossible, avec les anciens plans, à cause de l'absence de description d'immeubles existant à l'époque, de retrouver les limites qu'il désigne. Il est donc nécessaire de recourir aux actes des notaires de la fin du XIIIe siècle et du commencement du XIVe pour déterminer la ligne qui séparait ces villes (1).

On peut donc prendre comme point de départ de cette ligne de démarcation le côté nord de la porte de

(1) L'auteur de la *Statistique des Bouches-du-Rhône*, s'en référant à l'acte de 1219, donne dans la planche VII de son album la ligne qui, d'après lui, séparait la ville vicomtale des villes hautes et la trace sur la rue actuelle de l'Evêché, autrefois rue Françoise, laissant ainsi dans la ville vicomtale la *rue Bausseaque*. Or, cette rue, dénommée jadis *carreria Bauciaorum*, était située, vers 1300, dans la ville supérieure, comme l'indique l'acte suivant : « ... Nobilis discretus vir dominus Johannes Radulphi, judex curie civitatis superioris Massilie, precipit Vivando Alberti... non sustineat, in suis domibus sitis subtus molendina sua, aliquam meretricem... de quibus omnibus Bertrandus de Sancto Felicio, nomine suo et omnium de sua carreria Baucianorum petiit sibi unum vel plura publica fieri instrumenta. — Pasc. de Mayranegis, 11 mai 1309. » Si la *carreria Baucianorum* avait fait partie de la ville inférieure, c'est au juge de cette ville qu'il aurait appartenu de prononcer sur cette affaire. On trouvera dans les notes relatives à la ligne divisoire, des textes qui rectifient les données de la *Statistique des Bouches-du-Rhône*. En voici quelques-uns : « Bertrandus Bauciani, filius domini Bauciani Baucian, condam, civis et habitator opere sedis Massilie. — Raymond Rogier, not., 7 des kal. de mai 1320. » Arch. munic., II. — « Actum Massilie in carreria Bauciatorum, in domo Bertrandi Bauciani. — Jean de Gompina, not., 4 des ides d'octobre 1320. » *Idem*. — « Domicella Aladalacieta Bauciani, uxor Bertrandi Bauciani, de jurisdictione opere sedis. — *Idem*, la veille des nones de mars 1322. » *Ibid*. — Tout cela indique que la ligne tracée en 1219 avait été modifiée. Cette modification peut s'expliquer par l'acquisition faite par la ville prévôtale de certaines parties de la ville qui était sous la seigneurie de particuliers.

la Frache et en suivant les remparts on arrive à la porte d'Aix, appelée vers l'an 1300, nous le répétons, porte de Marseille, nom qui lui venait d'une famille habitant depuis longtemps dans ces parages (1). A partir de la porte de Marseille, les remparts longeait à peu près le boulevard des Dames jusqu'à la porte Gallique, où s'arrêtait la ville supérieure, ancienne ville épiscopale ou des Tours.

Après cette porte, en allant vers l'ouest, on se trouvait dans la ville de la prévôté et de l'œuvre. La limite, de ce point, longeait à peu près la ligne actuelle du boulevard des Dames jusqu'à la mer. De là, cette dernière ville était bornée par le rivage de la mer jusqu'en face l'église de Saint-Laurent. Les remparts, à partir de la porte Gallique jusqu'à la tour Saint-Jean, n'existaient pas ou se trouvaient dans un état tel qu'ils ne pouvaient servir (2) bien que la charte de Thomas, comte de Savoie, de 1226, les signale (3).

La séparation de la ville des vicomtes de celles du clergé commençait à la place Saint-Laurent, parcourait une partie de la rue Saint-Laurent jusqu'à l'ouest

(1) « Pro quadam domo que est prope portale Guillelmi de Massilie. » Registre du Palais, 2 nones d'oct. 1285, P. Aycard, not.— « Domus Petri Bues sita prope portale R. de Massilie. » Cartulaire de Pasc. de Mayranegis, not., 15 septembre 1302.— « Raymundus Fornerii, laborator, morans in villa superiori ad portalem Johannis de Massilie » Cartulaire de J. de Pennis, not., 26 mai 1321.— « Anthoni Salvestre, labouradour, que demoro al Portal de Marceilho, aro appellat lou Portau d'Aix. » Livre des censes de Gabriel Vassalli, 1430-1485. Arch. munic.

(2) Voir le chapitre concernant les travaux publics, ainsi que les confronts du jardin vendu par Maria Cortes à Arnaud Safabregue, indiqués dans la première note de la partie intitulée : *La Cathédrale*.

(3) 8 novembre 1226. Méry et Guindon, t. I, p. 318.

de la rue des Martégalles. Elle montait vers la place Saint-Sauveur en passant à côté de l'abbaye de ce même nom, située entre la place de Lenche et la rue Servian et faisait partie du territoire de la ville vicomtale ou inférieure. La ligne divisoire jusqu'au bout de la rue des Martégalles qui laisse, à droite en montant, l'abbaye de Saint-Sauveur, traverse la place Saint-Sauveur (place de Lenche), va à la montée des Accoules qu'elle suit jusqu'à la rue du Poirier côté gauche, ainsi que la rue des Cartiers (1) jusqu'à la place du

(1) Selon Augustin Fabre, (*Rues de Marseille*, t. II, p. 105), « une famille marseillaise donna le baptême à la rue des Cartiers. Jaumet et Guillaume Cartier furent seconds consuls de Marseille, l'un en 1510, l'autre en 1517. » Aug. Fabre se trompe. Ce ne sont pas ces deux consuls qui ont baptisé la rue des Cartiers, rue qui ne fut ainsi dénommée que vers le commencement du XVIIIe siècle. Avant cette époque, c'est-à-dire au XVIIe siècle, on l'appelait la rue Neuve, comme le prouve une série de documents. On sait que la rue des Cartiers commence à la place du Panier, derrière l'Hôtel-Dieu (autrefois hôpital du Saint-Esprit), et se continue par la rue du Poirier jusqu'à la montée des Accoules. Or on trouve, dans le *Cahier des Censes* de messire Jean-Baptiste de Félix, seigneur de la Reynarde, (Arch. munic., AA.), dans la rubrique et dans le texte, une vingtaine de fois la mention suivante : « Rue du Perier *sive* Neufve. » On lit dans les actes de reconnaissance dudit cahier, page 165, sous la date du 21 janvier 1705 « rue du Perier autrement des Cartiers ; » au folio 161, sous la date du 3 juillet 1732 « rue du Perier ditte Neufve, à présent des Cartiers. » Même mention au folio 163, sous la date du 24 juillet 1751. Ces indications suffiraient, croyons-nous, à prouver que Fabre s'est trompé en attribuant à une famille qui vivait au XVIe siècle le baptême de cette rue. Mais d'autres documents ne laissent aucun doute sur ce point. Le nom que cette rue porte lui vient de ce qu'un grand nombre de fabricants de cartes y étaient établis. En effet, on lit dans le registre contenant la rubrique par ordre alphabétique des noms des contribuables en 1676 : « Benoit Gantelmi, maître cartier, rue Neuve ; Hugues Grand, maître cartier, rue Neuve ; Jean-François Sellon, maître cartier, rue Neuve ; Jacques Sellon, maître cartier, derrière le Saint-Esprit ; Guillaume Sellon, cartier, derrière le Saint-Esprit ; Jean Brunel, cartier, proche le Logis du Panier. » En outre, on rencontre dans le *Cahier des Censes* de messire de la Rey-

Panier. Là, elle prend celle des Belles-Ecuelles (1), descend par la rue de la Roquette jusqu'à la rue des Ingariennes (2), remonte à travers l'îlot, côté gauche de la rue Négrel, et pointe même en face de la porte de l'église Sainte-Marthe dont le côté nord faisait partie de la ville haute et le côté sud de la ville inférieure (3). Les maisons situées derrière cette église appartiennent à la ville supérieure (4). Il n'y a donc qu'un espace de terrain très exigu qui est incorporé à la ville inférieure. La ligne de démarcation suit donc le côté nord de la rue Sainte-Marthe en laissant une petite lisière de terrain qui sert de limite. Elle divise l'îlot de maison compris entre la rue des Gavottes et

parde, page 149, sous la date du 22 mars 1687, le « nommé Cavallier, maître cartier, » propriétaire de deux étages d'une maison située à la rue « du Perier *sive* Neuve. » De plus, vers 1785, le siège du syndicat des cartiers était situé rue du Panier. Il est donc incontestable que la rue des Cartiers a pris son nom des fabricants de cartes qui y étaient établis.

(1) L'hôpital du Saint-Esprit faisait partie de la ville inférieure.

(2) On lit dans l'estimation des biens de Jean Grouch : « ... Medietate... cujusdam domus site in quadam traversia carrerie Garriani... in civitate superiori Massilie. » Cartulaire de Pasc. de Mayrargues, 29 janvier 1298. — V. aussi l'acte du 15 sept. 1303, du même notaire, qui contient une plainte des habitants de la rue des Ingariennes (carreria Garriani) adressée à Jacques Aubin, « expulsor vilium et inhonestarum mulierum » de la ville supérieure.

(3) On lit dans le document relatif à la délimitation des deux villes faite en 1219 et dont nous avons parlé : « Et ab inde (la ligne de démarcation) transit per porticum Sancte Marthe.. ; ita quod dicta ecclesia cum medietate predicti portici est de jurisdictione episcopali, et hospitale Sancte Marthe cum alia medietate ejusdem portici est de jurisdictione vicecomitali... »

(4) V. les reconnaissances portant sur ces maisons, dans le tome II du Cartulaire de Bernard Garnier, archives municipales : « Domus sita in civitate superiori retro ecclesiam Ste Marte. 25 oct. 1233. »

la rue des Amendats (1), prend la rue de la Couronne, va à la rue Sainte-Barbe et enfin jusqu'au côté nord de la porte de la Frache.

Voilà l'enceinte des villes hautes vers l'an 1300. Il est certain qu'on pourra, grâce à la découverte de nouveaux documents, rectifier quelques points de cette ligne, la mieux préciser. Mais nous croyons que les limites que l'on vient de parcourir suffisent pour se faire une idée à peu près exacte du territoire des villes hautes renfermé entre les remparts et le rivage de la mer.

V.

Ligne séparant la ville supérieure de la ville de la prévôté

L'enceinte que l'on vient de parcourir comprenait, nous l'avons dit, deux villes, c'est-à-dire deux administrations distinctes en ce qui concerne les affaires municipales et les moyenne et basse justices : la ville dite supérieure (ancienne ville épiscopale) et la ville dite de la prévôté et de l'œuvre. Il est nécessaire de connaître, tout au moins approximativement, la ligne qui les séparait.

Cette ligne divisoire commençait du côté nord, à la

(1) V. t. II du Cartulaire de Bernard Garnier, f° 14, acte du 8 oct. 1319 : « Domus cita in civitate superiori Massilie, in carreria Gavotarum. » V. aussi les reconnaissances passées le 25 oct. 1322 et le 15 septembre 1324. Dans le même volume, sous la date de 1318, au f° 9 verso, on trouve la reconnaissance d'une maison sise à la rue des Amendats, sans dénomination de la ville.

porte Gallique (rue Malaval (1), se dirigeait vers les terrains sur lesquels on a élevé plus tard la Charité, à quelques mètres du côté du couchant de la rue actuelle des Jardins (2), traversait à cet endroit la rue Pierre-de-l'Image, aujourd'hui du Petit-Puits, suivait les îlots situés entre les rues actuelles du Puits-du-Denier, des Pistolles, des Muettes et du Refuge pour aboutir au midi de ces deux dernières, à la montée des Accoules, enfermant ainsi la rue Baussenque dans la ville de la prévôté et de l'œuvre. De là elle parcourait la rue Montée-des-Accoules vers l'ouest jusqu'à la place Saint-Sauveur (place de Lenche), la coupait, comme on l'a vu plus haut, prenait la rue

(1) La rue Gallique faisait suite, d'après les anciens plans, à la « carreria Francisca sive Recta » qui prenait naissance à la place Saint Sauveur (place de Lenche). A partir du point situé à l'ouest de la place de la Pierre de l'Image (place des Treize-Coins), elle se dirigeait obliquement, ainsi que cela a été dit plus haut, vers l'est, jusqu'à la porte Gallique. On trouve, sous la directe du Chapitre, des maisons situées dans cette rue (Barth. de Salinis, 8 avril 1320). La ligne divisoire tracée à quelques mètres près de la dite porte résulte des documents suivants : *Etat des censes de l'Evêché en 1341*, dans lequel on lit : « Insula de Porta Gallica : Hugo Falconis, aurifaber, loco Guil. Borgondionis, 2 den, — Idem, pro viridario, 1 den — Idem, loco Jacobi Martini et Oliverii, 2 den. — Raym. Ros, 1 den. »

Registre du notaire Bern. Blancard, 17 juillet 1325 : « Ego Bertholomea Ruffa, filia Guill. Ruffi... vendo... tibi Fulchoni Dieulosal, mercatori, quoddam viridarium... situm in villa superiori Massilie, prope Portam Gallicam... sub directo Petri de Sepeda. »

Registre du notaire Pascal de Mayranegis, 17 octobre 1299 : « Nos Martinus de Podio et Jordana conjuges vendimus... quamdam domum... sitam apud Portam Gallicam, sub dominio ecclesie sedis Massilie. »

(2) V. le registre 43 du fonds de l'Evêché (arch. de la Préf.), registre dans lequel se trouvent les plans des propriétés payant le cens à l'Evêque au XVIIe siècle et où l'on constate que les immeubles soumis à la directe épiscopale finissaient, vers l'ouest, à peu près à l'emplacement de la Charité, page 152.

dite actuellement des Martegales, côté droit en descendant et allait jusqu'à la rue Saint-Laurent.

La partie du territoire située à l'ouest de cette ligne formait la ville de la prévôté et de l'œuvre ; celle qui était située au nord-est, la ville supérieure. Du côté du sud-est se trouvait la ville inférieure, ancienne ville vicomtale.

VI.

Topographie de la ville supérieure

Afin de suivre plus facilement cette courte description des villes hautes, nous diviserons leurs territoires en sept sections : 1° la colline de Roquebarbe, 2° la colline des Moulins, 3° la porte Gallique, 4° le Palais épiscopal, pour la ville supérieure (ancienne ville épiscopale ou des Tours) ; 5° la colline de Château-Babon, 6° la Cathédrale, 7° la Pierre-de-l'Image, pour la ville de la prévôté et de l'œuvre.

SECTIONS DE LA VILLE SUPÉRIEURE

VII.

Section de Roquebarbe

La première colline, Roquebarbe *(Roca barbora)*, prenait naissance, avant l'ouverture des rues Colbert et de la République, à la rue Sainte-Barbe, s'élevait par une rampe rapide du côté de la rue de l'Échelle jusqu'à la rue du Palmier son point culminant et descendait à l'ouest jusqu'à la rue Négrel qui formait un vallon s'étendant jusqu'au delà de la rue Sainte-Marthe ou de l'Oratoire. Du côté du midi, elle plongeait, pour ainsi dire, de la rue du Palmier jusqu'au côté nord de l'église Saint-Martin. Roquebarbe, au nord, s'arrêtait aux rues des Hugolins et de la Belle-Marinière qui descendait vers l'ouest jusqu'au collège de l'Oratoire (anciennement Sainte-Marthe).

Ce quartier, vers l'an 1300 devait être très pittoresque, surtout dans sa partie méridionale. On y accédait, du midi, par de petites rues et, du sud-est, par la rue de l'Échelle. Parvenu sur le sommet de la colline, on voit, au commencement du XIVe siècle, des jardins et des rues à l'égard desquelles les règles de la symétrie ont été peu observées. Du point culminant de la rue de l'Échelle, une traverse conduit au moulin de Pierre Tortose, situé sur le rocher même de Roquebarbe (1). Non loin de ce moulin se trouvent une grotte et un verger appartenant à Guillaume Murayre et confrontant le jardin d'Étienne Adol (2). Le moulin avait donné à la rue où il était situé le nom de rue du Moulin de Pierre Tortoze, vers laquelle

(1) Maison d'Etienne Adol, avec un rocher, située « in capite carrerie Scalarum seu de Rocabarbola, confr. cum carreria qua itur ad Molindinum Petri Tortoza. » Maison de Dulcie Fornier, épouse de Raymond Fornier, située « in podio Roquebarbola, in carreria Molendini Petri Tortoza. » Cartulaire de Bern. Garnier, 28 avril 1326, 20 mai 1320. — V. aussi les actes du 15 sept. 1301, Cartulaire d'Augier Ayeard.

(2) Cartulaire de Bern. Garnier, 18 août 1340.

aboutissait la traverse des Bosquets (1), nom d'une famille qui possédait plusieurs immeubles dans ce quartier. Une autre rue, appelée tantôt rue du May de Roquebarbe, tantôt rue André-Massaribe, touchait la traverse des Bosquets (2). On voit aussi un groupe de maisons un peu au devant du moulin et un autre au dessous. Derrière le moulin, une autre rue qui va vers le palais épiscopal. Elle est quelquefois appelée rue de la *Couelo* (3).

(1) Maison de Pierre Jean, située « in carreria Molendini Petri Tortoze et transversia Guill. de Bosqueto. » *Idem*, 28 février 1319. — V. aussi les actes du 24 janvier 1339, 2 janvier 1340.

(2) Cartulaire de Bernard Garnier, Pierre Robert reconnaît une maison située à Roquebarbe « in carreria dicta de Massaribas seu del May. » 13 octobre 1338. — Pierre Messon reconnaît une maison située « in carr. Madii Rocabarbora, confr. cum domo Petri Boneti cum domo Johannis Bosqueti. — Voir aussi les actes du 16 octobre 1331.

(3) Elle porte aujourd'hui le nom de rue du Vieux-Palais. Cette qualification a fait croire que le palais ou le siège de la cour de la ville supérieure avait été situé dans cette rue, au moins pendant quelque temps, parce qu'on ne s'expliquait pas ce nom de rue du Vieux-Palais que nous n'avons pas rencontré avant le XVIe siècle. Or il semble qu'on ait pris le palais épiscopal pour le palais de justice ou la cour. En effet, comme on le verra plus bas, le palais des évêques s'élevait contre les remparts près de la place appelée du Terras et l'on trouve quelques actes qui éclairent cette méprise : « 18 février 1493, Glaudo Claret, apothicaire, » reconnaît une maison située dans la ville supérieure, à la *Cola*, dans la rue descendant vers la maison épiscopale. (Arch. départ., fonds de la Major, reg. 38, f° 18). M. Octave Teissier cite un document extrait des mêmes archives, (B., 1177), ainsi conçu : « Quandam suelham infra Turrim portalis Masselhesii scitam, in quo est agradarium dicte turris juxta iter per quod tenditur a dicto portali ad domum episcopatus » et il ajoute : « Or ce chemin devint plus tard la rue du Vieux-Palais qui figure dans tous nos anciens plans. » L'évêché était, d'ailleurs, appelé indifféremment maison épiscopale ou palais épiscopal au XVIe siècle (v. la reconnaissance de Nic. Vielassy, arch. départ., fonds de l'évêché, reg. 31, f° 31 verso). Ce qui a induit sans doute en erreur ceux qui ont cru que cette rue devait s'appeler rue *du Vieux-Palais (de*

On voit encore aujourd'hui l'île de maisons des Hugolins, nom d'une famille dont plusieurs membres ont joué un rôle très important et que nous rencontrerons au cours de ce travail.

Tout-à-fait à l'est du sommet de Roquebarbe, c'est-à-dire contre les remparts et au nord du point *terminus* de la rue de l'échelle, on trouvait la place et la rue des Geoffroy, place et rue qui doivent leur nom à une autre famille propriétaire d'un grand nombre d'immeubles. Il y a aussi dans la même île, entre cette place et les maisons situées derrière l'église des Carmes, la place et la rue des Servières, autre nom d'une grande famille (1).

Justice), c'est que réellement la Cour a possédé, à un moment donné, dans la ville supérieure, un immeuble où elle tenait ses audiences. Cet immeuble fut désaffecté, naturellement, après la réunion des villes hautes avec la ville vicomtale. En 1359, onze ans après cette réunion, il était dans un mauvais état ainsi que le prouve le document suivant, tiré des arch. dép. (B. reg. 138, fol. 169) : « Item habet curia reginali in villa superiori Massilia quandam domum in qua solebat teneri curia que quasi distructa est in qua civitas propter metum inimicorum fortalicium fecit et merletos ». Mais rien n'indique où cette maison était située. D'autre part, comme on le verra plus bas, la cour royale avait changé son siège plusieurs fois. Tantôt ses audiences se tenaient dans l'église Saint-Antoine, tantôt dans la maison de Sabatier, etc., etc. De plus, comme il vient d'être dit, on ne rencontre pas du XIIIe au XIVe siècle de rue portant le nom de rue *du Vieux-Palais*. Tout porte donc à croire que la rue du Vieux-Palais actuelle est la rue du *Vieux-Palais (Episcopal)*.

(1) Jacobus et Johannes Thomacii, lapicide, reconnaissent une maison située « in podio Roque Barbole, supra domum Petri Gaufridi, confr. cum domo Guill. Muravre, cum domo Steph. Ado. Cartulaire de Bernard Garnier, 13 juillet 1327. » Estimation des biens de « Aycardetus filius Guill. Gaufridi : Domus sita prope Rocabarbolam in carreria Gaufridorum, confr. cum domo Raym. Fulconis de Turribus, cum domo Guillelmi Gaufridi lo don, condam, cum barrio et cum carr. pub. Registre du Palais, 4 nonas junii, 1286. P. Aycard, not. » — Pascal

L'église des Carmes, voisine de l'île des Hugolins, touchait à la rue de l'Annonerie.

Au sud ouest la rue des Gavottes et la rue Belle-Table renferment une partie de la Juiverie de la ville supérieure (1). Au dessus de celle-là on trouve la rue des Bâtons, encore un nom de famille (2). A gauche de la rue des Gavottes, la rue Sainte-Marthe qui prenait son nom de l'église Sainte-Marthe, située au sommet de la rue Négrel.

La rue de l'Annonerie, dont on parlera, prenait son nom, on le sait, du marché aux blés qui était établi sur l'emplacement des maisons qui forment la rue des Enfants-Abandonnés.

VIII.

Section de la colline des Moulins

La colline des Moulins commençait, à l'est, à la rue Négrel et s'étendait jusque vers la rue actuelle du Refuge. Du midi elle confrontait l'hôpital du Saint-

de Mayrenegis, 11 déc. 1302. — V. aussi aux arch. départ. (B. 1477). « Insula carmelitarum in carreria Annonarie et insula Petri de Serveriis. »

(1) Aug. Fabre, *rue Belle-Table*, et reconnaissance d'une maison « carreria de Juterie sive las Gavottes » 1338. Reg. de l'Hôpital de Saint-Jacques de Galice, 4 B. 25, fol. 71. D'autres reconnaissances insérées dans le même registre, aux archives de l'Hotel-Dieu, fournissent le même renseignement.

(2) « Bertrande uxor Steph. Lanterio, marinarii » reconnait une maison située « in carreria Bastones supra carr. Gavotarum, confr. cum domo Bastone, cum domo Petri Nauloni, fusterii. » Cartulaire de Bernard Garnier, 7 avril 1314. — Pierre Chabert reconnait une maison située « in villa superiori in carreria Bastone. » *Idem*, 6 février 1320.

Esprit (Hôtel-Dieu), l'église des Accoules. Cette partie de la ville supérieure comprenait l'îlot de maisons sis entre les rues Négrel, des Ingariennes (car. d'en Garriam), de la Roquette (car. Postribuli) et des Belles-Écuelles (partie de la *carr. de la Cola)*. Vers le carrefour formé par cette rue, celles des Cartiers et du Panier, derrière l'hôpital du Saint-Esprit, se trouvait l'ancien marché et l'*Escaudarié* (l'abattoir aux porcs). Les rues des Cartiers et du Poirier avaient alors pour nom rue de l'Ancien-Marché. Sur le sommet de la colline qui porte aujourd'hui le nom de place des Moulins on voyait un grand nombre de moulins à vent *(molendinus aure)*.

Cette section est limitée au nord par les rues des Belles-Écuelles et du Panier (de *la Couelo)* jusque vers les rues du Puits-du-Denier et des Pistoles.

IX.

Section de la porte Gallique

La section de la porte Gallique commence donc vers le milieu de l'îlot de maisons formé par les rues du Puits-du-Denier et des Pistoles. De là, ainsi que cela a été dit au sujet de la ligne de démarcation des villes supérieure et de la prévôté, elle suit le côté ouest de la rue des Jardins et se dirige vers la porte Gallique (actuellement rue Malaval).

Non loin de la porte Gallique, vers l'an 1300, s'ouvre la rue de la Muette (1) formée par deux lignes de

(1) « Ego Bertholomea Ruffa, filia Guill. Ruffi, marinarii condam... vendo... tibi Fulconi Dieulosal, textori... quoddam

maisons et de jardins : la maison de Guil. Riedebadas, le jardin de Guil. Rufli, la maison de Pierre Raymond, le jardin de Guil. Lingoste, la maison de Raymond Bermond qui confronte le jardin du jurisconsulte Étienne Auras.

Le jardin de cet homme de loi a son entrée dans la rue de Marin-Just, nom d'un autre propriétaire qui possède plusieurs maisons situées dans cette rue et dans celle de la Muette (1). Dans la rue de Marin-Just, il existe aussi les maisons de Guil. Flori, de Pascal Séguier, la maison et le four de Pierre Picanulli, la maison de Bernard Béranger et celle de Béatrix Rapin qui confronte la rue de la Muette. Ces immeubles touchent ceux d'Hugues Anceline, Pierre de Marseille, Bernard Bérenger, pêcheur, etc.

Le jardin d'Étienne Auras confronte aussi les maisons de Raymond Boer qui avaient appartenu à Guil. Raymond, son beau-père, et celle de Jean Chaulet, maisons situées dans la traverse de Jean-Lingoste (2).

viridarium situm in villa superiori Massilie, prope portam Gallicam, in carreria dicta de la Muda, confr. cum domo Petri Fornerii, cum furno ejusdem Petri, cum domo et patuo mei dicte Bartholomee, cum carreria publica. » Bernard Blancard, 17 juillet 1325.— La même Barth. Rufli vend le même jour une maison située dans la dite rue et confr. « cum orto Petri Garcini predicti et cum alio viridario mei dicte venditricis. » *Idem*.

(1) Guil. Féraud, ides de juillet 1281.— Pierre Elzéar, reg. du palais, 6 kal. madii 1315.

(2) Deux maisons contigues situées « in transversia de Joh. Lingoste, confr. cum domo Paschalis Segueni, cum domo Guil. Ferrerii, cum domo Joh. Chauleti et retro cum viridario domini Stephani Atrasii et cum carr. publ. » La maison de Jean Chaulet confronte à deux parts le jardin d'Étienne Auras. – Guil. Féraud, reg. du palais, 6 kal. madii 1315.

C'est dans cette section que fut plus tard bâti le couvent de l'Observance.

parent sans doute du notaire Bertrand Lingoste, dont le nom est aussi porté par une traverse.

X.

Église de la Mère du Christ

A côté de la porte Gallique on rencontre un petit édifice, modeste, bien que son entrée soit appelée : portique. C'est l'église des frères de l'ordre de la Bienheureuse Marie, Mère du Christ. Le notaire Guillaume Féraud rédige tantôt sous le portique, tantôt dans la salle du consistoire, tantôt dans le corridor, les actes intéressant l'ordre, qui possédait la seigneurie sur des terres situées à Séon. La salle du chapitre sert quelquefois aussi d'étude à Guil. de Fonte, à Pascal de Mayranegis, à Barth. de Salinis, autres notaires.

Cette construction fut commencée en 1259. Le prévôt et les chanoines de l'époque concédèrent à perpétuité à frère Marin, gérant de l'ordre, en remplacement de frère Hugues, administrateur-général des frères de la religion ou ordre de Sainte-Marie, Mère du Christ, le droit de jouir de l'oratoire neuf que les dits frères faisaient élever vers la porte Gallique (1).

En 1277, frère Hugon remplit encore les fonctions d'administrateur *(minister)*. Il agit au nom de l'ordre avec l'assentiment des frères Olivari et Marin. On

(1) « Locum seu oratorium novum quod nunc fecistis infra muros Massilie versus portam Gallicam cum omnibus suis juribus et pertinenciis. » (Arch. dép., fonds de la Major, livre jaune, fol. 26, année 1259). C'est sans doute à côté de cet édifice, sinon sur le même emplacement, que fut construit plus tard le monastère de Sainte-Paule. — V. Ruffi, t. II, p. 161.

constate aussi la présence des frères Bert. Rivière et Guil. Bernard et, en 1284, de frère Barthélemy, prêtre de l'ordre (1).

XI.

Section du Palais Épiscopal

Cette section, que nous appelons « du Palais Épiscopal » parce qu'elle renferme l'édifice qui servait alors de siège aux évèques, part de la ligne Est, indiquée dans la précédente section, et s'étend jusqu'à la porte de Marseille (2) en suivant au nord les remparts contre lesquels nous rencontrerons la tour des Rostagniers (3), l'église Saint-Canal et le Palais Épiscopal et, au midi, la rue de la *Couelo* à partir du point signalé plus haut jusqu'à l'église Sainte-Marthe, et de là monte les rues de la Belle-Marinière et des Hugolins jusqu'aux remparts au dessus de la porte de Marseille, côté du midi.

La partie ouest de cette section est couverte par les rues de l'Escarlate, du Mûrier et l'île de maisons dite de Malaucène. Tout près de la rue Malaucène, il y a

(1) Guil. Féraud, 17 kal. de sept. et 7 kal. de juin 1277 ; veille des nones de nov. et 12 kal de mars 1284. P. de Mayranegis, P. Elzéar, G. de Fonte, *passim* « Actum Massilie infra claustro ecclesie B. M. de Porta Galica conventus ordinis fratrum carmelitarum de Massilie dicte ecclesie Nostre Domine de Ibelna. (Jean Georges, not. 14 avril 1363). » — « Actum Massilie in capitulo domus fratrum B. M. Matris Christi de Porta Gallica. (Hugo de Fonte, moro 1307). »

(2) Porte d'Aix, située au commencement de la rue des Grands-Carmes.

(3) Devenue plus tard tour Saint-Canat.

la traverse de Raymond-de-Trets (1) et la rue qui va à la Major, continuation de la rue Saint-Canat (2). On voit l'hôpital et église de Saint-Jacques des Epées (3) où l'on abrite les pauvres voyageurs. Cette maison hospitalière paye un cens annuel de 7 sous 6 deniers à l'évêque. Elle est entourée de maisons appartenant à une famille dont plusieurs membres tiennent un rôle important dans l'administration de la ville supérieure : Raymond, Guillaume, Benoît, Jean, Etienne Repelin. La rue où ils demeurent porte le nom de rue des Repelins. Les maisons qui la forment confrontent avec la rue Pierre-Jauceran, notaire. A côté même de l'hôpital se trouve la maison où demeure

(1) La rue de l'Escarlate existait déjà en 1343 (arch. départ. fonds de l'évêché, reg. 18) comme le prouve la reconnaissance suivante passée en faveur de l'évêque, le 27 juillet, par Raymond Julian, au sujet d'une maison, cazal et jardin situés « in insula dicta Scarlate, confront. cum Guill. Jordani, Guill. Martelli, cazal Poncii Broquerie et carreria. » Dans l'état des censes de 1341, on trouve parmi les propriétaires de l'île de *Fulconis Sardine vel Pauli Nauloni*, les noms de Guill. Jourdan « pro domo in qua moratur, loco ejus Guill. de Martello » et de Monet Julian.

La rue du Mûrier (*Morerii*, v. Oct. Teissier, *loco cit.*), comprenait un grand nombre de maisons qui étaient, en 1316, sous la directe seigneurie de Mabile, béguine de Roubaud, fille de Gui de Fossis, chevalier. Elle légua ses droits à son frère Bert. de Fossis, seigneur du « castri de Petralori. » Reg. de Pierre Elzéar, 7 des Ides d'août 1316.

On trouve la rue Malaucène dans un fragment de l'état des cens dus à l'évêque, vers 1330, et dans l'état de 1341, une île de maisons portant ce nom.— Pour la traverse « Raymond-de-Trets », voyez les reconnaissances de 1330.

(2) La rue qui va à la Major et la rue Saint-Canat forment actuellement la rue de Lorette. La rue Saint-Canat commençait au boulevard des Dames. La rue de Lorette est continuée par la rue du Petit-Puits, ancienne rue de la Pierre-de-l'Image.

(3) Cet hôpital était situé à l'endroit qu'on appelle aujourd'hui place de Lorette. (Oct. Teissier, *Marseille au Moyen-Age*).

Jean Martin et, à la suite, celle de Raym. Repelin. Les familles Grami, Dedieu, Catalan, possèdent aussi des immeubles aux alentours (1).

Un autre établissement, la maison des Repenties, s'élève aussi dans l'île dite de Saint-Jacque des Épées. Il paye à l'évêque un cens de 4 sous 9 deniers (2). La rue dans laquelle il était situé se nommait rue des Repenties (3). Il confrontait, du côté opposé, la rue d'Hugues Pesagier (4), nom d'un propriétaire dont les parents possédaient plusieurs immeubles dans ce quartier.

A l'est de l'hôpital de Saint-Jacques des Épées, il existe une ruelle où se trouve la maison et le jardin du notaire Pierre Colombier. Contre le mur de ce jardin on établit une fontaine pour recevoir les eaux de l'aqueduc dont il sera parlé plus bas (5). Cette ruelle

(1) V. fragment d'un livre de reconnaissances passées en faveur de l'évêque vers 1330. — V. aussi l'acte du 6 des ides de juin 1286, not. P. Aycard.

(2) Etat des censes de 1341. — V. aussi le fragment des reconnaissances passées en faveur de l'évêque, ci-dessus mentionné. Cet établissement disparaît de cette île avant 1381 si l'on s'en réfère à un état incomplet, daté de ce millésime, des censes dues à l'évêque. En effet, on lit dans cet état : « Phillipous Candelarius, loco domus Repentitarum, 4 s. 9 d. »

(3) Pasc. de Mayranegis, judicatures, 1305. Estimation d'une maison appartenant à Guil. Guigues, située « in carreria Repentitarum. » Cette maison était sous la directe épiscopale.

(4) V. le fragment des reconnaissances (*loc. cit.*) Maison sise « in carreria que est retro repentitas. » Maison d'Aycarda Pesagerii, femme d'Hugonis « in carreria retro Repentitarum. »

(5) Cette ruelle s'appelle aujourd'hui rue du Puits-Saint-Antoine. Ce puits ou, pour mieux dire, cette fontaine, est la même, sans doute, qui portait à l'époque le nom de puits de Cavaillon. — Cavaillon désignait le quartier situé sur le versant nord de la colline des Moulins.

confronte la rue Pesagier dont nous venons de parler (1). Une rue voisine porte le nom de Guillaume de Scalis (2). Il y avait aussi la rue de Rostang Barbe et celles de Pierre Monedier et Guillaume Borrelli. Si nous remontons cette ruelle, nous nous trouvons dans la rue Saint-Antoine, prenant son nom de l'hôpital et église de Saint-Antoine, édifice qui sert très souvent de siège au Conseil de la ville supérieure vers 1285 et sur lequel on lit ces mots : *In te, domine, speravi.* A la même époque et jusqu'au commencement du XIVe siècle, la Cour royale tient souvent ses audiences dans la rue devant les portes de cette église et, quelquefois, à l'intérieur (3). Les notaires, scribes de la Cour, y rédigent leurs actes.

L'hôpital de Saint-Antoine, fondé vers 1180, reçoit depuis 1254 « ceux qui souffrent du feu d'enfer (4). » L'église est succursale de la paroisse Saint-Canat (5). En 1254 on établit, tout près de cet hôpital, un oratoire et un cimetière dont la création amena un litige entre le prieur de Saint-Antoine et celui de l'église Saint-Canat parce que cette création lésait, affirmait celui-ci, les intérêts de son église, paroisse de ce quartier. On nomma deux arbitres. Saint Antoine dut payer une redevance à Saint-Canat pour l'indemniser

(1) Barthélemy Jacques possédait, en 1405, un jardin situé « in car. Fontis Sancti Anthoni et Pesageriorum. » (Arch. dép. B. 1177).

(2) V. l'état des censes de 1341. *(Idem, ibid)*.

(3) Pasc. de Mayranegis, acte du 8 des kal. de sept. 1285.

(4) « Hospitale eorum qui igne infernali laborare, dicantur. » Charte citée par Ruffi, t. II, p. 61.

(5) Arch. dép., fonds du Chapitre, livre rouge, fol. 25.

de la perte des revenus mortuaires (1). En 1272, Guillaume de Chancellai était commandeur de l'hôpital de Saint-Antoine (*Iconographie des Sceaux*, L. Blancard, p. 257). Bernard de Bastrinaye remplit en 1298 ces fonctions. Il agit au nom de l'ordre (2) et le représenta lorsque Pascal Lombard voulut en faire partie et donna tous ses biens à l'établissement (3). Bérenger Repelin occupe les fonctions de sacristain en 1300 (4). L'établissement possède plusieurs propriétés, entre autres une située au lieu appelé l'hôpital de Dame Raynaude (5).

Le commandeur a son logement tout près de l'église (6). En cheminant dans la rue Saint-Antoine nous rencontrons, vers l'est, la rue d'En Phelip dont la partie inférieure, tendant vers le nord, est nommée rue Tribolet, appellation qui lui a été donnée par un citoyen de la ville supérieure, conseiller en 1318 et en 1331 qui, sans doute, y a sa demeure (7).

(1) *Idem.*

(2) Pascal Lombard donne tous ses biens à « fratri Bernardo de Bastrinayo, preceptori seu commandatori hospitalis domus ecclesie Sancti Anthoni Mass. » Pasc. de Mayranegis, 12 des kalendes d'août 1298.

(3) *Idem.*

(4) *Ibid.*, dernier octobre 1300.

(5) *Ibid.*, 5 des kal. de sept. 1296. — L'hôpital de Dame Raynaude était situé dans le quartier des Trois-Frères, (Mortreuil, *Topographie*).

(6) « Actum Massilie infra domum S^ti^ Anthonii in camera preceptoris dicte domus. » Pasc. de Mayranegis, 12 des kalendes d'août 1298.

(7) Raymond de Cardona demeurait « in carr. d'en Felip, prope Sanctum Anthonium. » Barth. de Salinis, 6 août 1322 ; aujourd'hui rue Fontaine-Neuve. (Oct. Teissier, *loc. cit.* et Aug. Fabre, *Anciennes rues*, p. 190).

De là, en reprenant la rue de la *Couelo* et en allant du côté de l'église des Carmes, nous rencontrons l'hôpital et l'église de Sainte Marthe, dont la porte d'entrée forme la ligne de démarcation de la ville inférieure et de la ville supérieure, ainsi qu'il a été dit plus haut. L'hôpital et l'église de Sainte-Marthe date de quelques siècles. On en trouve l'origine dans divers documents (1). En 1278, Rostang de Novis était recteur de la chapelle et, en 1303, Pierre Gariboti, prieur et recteur de l'hôpital et église de Sainte-Marthe (2). Les environs sont couverts de constructions et sillonnés de plusieurs traverses. Un grand nombre de maisons sont sous la directe seigneurie de Bernard Garnier, riche commerçant de la ville inférieure (3).

La rue de l'Annonerie-Supérieure (4) commence même a l'église Sainte-Marthe. En remontant cette rue vers l'est, on arrive à l'église des frères de l'ordre de la B. M. de Mont-Carmel. Cet ordre possède depuis environ un siècle un couvent aux Aygalades. L'église que nous rencontrons dans la rue de l'Annonerie a été construite en 1285, grâce aux libéralités de la famille Monteux (5). Mais, d'un acte de 1277, il semble résulter que, bien que cette église ne fut pas construite encore, l'ordre possédait dans la ville une fondation, un établissement outre celui des Aygalades. A cette époque, le frère Bérenger de Cavanacho est prieur et recteur

(1) Mortreuil, *L'Hôpital Sainte-Marthe*, 1856.

(2) Guil. Férand, 16 kal. de juin 1278, Pierre Elzéar, 15 kal. d'avril 1303.

(3) Le même qui fonda l'hôpital de Saint-Jacques de Gallice.

(4) Rue des Grands-Carmes.

(5) Ruffi, t. II, p. 68.

de la maison de Marseille et du territoire (1). En 1315, Hugo de Bagnis est prieur de la maison des frères de l'ordre de Mont-Carmel. Avec lui se trouvent les frères Arnaud Cadel, Bernard Reynaud, Simon de Beaumont, Jean de Lyon, Pierre Michel, Vincent Brunel, de Lyon ; Jacques Bonariti, Jean Flamenc, Bertrand de (Muris (2). En 1342 le prieur se nomme Arnald Angeli, le frère Guillaume André est lecteur du couvent de la dite église. Il y a d'autres frères : Bertrand Noguier, Pierre Joseph, Vincent Venran, Jacques André, Guil. Scandail, Jacques Vitali, Raym. Emenard, Guil. Bozon, Jean Vigoureux, Bertrand Cotet, Jean Pedenot (3).

Vers 1300, il y a déjà la maison des frères, c'est-à-dire le couvent, avec un portique et l'église. Dans ce qu'on appelle la maison est compris le cloitre. On trouve aussi une salle affectée à l'infirmerie et une autre au réfectoire (4). La famille Éguesier, dont un membre fit partie du Conseil de la ville supérieure, possède plusieurs immeubles aux environs de l'église

(1) On trouve en 1277, dans le cartulaire de Guill. Farand un acte du 7 des kal. d'avril qui donne le nom de l'administrateur de la maison : « Frater Berengarius de Cavanacho prior et rector... ac etiam administrator ecclesie B. M. seu domus Mass. et ejus territorii fratrum ordinis de Monte Carmeli, nomine dicte domus. »

(2) Guil. Farand, 4 et 12 des kal. de février 1315.

(3) Jean de Salinis, 20 oct. et 20 déc. 1342.

(4) Pasc. de Mayranegis, 11 mai 1300 : « Actum in portica domus fratrum de Carmelio. » Bernard Blancard, 4 des kal. d'août 1311 : « Actum Mass. in ecclesia B. M. de Monte Carmeli. » Guill. Farand, 6 des kal. de fév. 1315 : « Actum in claustro domus fratrum Monte Carmeli. » 12 des kal. de février 1315 : « Actum Massilie in aula infirmarie domus fratrum ordinis Monte Carmeli. » Jean de Salinis, 20 décembre 1342 : « Actum Massilie in reffectorio ecclesie B. M. de Carmelo. »

des Carmes (1). Cette rue est habitée par un grand nombre d'autres familles notables, telles que celles des Gaudemar, Milon, Aycard, Dragon, etc. Si on la suit pour aller à la porte de Marseille, on aperçoit, à droite, le marché de l'Annonerie et à gauche, la rue des Bains de Bertrand-Béroard (2), rue qui descend

(1) Jean de Salinis, 26 oct. 1342, maison de Rostang Eguesier située « ante ecclesie B. M. de Carmello. » V. aussi Pasc. de Mayranegis, 19 nov. 1316, reg. du Palais, et l'état des censes de 1341.

(2) A peu près où est aujourd'hui la rue des Bains. Elle se nomma en 1343 *rue des Bains d'Isnard-Béroard*. Isnard était fils de Bertrand Béroard, le jurisconsulte, et père d'un autre Bertrand Béroard. L'établissement qui avait donné ce nom à la rue appartint ensuite à Marthe Béroard, ainsi qu'il résulte de la pièce suivante, tirée du reg. 21, fol. 18, du fonds de l'évêché (arch. dép.) : « L'an 1405, die 28 septembre, nobilis Marthona, filia et heres Bertrandi Beroardi, a recogneu certaines estuves situées en Cavaillon, près l'esglise Saint-Canat (vide in libro d. fol. 110). Postea Petrus Boquerii, penes Ant. Oduli, l'an 1459. » Le 19 avril 1471, Bertrand Boquier passa reconnaissance (Liv. F., fol. 49, not. R. Gantelmi) ; en 1522, Adam Boquier (not. Bogue) : « Nota quod dicte stuphe facte fuerunt viridarium ut apert per recognitionem dicti Bertrandi Boquerii, deinde tinctura. » Dans le reg. 31, fol. 110, du même fonds, on lit : « 1522, 6 nov. Noble Adam Bouquier reconnait tant en son nom que de Eymard et Pierre ses frères : une maison *sive* teinture que anciennement souloit estre les estubes avec un jardin y joignant situé en la rue droite de Cavaillon allant au Portal d'Aix *sive* à levesché, confr. avec jardin de noble Jean Motet et avec jardin de nob. François Bellon, que feu de Me Jean Darena et avec le jardin de Ste Clère que feu de donne Resplandine et avec le Grand jardin du couvent de Ste Claire et avec le jardin desdicts Bouquier frères, servile à Cosme Vassalh. »

Cet immeuble appartint ensuite à Fouque de Vega qui l'acheta en 1527. Il le légua à son fils Jean qui le céda à Mirabeau par échange. Suzanne Puget, veuve de Augier de Riqueti le vendit en 1641 à Jean Margarit. Parmi les plans annexés aux reconnaissances passées en faveur de l'évêque, à la fin du XVIIe siècle (reg. 43, fol. 158), il en est un qui indique la situation topographique de cet immeuble, confrontant du nord : « la rue long les murs et au devant la tour St Cannat, » du levant « rue St Cannat tirant vers St Jacques des Espazes (ac-

vers le nord-ouest, traverse celle de Saint-Canat et aboutit devant l'établissement des bains de Bertrand Béroard. Les immeubles situés au nord-est de cette rue des Bains forment un pâté de maisons nommé : Ile de Guillaume Sarde (1) qui décrit un espèce de

tuellement rue de Lorette). » — Cet immeuble était donc situé au coin de la rue de Lorette et du boulevard des Dames, là même où l'on a construit l'école communale.

Vers l'an 1300, l'établissement de bains avait donné son nom à la rue des *Bains de Bertrand-Béroard*, rue qui, partant de celle de l'Annonerie venait aboutir même en face des bains, comme l'église Saint-Canat, adossée aux remparts, avait donné son nom à la rue Saint-Canat (aujourd'hui rue de Lorette) parce que cette rue avait une de ses extrémités devant cet édifice religieux. La position topographique de cet établissement nous permettra d'indiquer l'endroit où certaines institutions possédaient leurs sièges. C'est pourquoi nous avons un peu développé cette note que nous aurions pu, cependant, étendre davantage.

(1) Le 13 juillet 1343, Raymond Jean reconnait à l'évêque une maison située « in carreria Balneorum Isnardi Beroardi, confr. cum domo dicti Isnardi Beroardi, cum domo ipsius Raymundi Johannis, cum domo Duranti Carbonnelli, cum dicta carreria ». Même rue, même date, autre maison appartenant au même Raymond Jean, confrontant la maison précédente « cum domo Raym. Janselme, cum domo Duranti Carbonnelli predicti et cum carreria. » (Reg. 18, fol. 18, fonds de l'évêché, arch. dép.)

L'île formée par les maisons dont faisaient partie celles qui viennent d'être indiquées se nommait en 1341 « Insula Guillelmi Sardi, ante domum episcopalem. » Voici les noms des propriétaires des immeubles de cette île qui payaient le cens à l'évêque en 1341 : Isnardus Beroardi, Guillelmus Ayme, heredes Guillelmi Jordani, Paulus Nauloni, heredes Raymundi de Sto Felicio, Fulco Audeberti, Johannes Ricavi, Raymundus Johannis, dominis Pauli Juvenis, Durantus Carbonelli, Beatrix Johanna, Raym. Janselmi. Ainsi nous retrouvons dans cette île les noms des propriétaires dont les immeubles étaient situé dans la rue des Bains de Bertrand-Béroard, c'est-à-dire Isnard Béroard, Raym. Jean, Durand Carbonnel et Raym. Janselme. Cette constatation nous fournit l'indication suivante, à savoir que le palais épiscopal se trouvait au nord de l'îlot de maisons qui commençait à la rue des Bains et s'étendait vers l'est jusqu'à la porte d'Aix, alors à l'entrée de la rue de l'Annonerie, soit des Grands-Carmes.

carré irrégulier ayant la rue Saint-Canat comme base au nord-ouest, celle de l'Annonerie au sud-est et, au nord, la rue qui passe devant le palais épiscopal et se dirige vers la porte de Jean de Marseille. C'est dans cette île que Fouque Audibert, conseiller de la ville supérieure, a son verger, confrontant celui des héritiers de Raymond de Saint-Félix. En face de la maison de Fouque Audibert, on voit la maison de l'Inquisition (1). Nous parlerons plus loin de cette institution. Vis-à-vis de cet îlot, séparée par une rue, se trouve la cour épiscopale, la synagogue, les écuries de l'évêque (2) et le jardin de l'église Saint-Canat.

L'église Saint-Canat fait face à l'entrée de la rue à laquelle elle a donné son nom (3). Elle est appuyée contre les remparts et paraît très belle (4). Son entrée

(1) Dans l'état des censes appartenant à l'évêque, de 1341 (arch. munic.), qui reproduit l'état de 1341, en y ajoutant les changements des noms des propriétaires, on trouve la mention suivante sous l'île de Guil. Sarde :

« Heredes Raymundi de Sto Felicio, pro viridario ; loco ejus Bn. Audoardi, XII den. – Fulco Audeberti, pro parte sui viridarii, VI den. » En 1391, le dernier mai, Fouque Audibert lègue, par testament, à sa fille « quoddam viridarium scitum in villa sup., ante domum inquisitionis, confr. cum viridario heredum Bn. Audoardi, cum carreria publica. » Pierre Giraud, notaire.

(2) Dans le registre des censes des frères Ant. et Lud. Déodat, fils et héritiers de Pierre Déodat, chevalier, t. II, fol 23 (arch. munic.), on lit, à la date du 18 mai 1386 : « Dulcieta Favacio, uxor Jacobi Favacio... recognovit se tenere et possidere velle ortum... confrontatum cum carreria Sti Cannati in quo est quoddam moririus et cum carreria que tendit versus episcopatum et versus portale vocato (*sic*) Joh. de Massilie et ante menia curie episcopalis et ante sinagoga judeorum, carreria in medio, et cum paluo et stabulo domini episcopi et cum uno parvulo viridario servile domini episcopi Mass. ad censum sex den. et cum orto ecclesie Sancti Cannati. »

(3) Aujourd'hui rue de Lorette.

(4) Ruffi, t. I, p. 310.

s'ouvre sur un escalier où le notaire Pascal de Mayranegis rédige quelquefois ses actes (1). Il existe dans cette église une chapellenie sous le titre de Saint-Michel, fondée en 1338 par l'évêque Adémar (2). A quelques pas de ce monument, vers le couchant, s'élève la tour des Rostagniers, qui appartient en partie à Guigonette de Châteauneuf, fille de Guigues de Galbert. Elle confronte les maisons de feu Bertrand de Laureis, chevalier, de Hugues Rostang (3) et, par derrière, un ruisseau commun.

A droite de l'église Saint-Canat, vers l'est, se dresse un vaste monument à l'aspect d'un château-fort. Sa façade regarde l'île de Guillaume Sarde qui comprend la rue des Bains de Bertrand-Béroard, dont nous venons de parler. Il est appuyé contre les remparts : C'est le palais épiscopal. Une rue de peu de longueur le sépare de cette île et se dirige vers la porte de Marseille (4).

(1) Pasc. de Mayranegis, 1301 (sans quantième).

(2) 15 août, (arch. départ., fonds ecclésiastique, livre rouge).

(3) 15 septembre. 1302. — Guigonette, veuve de Guigues de Châteauneuf vendit, le 21 juin 1351, à l'évêque de Marseille, tous les droits qu'elle possédait sur cette tour (arch. dép., CC. 43). — L'évêque en avait acheté une partie en 1337 (Ruffi, t. II, p. 302). Au XVIIe siècle, cette tour se nommait la tour de Saint-Canat. Elle est signalée sur les plans du XVIIIe siècle.

(4) Dans le registre 18, fol. 100, du fonds de l'évêché (arch. dép.), on trouve la mention suivante ; « juxta ecclesiam Sancti Cannati in insula Guill. Sardi, ante domum episcopalem. » Ailleurs : « quandam suelhaм infra thurrim Portalis Masselhesii scitam, in qua est agradarium diete thurris, juxta domum Marini Raynaudi, laboratoris, et juxta iter per quod tenditur à diete Portali ad domum episcopatus » 1405. (Arch. dép., B., 1177, fol. 49).

Voici des extraits du Cahier des censes de Saint-Jacques de Corrigerie (arch. mun. S. 14, trav. 130, cart. 20, II.), qui indiquent à peu près l'emplacement du palais épiscopal : « 1462, 25 janvier, Nicollet Negrel, gipier de ceste ville reconnoit une

Le palais épiscopal, vieille mais solide construction, constituait, lorsque l'évêque possédait la haute justice sur la ville supérieure, la forteresse qui protégeait cette partie de la cité contre les entreprises étrangères. On y pénètre par un portique qui donne sur la rue(1). Un

maison dans l'enclos d'icelle, rue tirant de la porte d'Aix à la maison épiscopale, confr. jardin et terre de noble Claude de Bellomonte, terre et maison de Claude Vilhasse et avec la dite rue publique.— 1481, 24 février, Jeacmette Mersière, femme de Honoré Blaso reconnoit la même maison : située dans cest enclos et rue allant au portal d'Aix et rue episcopale, confr. avec jardin episcopal que fust de noble Claude de Bellemonte et d'aultre part avec maison et jardin de Jacomin Villard et la dicte rue publique. — 1510, 23 décembre : Anthoine Aymoris, dit Cabian, pasteur de ceste ville, reconnoit une maison (la même que ci-dessus) située dans son enclos (de la ville), et à la rue de la porte d'Aix qui s'en va à St Canat, confr. de deux parts avec maison de Jacomin et Pierre Puget, dict Vilhasse, et avec le jardin épiscopal et avec la dite rue. — 1531, 8 avril (même maison), Baptistine Sarue, héritière de Anthoine Hiemerie *(sic)* a reconnu une maison qui fut dudict Hemerie, située dans cet enclos, à la rue de l'église St Canat, proche la maison épiscopale derupie, rue du Portal d'Aix *(on sait que la maison épiscopale fut détruite en 1524, lors du siège du connétable de Bourbon)*, confr. maison des hoirs de Pierre Puget, jardin derupie dudict épiscopal et rue publique. »

En 1586, le 3 novembre, cette maison est reconnue par Victor Reynaud, maître d'ache. « Depuis la dite maison est obvenue à Mathieu Sarde » qui la reconnait le 9 février 1593. Ensuite « la dite maison est obvenue à la demoiselle Marquise Mouren, femme de Nicolas Gueidon, qui l'a reconnue le 27 avril 1633 : « Nicolas Gueidon, marchand de cette ville, mari de demoiselle Marquise Mouren, héritière de Mathieu Sarde, a recogneu une maison située dans cest enclos, cartier de Cavaillon, rue de St Canat faisant un coing visant à deux rues, l'une tirant vers la porte d'Aix et l'autre à la place des Engoullene où l'on faict le corps de garde dudict cartier, confr. de levant avec maison des hoirs de Baptistine Davin, de tresmontane avec maison des hoirs de feu Hierosme Mourene, qu'estoit dict Gavot, de midy avec la dicte rue tirant vers la place des Engoullene, de couchant rue tirant devant le Terras et murailles de la ville. »

(1) « Actum Massilie in domo episcopali, scilicet in porticu supra carreriam, » E. Aycard, 6 kal. junuaris.

corridor conduit à l'intérieur du monument (1) qui possède plusieurs tours : la tour judaïque, contenant une salle ronde ; une autre où est située la salle verte et plusieurs autres salles dont l'une renferme une sculpture en pierre représentant un lion. C'est dans cette dernière salle que se tenaient autrefois les rares parlements publics, appelés aussi conseils généraux, c'est-à-dire les réunions des habitants de la ville épiscopale, lorsque le seigneur évêque était dans la nécessité de les convoquer pour délibérer sur quelqu'une de leurs demandes (2). Il existe aussi une chapelle avec un portique et devant laquelle s'étend une autre salle (3). Le notaire Pascal de Mayranegis se rend quelquefois dans la chambre de l'évêque pour y rédiger certains actes (4). En suivant le chemin qui confronte le palais épiscopal, on accède à la porte de Marseille. Tout près de cette porte on a établi les canalisations qui amènent les eaux passant sur les arcs situés au sud est de la dite porte (5).

(1) « Actum in corritorio domus episcopalis, in presencia Berengarii Hugoleni, militis, Jacobi Albini, Bert. de Laureis, militis. » Guil. Fèraud, pridie nonas, novemb. 1284.

(2) Rufll, t. II, p. 302. — *Antiquité de l'Eglise de Marseille.* V. aussi la charte de 1251, relative aux chevauchées, (arch. mun. EE.).

(3) « Actum Massilie, in porticu capelle domus episcopalis. » Pasc. de Mayranegis, 2 août 1306. — « Actum Mass., in aula domus episcopalis que est ante capellam dicte domus episcopalis. » Guil Fèraud, pridie nonas marcis 1284.

(4) « Actum in camera dicti domini episcopi. » Pasc. de Mayranegis, 5 juin 1295.

(5) Les arcs, qui furent démolis vers 1819, traversaient la place actuelle de la porte d'Aix, partie du midi. Ils s'étendaient de la rue Bernard-du-Bois jusqu'à côté de la rue des Enfants-Abandonnés. — V. Mehquiond, *Etude sur l'aqueduc de l'Huveaune*, 1882.

En dehors des remparts, à partir de la porte de Marseille, il y a un grand nombre d'habitations et de jardins. Ce sont des quartiers *extra-muros* qui commencent au-dessous de cette porte vers le nord est et se développent jusque vers la porte Gallique. C'est d'abord l'île de maisons nommée de « Hugues Feroge », située vers le nord-est de Marseille (1). Tout à côté, derrière les remparts de la ville supérieure, on aperçoit le bourg des Bœufs (2) et plus loin, vers la porte Gallique, le « Camp de l'Évêque ou bourg des Aygadières (3). »

(1) V. arch. dép., fonds de l'évêché, reg. 18, fol. 19, acte du 13 juillet 1343 : « Guill. Posselli, morans ad portalem Joh. de Massilia... recognovit... quandam domum, sitam in insula dicha de Hugone Feroge, confr. cum domo Guil. Martini, cum dicto portali Joh. de Massilia, cum vallato et carreria. » Cette île de maisons avait pris le nom de celui d'un propriétaire, Hugues Feroge, qui possédait plusieurs immeubles « in loco dicto burguos dels Buols. » Pasc. de Mayranegis, 10 oct. 1306.

(2) Parmi les biens constituant la dot de Chrétienne Laurent, fille de Hugues Laurent, on trouve une maison « in burgo dels Bueus inter dua portalia in carreria Recta, confr. cum domo Beatricis Ruffe et duas carrerias. » Maison « in borgo dels Bueus in quadam transversia, confr. cum domo Petri Stephani et cum vuicenо seu barri, retro universitatis civitatis Massilie, quadam transversia in medio. » Reg. des judicatures, de Raymond Rogier, 1322. Dans le registre de Bern. Garnier, on lit : « Alazacia Pizana, filia Joh. Pizani, uxorque Petri Lautardi, recognovit quandam domum sitam in villa superiori, in carreria dicta dels Bueus, confr. cum hospicio Joh. de Cavaillone, not., cum domo Johannis Peyrerii et cum barrii. » 21 avril 1337.

(3) V. Arch. dép., fonds de l'évêché, reg. 28 *bis*, fol. 1 « Camp de levesque ou bourg des Eygadieres. » Le 4 avril 1440. André Pellegrin reconnaît à « la court (épiscopale) un jardin soubs l'abreuvoir de la Porte d'Aix. » En 1492, Pierre Corregier reconnaît le même jardin « situé hors la porte d'Aix vers Porte Galle, confr. jardin de Martin Ursay, rue au milieu, avec les barbacanes du barri de la ville et avec le fossé. » On lit dans le registre 18 du même fonds, *2 août 1343*, Jean Fouques reconnaît une pièce de terre située « in campo domini episcopi, confr. cum terra Raym. Johannis, cum terra Ganterii Staque et cum camino porte Gallice. »

Un autre quartier s'étend entre la porte de Marseille, c'est-à-dire entre les aqueducs, et la porte de la Frache : c'est le bourg des Oliers. Ce nom lui vient d'une famille qui y possède plusieurs immeubles (1).

SECTIONS DE LA VILLE PRÉVOTALE

XII.

SECTION DE CHATEAU-BABON

La colline dite de Château Babon commence à l'église et rue Saint-Laurent, monte du sud au nord

(1) Geoffroy Boladens vend à Jean Garnier, avoué, fils de Jacques de Château Babon, une maison située « in burgo Olerii. » Guil. Féraud, not., 3 des ides de mars 1277.— En février 1299, on estime la maison et paturage de « Bermundi Guillelmi et Reynaude ejus nuri, sitam et situm in jurisdictione civitatis superioris Massilie, in carreria retro burguetum Oleriorum, confr. cum domo et patuo P. Olerii, cum domo et patuo Berengarii Malros. » En 1320, B. Fabre possède une maison située « in burgo de Oleriorum, confr. cum carreria publica de Oleriorum, retro cum transversia qua itur ad domum de Monte-Rivo, cum domo Fulconis de Venello et cum domo Plendose Ollerio. (Barth. de Salinis, not., 7 des kal de sept.). » Le 4 août 1515, Roulet prit à nouveau bail « une sueille hors les murailles de ceste ville, au lieu dit bour des Olliers, entre le portal de la Frache et les Arcs. (Caradet,not., fol. 498). » Mais il paraît qu'une partie de ce bourg des Oliers n'était pas sous la juridiction de la ville supérieure. C'est ce qui résulte de l'acte suivant : Jacques Dalmas, damoiseau, vend, le 2 mai 1328, à Bernard Garnier, six sous 10 deniers de cens « quos servit Johannes Bontous, faber, pro duabus domibus et viridario contiguis sitis in burgueto Oleriorum in civitate vicecomitale. » (Registre des cens de Bern. Garnier, arch. mun.).

jusqu'au haut de la place de Lenche, en face de l'entrée de la rue des Accoules (1). La partie qui, du sommet, descend vers la cathédrale, porte le nom de Champ à fourrage du Four *(Ferragine Furni)* dont il sera parlé plus bas. Sur le point le plus élevé de cette colline on voit le moulin appartenant à Pierre Garin, jurisconsulte, et celui d'Azémar d'Astréges. Ces moulins sont situés dans la rue de la Corderie. La rue de Pierre-Boniface et la rue Audiguier sillonnent la colline (2) ainsi que les rues de Figuière et d'En-Prodome (3). Non loin de cette dernière, on rencontre le

(1) La rue qui aujourd'hui se trouve au point culminant de l'ancienne colline du Château-Babon se nomme la rue Fontaine-des-Vents.

(2) Guil. Gamel, meunier, et sa femme, vendent à Tibaud Adalbert, marin, une maison située « in carreria Cordarie castri Baboni, conf. cum molendino heredum Petri Garini, jurisperiti, cum domo Petri Tortosi et cum carreria publica. » Pasc. de Mayranegis, 8 kal. de fév. 1298. — Azémar d'Astréges reconnaît à la Prévôté un immeuble situé in castro Babono in carr. Cordarie, confr. cum domibus cujusdam molendini dicti Azemari. » *Idem*, 18 kal. julii 1298. — Bernard Barbier, pêcheur, hypothèque à Pierre des Pennes une maison située « in castro Babono, in carreria Petri Bonifacii. » *Ibid.*, 11 kal. de sept. 1295. — Hugues Sard reconnaît comme dot à sa femme une maison située « in carreria dicta Petri Bonifacii, confront. cum domo Guill. Audegerii. » Bern. Blancard, pridie kal. junii 1312. — Rixende de Volta et Raymond, son fils, possédaient des droits sur la maison de Dulcie, femme de Jacques Besserin, maison située « in castro Babono, in carreria dicta Audaguarii. » Augier Aycard, 22 nov. 1304.

(3) D'après Oct. Teissier, *loc. cit.*, les rues d'En-Prodome et de la Figuière comprenaient les emplacements de celles actuellement dénommées de la Tourette et de Servian. Mais une partie de ces rues seulement, la partie ouest, devait être sous les juridictions des villes hautes. Les actes suivants prouvent bien du reste qu'elles appartenaient à ces juridictions : « quadam domus sita in villa superiori Massilie que dicitur de Figueria ; — Quadam domus sita in villa superiori Massilie subtus furnum quod dicitur d'En Prodome. » *Cartulaire de Guill. Feraudi, 10 kal decemb. 1284.*

marché dit le Vieux-Marché de Château-Babon (1) et aussi le dépotoir *(la sueio)* du Marché (2).

XIII.

Section de la Cathédrale

Cette section est divisée en un grand nombre de quartiers. Elle va, du point où finit celle de Château-Babon, vers le nord jusqu'à l'église de la Sainte-Trinité inclusivement. Elle est séparée de la section de la Pierre-de-l'Image par la rue Droite (aujourd'hui rue de l'Évêché) et la rue, suite de la rue Droite, qui se dirige obliquement, à l'époque qui nous occupe, vers la porte Gallique.

Le premier quartier de cette section commence du côté du midi à la Prairie du Four *(Ferragine Furni)*, nom qui lui fut donné à cause du voisinage du Four du Chapitre *(Furnus de Canonica*, une rue est encore nommée : rue du Four-du Chapitre). Cette prairie s'étend jusqu'au rivage de la mer. Des jardins et des maisons d habitation la confrontent du nord.

Ainsi, à la limite du champ à fourrage, on aperçoit

(1) Les filles de feu Pierre Bonnet vendent à Huguette Pogone une maison située « in carreria vocata Masselli Veteris Castri Baboni. » Pasc. de Mayranegis, 14 kal. d'avril 1295.— Durand Alboyn, banquier, vend à Azemar d'Astrèges, marchand, un cazal situé « in Masselo Vetero Castri Baboni. » *Idem*, fév. 1299.

(2) Le 24 août 1302, Michel Repelin vend à Antoine Godefroid « quoddam viridarium... situm in cuilho Macelli, in carreria Furni dicti Produmo. » — Le 27 février 1307, Aster de Cania, juive, femme d'Aaron, vend à Argène, femme de Pierre Vassal « quandam domum.. sitam in cuiho Masselli, prope Furni Produme. » Pasc. de Mayranegis. — Ces immeubles sont sous la directe de la Prévôté.

quelques humbles constructions, d'abord la maisonnette d'Adzémar del Cazal et celle d'Arnaud Safabrègue qui la légua à Arnaud Androier, prêtre. Cet ecclésiastique habite une maison avec jardin dont il est propriétaire, le tout confrontant la maisonnette de Safabrègue. On voit aussi, tout près de la cour de la Prévôté, les maisons de Martin Auriol et de Michel Boueri, autres prêtres (1).

XIV.

LA PRÉVÔTÉ

A quelques mètres de cette habitation, en suivant le rivage de la mer, on est arrêté par la maison de la Prévôté *(domus prœpositure* (2).

(1) « Maria filia Hugonis Cortesii, condam uxorque Petri Trigenti-Solz, condam. » vend à « Arnaudo Safabrega, mercatori, quandam domo cum viridario, sitam, apud Ferraginem Furni versus castrum Babonum, confr. à parte superiori cum carreria publica, ab uno latere cum quodam cazali Adzemari Delcazal, condam, et ab alia latere cum littore maris et a parte inferiori, cum carreria publica et cum viridario domus domini Arnaudi de Andreerii preshytri. » Pasc. de Mayranogis, 3 des ides d'avril 1298.— V. aussi, du même notaire, les actes de la veille des ides de mars 1295, 4 des ides de janvier et 6 des ides d'août 1296.

(2) « Actum in porticu domus prepositure, 7 kal. julii et pridie non. aug. 1295. — Actum in aula inferiori domus prepositure, 5 ides jul. 1295 et 13 août 1302. — Actum infra domum dicte prepositure in platea ante capellam Sti Johannis, 24 août 1302.— Actum infra domum dicte prepositure, in aula camere dicti domini prepositi, 14 kal. février 1295. » Pasc. de Mayranegis. — V. aussi les pièces des divers procès engagés entre la ville et la prévôté au sujet du mur sur lequel la maison prévôtale était bâtie (arch. mun. DD., 1640-1706), pièces qui établissent la situation topographique de cet édifice. Dans une de ces pièces, en réponse aux échevins, le prévôt affirme que la dite maison a toujours occupé cet emplacement.

La maison de la Prévôté, à l'ouest de la Cathédrale, en est séparée par une place. Sa construction date de l'époque où le prévôt, représentant du Chapitre, devint seigneur d'une partie de la ville supérieure. Elle est appuyée sur un mur qui, plus tard, servira à fermer la ville du côté de la mer. Elle a toujours été le siège de la Prévôté. Elle se compose de plusieurs bâtiments dont l'un, orné d'un portique, contient plusieurs salles. C'est là que les cours de la Prévôté et de l'Œuvre tiennent ordinairement leurs audiences. L'autre est habité par le prévôt. Près de la place, située entre cet édifice et la maisonnette de Safabrègue, se trouve une chapelle dite : chapelle de Saint-Jean. Sur cette place, en présence du peuple, le juge de la Prévôté rend ses jugements concernant les femmes honnêtes.

XV.

La Major

La situation topographique de la Major *(ecclesia B. M. sedis Massilie)* est connue ; on en a fait la description détaillée (1). Nous ne signalerons donc que les sièges de certaines fonctions ecclésiastiques. Vers l'an 1300, on constate l'existence de quelques petits édifices attenant à la partie principale de la Cathédrale. D'abord la salle où se réunit le Chapitre, ensuite la maison et le jardin du sacristain, l'hôtel du préchantre (principal chantre; *precentor)*, la maison du maître de l'Œuvre *(operarius)* avec un portique

(1) V. C. Bousquet. Nous nous abstenons de répéter ici ce qu'on a dit si souvent au sujet de la Cathédrale.

sous lequel les notaires des cours de la Prévôté et de l'Œuvre rédigent souvent leurs actes. C'est là aussi que le juge Bertrand Béroard rend ses sentences relatives aux honnêtes femmes, ainsi qu'on vient de le lire. Au nord de la Cathédrale se trouve le cimetière de la Major, avec des tours et couverts de tombeaux (1). Du côté du levant de la Cathédrale, on voit une ligne de maisons formant le côté gauche de la rue Pierre-de-l'Image, continuation de la rue Droite (2).

XVI.

Le Quartier de l'Ourse

Derrière les cimetières une traverse partant de la rue Françoise (Gallique), qui fait suite à la rue Droite, conduit à la mer, c'est-à-dire à l'anse de l'Ourse. On rencontre sur le rivage et s'étendant vers le couvent de la Sainte-Trinité, un grand nombre de constructions dont quelques-unes appartiennent à des pêcheurs qui les habitent. Les propriétaires se nomment Guill. Ferrier, Hug. Ferrier, Raymond Bonet, Pierre Bonfils,

(1) Pasc. de Mayranegis, 26 fév. et 13 juin 1299, 3 mai, 11 des kal de juin, 4 des ides de juin et 16 des kal. de juillet 1298. — Bern. Blancard, 17 kal. sept. 1298. — Barth. de Salinis, reg. du palais, 26 mars 1316. — Au commencement du XIIIe siècle, il y avait dans ce cimetière un endroit qui servait à des réunions et où l'on consacrait les rameaux, « Acta sunt hæc in cimiterio Sanctæ Mariæ Majoris, in consistorio ubi, ramipalmarum consecrantur. » Arch. mun., GG., 1er janvier 1220.

(2) Maison de Nicolas Argelier, située « in carreria Recta qua itur ad Sanctam Trinitatem. » Pasc. de Mayrangis, 13 kal. julii 1298. — Maison de Barth. de Ners, située « in carreria Recta Petri Imaginii qua itur versus Sanctam Trinitatem. » *Idem,* 13 oct. 1308.

Pellegrin Auriol, Hug. de Berre, Hug. Bonet, Jean et Guill. Boysserie, Bertrande Bonet. La maison de cette dernière confronte celle de Jean et Hug. Martin qui ont donné leur nom à une rue située non loin de la Sainte-Trinité, la rue des Martins *(carreria Martinquorum)*. Dans cette petite rue, on voit les maisons d'Alasacie Grimaud, Saurine Audibert, Rixende et Bernard Viadier, Vezian de Saint-Mitre, Pierre Rogier, Pierre Syméon, etc. (1).

XVII.

La Mer du Titol.

L'anse de l'Ourse et celle de la Joliette sont séparées par un petit cap qui s'étend vers le couchant, c'est la pointe *del Titol*. On nomme la mer qui la borde, la mer *del Titol*. C'est sur ce cap que se trouve la Blanquerie des villes hautes. On y accède aussi par les ruelles qui sillonnent le quartier de la Sainte-Trinité et par la porte Gallique. On y voit un grand nombre d'ateliers de mégisserie, ceux de Pierre Vincent, Giraud Domigo, Ricard, Guil. Itier, Aubert de Signes. On y rencontre aussi le jardin de Dulce Cavaillon, les maisons de Guil. Bonnet, pêcheur, de Pierre Finaud, et la traverse de Maudine Chabas (2).

(1) Pasc. de Mayranegis, 15 sept. 1302, 13 mars 1308.

(2) Pasc. de Mayranegis, 16 mai et 29 mars 1307, 28 novembre 1308. Voici un extrait de l'acte du 29 mars : « Giraudus Domigo, filius quondam Bertrandi Domigo, blanquerii .. vendo... tibi Guill. Yterii, blanquerio... quoddam operatorium meum blanquerie... situm in transversia Maudine Chabasse pro quam tenditur ad mare del Titol, confr. cum operatorio Giraudi Marie, cum operatorio Nicholay Engrase, blanqueriorum. »

XVIII.

LA SAINTE-TRINITÉ

La maison, c'est-à-dire l'église et couvent de la Sainte-Trinité est située à l'est du terrain qui forme le cap ou la pointe du Titol, entre l'anse de l'Ourse et celle de la Joliette (1). La rue des Martins est près de la Sainte-Trinité *(prope Sanctam Trinitatem)*. Au dessous de cet établissement *(subtus Sanctam Trinitatem)* existe tout un quartier qui commence devant l'église et s'étend sur le terrain incliné jusqu'à la traverse et à l'anse de l'Ourse. Les maisons sont nombreuses. Dans la rue de la Sainte-Trinité on rencontre, tout d'abord, la maison de Jeanne Millayrolle, qui confronte celle de la femme Barthélemy George (2), en face du monument.

Ce quartier de la Sainte-Trinité est sillonné de ruelles et composé des maisons appartenant à Pierre Clé-

(1) A l'endroit même où était situé l'ancien abattoir qui confrontait, au levant, la rue de la Joliette, lorsque cette rue fut ouverte en prolongement de la rue Droite, aujourd'hui rue de l'Evêché. Le terrain sur lequel s'élevait la Sainte-Trinité et plus tard l'abattoir est actuellement couvert par les maisons formant l'îlot situé entre le boulevard des Dames, la rue de l'Evêché, la rue Sainte-Pauline et le boulevard de la Major. La pointe du Titol allait jusqu'à la rue Mazenod où la mer s'arrêtait. L'anse de l'Ourse se trouvait au sud de la pointe et celle de la Joliette au nord. V. Mortreuil, *Diction, Topogr.* : Titol.

(2) « Domus Johanne Millayrolle, site ante ecclesiam Ste Trinitatis, confr. cum quadam transversia et cum domo Bartholomee Jorgesse. — Domus Bartholomee Jeorgesse, site in carreria Sancte Trinitatis, confr. cum domo Sancte Trinitatis, cum domo Millayrolle et cum mari. » Pasc. de Mayranegis, 15 sept. 1302. Cet acte prouve que les murailles n'existaient pas, du côté de la mer, à cette époque.

ricy, Guil. Viadier, la famille Auriol, Jean Laurens, Jean Bannier, Hug. Roman, Étienne Garcin, Bonet, Travier, notaire ; Hug. Botin, Jacques Arquier, Durand Millayrole, dont l'immeuble confronte le four de la Sainte-Trinité, Bert. Monteils, Raym. de Berre, Jean Rigaut, Jacques Piston, Guil. Tassy, etc.

L'église de la Sainte-Trinité, dont l'entrée donne vers le sud, et ses dépendances, y compris le cimetière, situé près du monument, et le mur de derrière les maisons qui forment une partie de la rue Droite (1), est comme enfermée par ces lignes de constructions et les îlots de maisons qui la flanquent à l'est. Cette maison fut créée en 1203 par Jean de Matha, fondateur de l'ordre de la Sainte-Trinité et du rachat des captifs. Elle est administrée, en 1284, par Jean de Gamars. Les frères Guil. de Salicet, Pierre de Gradatuc, Baudoyn de Compiègne l'assistent lorsqu'il s'agit de passer quelque acte intéressant l'établissement, actes qui, quelquefois, sont rédigées dans le réfectoire même. En 1301, l'administrateur est remplacé par Hugues de Belverio (2). En 1325 (3) on trouve les frères Jaufret de Caris et Jean Dangle.

(1) Nicolas Argelies et sa femme, Jeanne de Manduel, vendent à Alaxie d'Alby une maison située « in carreria Recta, qua itur ad Sanctam Trinitatem, confr. cum domo G. Romandi et retro cum cymiterio dicte ecclesie... et a latere cum transversia qua itur ad mare. » Pasc. de Mayranegis, 13 des kal. de juillet 1298.

(2) Guil. Féraud, 3 des ides de fév. 1284 ; Pasc. de Mayranegis, 4 mars 1302. Ce dernier acte donne le nom de frère Pierre comme administrateur général de l'ordre, « fratris Petri majoris ministri ordinis Sancte Trinitatis et redemptionis captivorum. » V. aussi Barthélemy de Salinis, 14 des kalendes de juillet 1314.

(3) Bernard Blancard, 3 mai 1325.

XIX.

SECTION DE LA PIERRE-DE-L'IMAGE ET PORTE GALLIQUE

Cette section commence à la limite nord de la ville de la prévôté et de l'œuvre, à l'est de la Sainte-Trinité, va en suivant cette limite jusqu'à la porte Gallique (1) et s'étend, du nord au sud, jusqu'à la montée des Accoules, au point indiqué dans l'article sur la limite des villes supérieure et de la prévôté. Elle est limitée à l'ouest par la rue qui part de la place Saint-Sauveur (place de Lenche) et se dirige vers la Sainte-

(1) Voici des extraits d'un document concernant la dite porte : « En l'an 1523, MM. les maistres rationaux donnèrent à nouveau bail à sieur François de Sabateris une propriété de terre située à Porte Galle, pour y faire un jardin, soubs la réserve de la directe à sa Majesté, confrontent : de *couchant*, le rivage de la mer ; de *levant*, la tour de Sainte-Paule ; de *midy*, les murs de la ville, et de *tremontane*, le chemin public, et il est remarquable que la communauté octroya à ce premier possesseur la permission de prendre l'eau où les egous de l'abbreuvoir de la porte d'Aix... »

« En l'année 1658, cette propriété ayant été vendue au sieur Bourgeois, le sieur Laurens Bremond l'aurait acquise par droit de retention féodalle... en 1661 il en aurait fait vente au sieur Benat qui, y ayant acquis de nouvelles eaux y fit construire un moulin ou martinet ensemble, des lavoirs tant pour les linges que pour les laynes avec un grand vivier...En l'année 1668, MM. les échevins ayant fait bastir les nouvelles infirmeries dans ce quartier feurent en la nécessité, pour y faire un passage public, d'ouvrir une porte à l'endroit des dits lavoirs à laines et y construire même un pont. » Arch. munic., pièce intitulée : Chemin et pont de la porte Saint-Louis, dite de la Joliette.

La porte de la Joliette fut donc ouverte pour faire un passage vers les Infirmeries. En 1523, la propriété sur laquelle on établit ce passage partait de la tour Sainte-Paule et allait jusqu'à la mer. La porte Gallique ne pouvait donc pas être située le long d'une partie de ce terrain. Cela confirme l'assertion de M. l'abbé Albanès, d'après laquelle la porte Gallique se trouvait à l'entrée de la rue Malaval.

Trinité et, à l'est, par la ligne partant de la porte Gallique et allant jusqu'à la rue de la Couelo (du Panier) en traversant la rue de la Pierre-de-l'Image vers son point extrême du côté est (1). De là elle descend vers l'ouest de la rue de la Couelo, passe à la place de la Pierre-de-l'Image (actuellement des Treize Coins) et s'arrête à la rue tirant vers la Sainte-Trinité.

En partant de la montée des Accoules vers la place Saint-Sauveur jusqu'à la place de la Pierre-de l'Image on rencontre un grand nombre de maisons au milieu desquelles s'ouvre la rue Baussenque *(carreria Baucianorum)*, qui est la principale rue de ce quartier. La place de la Pierre-de-l'Image prend son nom d'une plaque en pierre sur laquelle est sculptée l'image de sainte Madeleine, plaque apposée contre la chapelle dédiée à cette sainte (2). C'est un quartier très peuplé si l'on en juge par le nombre d'immeubles et de ruelles qui entourent cette place. Un établissement de bains est situé dans une des maisons qui la confrontent ; cette maison, de l'ouest, regarde la rue Droite. Cet établissement est dirigé, à partir de 1296, par Hugues Martin à qui Jacques de Canet, co-propriétaire, en a donné en location, pour la somme de 60 sous de royaux, la quatrième part (3).

(1) Vers l'endroit où se trouve aujourd'hui la Charité.

(2) V. la brochure de M. Bory relative à la Pierre de-l'Image.

(3) « In balneis sitis in carreria Recta... confr. a duabus partibus cum duabus viis publicis et cum domo heredum Johannis Marinari. » Pasc. de Mayranegis, pridie nonas junii, 1296. « Raym. Lausano que moratur prope balneum Imaginis Lapidis. » Guill. Féraud, reg. du Palais, 1321, fol. 2.— Depuis de longues années, il existait un établissement de bains dans la juridiction de la Prévôté. On en rencontre la concession accordée par le prévôt, R. de Peyrole, avant 1214, d'après un *vidi-*

Entre la rue Droite de la Pierre-de-l'Image et celle qui lui est parallèle à l'ouest et qui se dirige vers la Sainte-Trinité existe un quartier nommé Damadam. Il y a là quelques maisons appartenant à la famille de Ners, à Laurent Auriol, à Hugues Cambal, etc. (1).

En suivant la rue Droite, à partir de la place de la Pierre-de-l'Image, les maisons sont peu nombreuses du côté de l'est. De l'autre côté, c'est-à-dire à gauche en allant vers le nord, on rencontre la traverse qui conduit à l'anse de l'Ourse et dont nous avons parlé. En face de cette traverse, à l'est, une rue se dirige vers la porte Gallique. Cette dernière, nommée rue Droite de la Porte-Gallique, est coupée par d'autres rues. On rencontre, des deux côtés, des maisons et des jardins. Parmi ces maisons, l'une et un jardin, achetés par Guil Fabre, marchand, sont situés derrière la Maison des *Enclauses*. Deux traverses servant

mus de 1251, insérés dans le *Livre jaune* de la Major, fol. 33 : « Ego R. de Petrolis, prepositus... dono, trado, laudo, in perpetuo concedo vobis Petro Gauberto, et Bertrando Gauberto, fratribus habentibus balnea in tenemento opere ejusdem sedis. » Le prévôt donne ces bains en emphythéose pour la somme de vingt sous de royaux coronats par an.

(1) Guil. Aycard, prêtre, représentant du prévôt, donne à cens à Hugues Cambal, une traverse située « apud Damadan » confrontant avec deux rues, avec le jardin de Laurent Auriol et le jardin des héritiers de la femme d'André Roman. 11 mars 1299. Pasc. de Mayranegis. — Pierre Gervais, prêtre, vend au même Cambal un jardin, situé aussi « apud *Damadam*... conf. cum paluo Castelleti, cum viridario dicti emptoris cum duabus carreriis. » 27 mars 1299. *Idem*. — « Barth. de Nercio, filius domini R. de Nercio quondam... vendidit... Hugoni Cambali, mercatori, quandam domum... sitam... in carreria Recta Petre Ymaginis... confr. cum domo dicti emptoris, cum domo Laurentii de Auriolo, cum carreria Recta qua itur versus Sanctam Trinitatem et retro cum quadam transversia. » 28 juillet 1307. *Ibidem*.

de confronts latéraux à la maison de Guil. Fabre conduisent à la rue où se trouvent les dites Enclauses(1).

Telle est la topographie générale des villes hautes vers l'an 1300. Sans doute des rues et des quartiers auront été oubliés, quelques-uns insuffisamment déterminés. Mais le lecteur tiendra compte des difficultés qu'on rencontre pour réunir les documents concernant l'époque qui nous occupe.

(1) Jacques Linar, orfèvre, vend à Bernard Raymond, représentant Guil. Fabre, marchand, une maison et un verger situés « in carreria Recta Porta Galice retro domum Enclausarum, confr. cum orto Jacobi Jordani et cum duabus carreriis. » Reg. de Bernard Blancard, 8 des ides de juin 1315. — « Poncius de Alsono, laborator, qui moratur in carreria de Enclausis. » Barthél. de Salinis, 26 mars 1316.

LA JUSTICE

A partir de 1257, on le sait, la seigneurie des villes hautes passa entre les mains du comte de Provence ; mais le nouveau seigneur ne posséda, à l'égard de la ville de la prévôté que la haute justice parce que le Chapitre, par l'organe du prévôt, était moyen et bas justicier, ainsi que nous l'avons vu plus haut. En ce qui concernait l'ancienne ville épiscopale, appelée : ville supérieure ou des Tours. il eut, sous son autorité, les trois justices, c'est-à-dire la haute, la moyenne et la basse justices. La haute justice comprend tous les crimes qui entraînent « la peine de mort naturelle ou civile, mutilation ou abcision de membre, ou amende honorable, fouet, bannissement et tout autre peine corporelle avec manifeste et apparente d'infamie..., les causes concernant l'état des personnes... Le seigneur haut justicier a seul le droit d'avoir des fourches patibulaires (1). »

La moyenne justice « connait des autres crimes... et de toutes les autres matières et actions civiles réelles, personnelles et mixtes (2). » La basse justice connait des causes civiles jusqu'à une certaine somme et des criminelles légères (3).

(1, 2 et 3) *Jurisprudence observée en Provence.*

Ainsi, pour les affaires ressortissant de la haute justice, le comte de Provence ou ses représentants : le sénéchal, le viguier et le juge de la ville supérieure (ancienne ville épiscopale) avaient le droit de prendre des décisions à l'égard des faits qui se produisaient dans la dite ville et dans celle de la prévôté, mais leur droit ne s'étendait que sur la première pour les affaires ressortissant de la moyenne et de la basse justices, lesquelles, dans la ville de la prévôté, appartenaient au Chapitre qui les faisaient administrer par un juge et un bailli que nommait le prévôt.

Le comte de Provence, en prenant possession de la seigneurie des villes hautes, accepta la plupart des lois, des coutumes, des usages existant, comme il l'avait fait, en partie, pour la ville vicomtale en signant le traité de paix. Il est impossible de connaître toutes les lois, coutumes et usages alors en vigueur. En effet, outre les libertés, franchises, immunités, coutumes et usages dont les habitants des villes hautes jouissaient, et signalés par des textes qui sont parvenus jusqu'à nous, un grand nombre n'avaient jamais été écrits et devaient être prouvés par témoins (1). Aussi nous n'essayerons pas d'exposer d'une manière complète la législation qui régissait les villes supérieure et prévôtale. Nous indiquerons très sommairement, à l'aide de quelques documents, l'intervention, dans la confection des lois et des règlements, et des décisions de la justice, du comte et de ses représentants : le sénéchal, le viguier et le juge.

Le comte de Provence intervenait quelquefois direc-

(1) V. la charte du 6 des ides de février 1285. Réponse de Bertrand Béroard.

tement par l'envoi de lettres patentes ou de mandements pour confirmer les lois existantes, les interpréter ou les faire appliquer, et pour en promulguer de nouvelles (1).

Le sénéchal lançait des ordonnances pour faire respecter les lois, les usages et les coutumes de la ville. Il décidait des contestations qui s'élevaient quelquefois entre les villes supérieure et inférieure. Le Conseil de l'une de ces villes, par l'organe de ses syndics, s'adressait à lui lorsque les officiers de l'autre outrepassaient les droits à eux conférés ou lorsqu'ils paraissaient interpréter les conventions d'une manière injuste et au détriment des citoyens des villes hautes (2). Il faisait présenter au viguier par les syndics les lettres nommant les juges de la dite ville (3), etc.

Le rôle des viguiers est à peu près connu grâce aux renseignements contenu dans les *statuts* et le traité de paix de 1257 ; ses attributions à l'égard de la ville supérieure étaient, semble t-il, moins étendues que celles qui figurent dans ces documents. Nous verrons

(1) V. les lettres du prince Charles, 12 août 1281, dans la charte du 16 août 1285 (17 des kal. de septembre), les lettres du roi Charles II, du 16 janvier 1291 ; les lettres du roi Robert, des 26 janvier 1318 et 2 septembre 1327 et les lettres de la reine Jeanne, 3 janvier 1348. (Arch. munic. AA.)

(2) V. les lettres du sénéchal du 12 des kal. de sept. 1285, affaire des bouchers ; les lettres du 4 mai 1338 qui invitent le viguier et le juge de la ville inférieure à relaxer Jean Hensier, retenu dans les prisons de cette ville ; les lettres du 29 mai 1338 relatives aux mesures judiciaires que les magistrats de la ville vicomtale se permettaient, au mépris des conventions, à l'égard des hommes de la ville supérieure. (Arch. munic. FF.)

(3) 2 nov. 1342 (*Idem*) V. aussi la lettre de commission du juge de la ville supérieure et des secondes appellations, Guil. Gran, jurisconsulte, du 20 déc. 1325. — Reg. des Délibérations de 1325-26, fol. 10.

plus bas que ce représentant du comte avait surtout la mission de présenter les décisions prises par l'une des villes aux autres lorsqu'il s'agissait d'une mesure intéressant toute la cité de Marseille.

L'organisation judiciaire fut très peu modifiée après l'acquisition des droits de l'évêque par Charles d'Anjou. Jusqu'en 1257, le personnage qui rendait la justice portait le titre de « juge de la Cour épiscopale ». C'est devant lui que les personnes de la ville des Tours et les étrangers portaient leurs plaintes lorsqu'elles visaient un ou plusieurs habitants de la dite ville à l'époque où l'évêque en possédait encore la seigneurie. C'est ainsi qu'un célèbre négociant de la ville vicomtale, Jean Manduel, dont M. Louis Blancard a publié les chartes (1), dut se présenter devant le juge de la Cour épiscopale pour trois affaires concernant des personnes établies sur le territoire de la ville de l'évêque. En 1230 il fit, devant Gui Imbert, juge de la dite cour, un compromis avec Durand, diacre de l'église de Saint-Cannat de Marseille, relatif à un gage immobilier. En 1245, le même Jean Manduel intenta par devant le juge de la Cour épiscopale, Albert de Lavagne, une action à un avocat, Giraud Arnaud, au sujet d'une charge de poivre dont celui-ci n'avait pas encore acquitté le prix. Plus tard, en 1256, Hugues de Temple, juge à la même Cour, rendit une sentence condamnant Bernard Dalmas à rembourser, dans le délai de dix jours, le reliquat d'une somme à lui prêtée par le même demandeur.

Après que la haute justice des villes hautes eut passé entre les mains du comte de Provence, la Cour épis-

(1) *Documents inédits sur le commerce de Marseille*, t. I.

copale subsista. Mais sa compétence fut restreinte à des affaires d'une nature particulière ainsi qu'on le verra plus bas.

XX.

COUR DE LA VILLE SUPÉRIEURE

En général, les affaires criminelles et les affaires civiles allèrent devant le « juge de la Cour royale et de la ville supérieure de Marseille (ancienne ville épiscopale). » C'est là le titre nouveau porté par l'homme de loi qui rendait la justice au nom du comte de Provence. Quelquefois le juge était suppléé à l'audience par un jurisconsulte choisi parmi ceux de la ville. En 1339, le juge Jacques Lombard devant quitter Marseille pour les besoins de la Cour et ses propres affaires, constitue comme ses lieutenants Bertrand de Revest et Jean Barthélemy, jurisconsultes, pendant tout le temps qu'il devait rester absent de la ville (1).

Quelquefois, le juge suppléant ou, comme on disait alors, le lieutenant du juge, n'était pas un professionnel et les actes ne lui donnent aucun titre d'homme versé dans la connaissance du droit. C'est ainsi qu'en 1336, Jacques Aubin siégea au tribunal de la ville supérieure et rendit plusieurs verdicts en qualité de vice-juge (2).

Pierre Aymeric remplit pendant plusieurs années les fonctions d'huissier de la Cour, de porteur de

(1) Arch. munic. FF. 1311

(2) Reg. d'Augier Ayeard, not. de la Cour de la ville sup. 1336.

contraintes et de crieur public (1). Les fonctions de greffier étaient tenues par un notaire : Pierre Aycard, Pascal de Mayranegis, Augier Aycard, Paul Giraud, et autres (2).

Les affaires dont le juge de la ville supérieure connaissait étaient nombreuses et il n'entre pas dans le cadre de ce travail de mettre en lumière toutes les espèces que les actes parvenus jusqu'à nous contiennent. Nous devons nous borner à signaler quelques-unes de celles qui reflètent une question de droit laissée dans l'ombre ou seulement effleurée par les écrivains qui se sont occupés de l'histoire de Marseille. Nous citerons d'abord ce qu'on appelait le citadinage.

XXI.

Citadinage (cieutadanaria)

Un étranger qui désirait établir son domicile dans la ville supérieure et acquérir les droits de citoyens devait se présenter devant le juge et former sa demande. Ainsi le 17 février 1301, Raymond Philip, du château de Monteux, devant le noble Berenger de la Tour, juge de la Cour de la ville supérieure siégeant

(1) Pasc. de Mayranegis, *passim*.

(2) V. les registres de ces notaires aux archives de la ville.

(3) Les registres des judicatures et ceux des notaires P. Aycard, Pasc. de Mayranegis, etc., contiennent un grand nombre de jugements qu'un spécialiste consulterait avec fruit s'il voulait entreprendre un travail développé sur le droit de l'époque, chose qu'il est impossible de faire ici.

pour le tribunal dans la Cour susdite, dit et affirme vouloir être citoyen et habitant de la ville supérieure et y établir son domicile. Il promet d'obéir selon le droit, répondre de lui et de sa famille, subvenir aux besoins des siens ; être un sujet fidèle et dévoué du roi et de ses héritiers, supporter les charges de la ville et faire toutes choses auxquelles sont tenus les citoyens et habitants de la dite cité ; il demande en retour à jouir des statuts, libertés, franchises, usages et coutumes dont usent les autres citoyens ce que le juge lui accorde. Raymond Philip jure sur les saints Evangiles ce qu'il a promis et le notaire Pascal de Mayranegis dresse l'acte de citadinage (1).

XXII.

Transfert de domicile

Les citoyens marseillais qui voulaient transférer leur domicile de la ville inférieure dans l'une des villes hautes étaient tenus de procéder dans les mêmes formes que les étrangers. Ainsi, Bonisac, juif, fils de

(1) Voyez cet acte dans les pièces justificatives : voyez aussi dans Pasc. de Mayranegis, la demande de Jean de Montana, anglais « candelarius candelarum de cepo », 10 janvier 1308 et l'acte du 19 mars 1344 (Pierre Giraud, not., reg. de 1342), concernant le nommé Pierre Ortolan. Cet acte énumère quelques-unes des charges auxquelles l'impétrant devait contribuer selon ses facultés : le *dacitum*, impôt qui, à l'origine, était un don gratuit ; les tailles, les quêtes ou collectes levées par l'autorité ; les prêts, les *adempra*, tributs payés pour le mariage des filles du seigneur, pour les expéditions à Jérusalem et pour l'achat de terres ; l'*angaria*, prestation de chevaux ou de chariots pour la poste ; la *parangaria*, même prestation, mais extraordinaire, lorsqu'il s'agissait de la poste hors des voies royales, pour les chemins de traverse. (V. Ducange pour ces mots).

feu Vitalis, de Vidon, citoyen de Marseille demande, en 1308 (1), au juge Jean Raoux (Radulphi) de pouvoir transférer son domicile de la ville vicomtale dans la ville supérieure. Il prend les mêmes engagements que Raymond Philip. Il jure sur la loi de Moïse de les observer et le juge lui concède la jouissance de toutes les libertés, immunités, franchises, coutumes, etc., qui sont accordées aux autres citoyens de la dite ville.

On trouve des exemples des formalités que les postulants devaient remplir jusqu'en 1344, alors que Pierre Milon, licencié ès lois, était juge de la Cour de la ville supérieure.

XXIII.

Pensions alimentaires

En ce qui concerne le droit privé, les espèces sont trop nombreuses dans les registres du palais et des notaires pour entreprendre de les exposer ici. On peut cependant faire connaître le jugement accordant une pension alimentaire à une femme qui avait quitté le domicile conjugal. Cette pension fut fixée par les experts d'après les facultés du mari, Raymond Prophète (2).

Il paraît aussi intéressant d'indiquer la somme à laquelle le tribunal fixait les dépenses nécessaires pour subvenir aux besoins d'un enfant mineur. En 1302, Agnès, épouse de feu Pierre Austrie, demanda

(1) Pasc. de Mayranegis, 21 janvier.

(2) V. les notes biographiques de ce membre du Conseil de la ville supérieure.

à Bertrand Béroard, jurisconsulte, lieutenant du juge de la ville supérieure, Bérenger de la Tour, de fixer les frais des aliments, des vêtements et de la chaussure de Paulet, son fils, âgé de cinq ans, pour le délai de neuf ans, c'est-à-dire jusqu'à l'époque où ledit Paulet aura atteint l'âge de puberté, et de les fixer d'après les biens et facultés dont cet enfant avait hérité de son père Pierre Austrie. Après entente avec ladite Agnès et d'autres parents du dit mineur, le lieutenant du juge, Bertrand Béroard, fixa les dits frais comme suit : 1° Pour les aliments, pendant la période de neuf années, 6 livres par an, à raison de 4 deniers par jour ; 2° pour les vêtements et la chaussure, pendant le même laps de temps, 20 sous par an. Agnès devait prélever ces sommes sur les biens de son fils mineur (1).

XXIV.

Les représailles

Les lettres de représailles constituaient pour celui à qui elles étaient accordées le droit de faire saisir à Marseille les biens des citoyens d'une autre ville dont les habitants, ou les administrateurs quelconque, avaient causé des dommages à des Marseillais ou ne voulaient pas payer les dettes contractées envers ceux-ci. La délivrance de ces lettres compétait au juge de la ville supérieure, alors même que les demandes émanaient de citoyens de la ville de la prévôté et de l'œuvre. Ainsi Guillaume Boniaud, mégissier, citoyen

(1) Pasc. de Mayranegis, 17 octobre 1302, registre n° 9.

et habitant de la dite ville possédait contre Philippe Moine, de la ville d'Alais, une créance de 7 livres et 5 sous de royaux. Dans le courant de l'année 1299, le juge de la Cour de la ville supérieure, Isnard de Rousset, chevalier, avait adressé trois lettres scellées du sceau de la Cour, au viguier et au juge d'Alais, mais en vain : Moine ne s'acquittait pas de sa dette. Alors, sur une nouvelle demande formée par le dit Boniaud, le juge Isnard de Rousset, le 9 septembre 1299, rendit une sentence autorisant le créancier à faire saisir les biens qu'on trouvera à Marseille et appartenant à des gens d'Alais et cela jusqu'à la somme due, en y joignant le montant des frais occasionnés par ces poursuites (1). Le juge appuie la légalité de cette sentence sur les statuts et les chapitres de paix de la ville de Marseille *(juxta statuta et pacis capitula civitatis Massilie)*, ce qui prouve que, lorsque pour certaines affaires la législation spéciale à la ville supérieure faisait défaut, la Cour s'en référait aux lois, statuts et chapitres de paix de la ville vicomtale.

XXV.

Causes criminelles

Les sentences pour crimes étaient rendues par le juge après qu'il avait fait procéder à une enquête et reçu les témoignages devant le tribunal. Rostang Giraud infligea, en 1302 (2), deux condamnations à

(1) *Idem*, 9 sept. 1299 ; L. Blancard, *Doc. inéd.* t. II, p. 517.

(2) 11 mars, feuillet détaché dans le registre de Pasc. de Mayranegis.

Guillaume de Garde, pêcheur, d'abord parce que, disait le juge, il conste que le dit Guillaume, demeurant au quartier de la Sainte-Trinité, alla, de nuit, après le son de la cloche, vers la maison d'Antoine Hugues avec une épée qu'il dégaîna et dont il frappa le dit Antoine à la tête et au bras gauche, ce qui entraîna deux grandes blessures d'où le sang jaillit. Pour ce motif le juge condamna Guillaume à la peine de 25 livres ; ensuite, appliquant les dispositions du statut interdisant le port des armes prohibées, il le condamna, tant pour avoir porté la dite épée que pour s'en être servi, à 10 livres.

En la même année (1), Bertrand Blanc, garde de nuit *(excubia)*, demeurant rue Philip, brisa d'un coup de son gantelet de fer, la lanterne que portait Raymond Vitullat, avec laquelle il éclairait plusieurs personnes, le frappa avec sa targe et le blessa à la tête d'où le sang coula. La scène se passait près des Arcs, à l'entrée de la ville supérieure (2). Bertrand Blanc était avec d'autres gardes habitant le quartier de Cavaillon : Bernard Fournier, R. de Novos, Jean Étienne et Guillaume Isnard.

Le frère du blessé, P. Vitullat, dit aux gardes : « En quoi mon frère vous a-t-il offensé ? » Alors, ces représentants de la force publique l'empoignèrent, le frappèrent à diverses reprises et l'entraînèrent, en continuant à le frapper, jusqu'à la porte des Arcs, disant : « Nous le conduisons en prison ! » Pour tous ces motifs, Rostand Giraud, juge de la Cour royale

(1) 12 mars, *idem*.

(2) Près de l'ancienne porte d'Aix, où se trouvaient les arcs des aqueducs, à l'entrée de la rue des Grands-Carmes.

de la ville supérieure, condamna Bertrand Blanc, pour les blessures faites à Raymond Vitullat, à 20 sous, et les autres gardes, pour avoir molesté le frère de Raymond, chacun à 10 sous.

XXVI.

Les appels

Les appels des condamnations criminelles étaient formés, soit par les condamnés, soit par un parent et, le plus souvent, par la femme de celui que la Cour avait puni. Ainsi, à propos de la condamnation infligée à Guillaume de Garde, pêcheur, dont il vient d'être parlé, il y eut une demande d'appel introduite par Adalaxie Grasset, épouse dudit Guillaume. Elle fit appel sous la forme suivante : Puisque aux personnes accablées et lésées contrairement à la justice, la concession de l'appel est le remède, moi Adalaxie Grasset, épouse de Guillaume de Garde, pêcheur, constituée en votre présence, seigneur Rostang Giraud, juge de la Cour royale de la ville supérieure de Marseille, je dis et j'affirme que, d'après ce que j'ai connu, vous avez récemment condamné mon mari par la sentence suivante : (suit la sentence de condamnation), laquelle condamnation ou sentence, si on dit quelle est méritée, je dis moi, Adalaxie, épouse et caution *(fidejutrix)* du dit Guillaume, et parce que cela, sauf toujours votre respect, seigneur juge, avoir était nulle de droit même ; et si cette sentence est considérée comme légale ou peut l'être sur quelque point, ce que je ne crois pas, je dis qu'elle est inique et injuste, et a été prononcée contrairement au droit de mon mari et au mien. Pour ces raisons j'appelle par ces présentes lettres, sous les dix jours de la dite condamnation, auprès du seigneur Pierre Ruffi, juge des premières appellations de Marseille, ou auprès de celui ou de ceux par qui la présente appellation, en ce qui concerne le droit, doit être connue ; et je demande que des lettres démissoires me soient concédées et données.

Lequel appel, le dit seigneur juge ne l'a admis qu'à la condition qu'il sera trouvé devoir l'être à cause du droit et, s'il faut l'admettre à cause du droit, il l'admet, mais non pour d'autres motifs, fixant le terme à l'appelant pour se présenter avec les lettres démissoires et tous les autres actes devant le juge des premières appellations ou tout autre juge compétent, au vendredi prochain (1).

Pour les condamnations infligées à Bertrand Blanc, garde de nuit, et à ses collègues, ce sont les condamnés eux-mêmes qui forment appel avec quelques légères modifications dans les formules de la part des appelants et du juge. Ainsi pour l'appel formé par ces citoyens le texte dit : Lequel appel le dit juge l'a admis si et autant qu'il est devoir l'être au point de vue du droit et non autrement.

Le délai pendant lequel les appelants devaient se présenter devant le juge des premières appellations variait : c'était quelquefois deux jours, quelquefois quatre, quelquefois cinq (2).

(1) Pasc. de Mavranegis, 11 mars 1302, feuille détachée dans le registre.

(2) *Idem*, 13 et 17 sept. 1303, pièces détachées, même reg.

XXVII.

Contre les décisions arbitrales

Les décisions des arbitres, alors même que ces arbitres avaient été agréés par les deux parties, étaient susceptibles de recours. Ainsi, Raymond Giraud, citoyen de Marseille, en 1300 (1), en présence de Jacques de Châteauneuf, juge de la Cour de la ville supérieure, affirme que, « ad instar appelationis » le recours à un bon arbitrage est le remède pour les personnes lésées, contrairement à la justice, par les arbitres, et il se trouve, dit-il, très lésé à la suite de l'arbitrage prononcé par Isnard de Rousset, jadis juge de la même ville, bien que cet arbitre ait été accepté par lui d'une part et Guillaume Éguesier, d'autre part.

XXVIII.

Lieu de supplice

On sait que le seigneur haut justicier possédait seul le droit d'avoir des fourches patibulaires. Celles de la ville supérieure étaient situées à Arene (2). C'est là qu'on pendait et qu'on livrait aux autres supplices les condamnés pour crimes. Lorsqu'un de ces malheureux était conduit au supplice, une escouade d'une ving-

(1) *Ibid.*, 7 mai.

(2) Les fourches patibulaires de la ville inférieure se trouvaient à la plaine Saint-Michel et celles de la ville abbatiale à Endoume.

taine d'hommes l'accompagnaient et l'assistaient jusqu'au dernier moment. Ces hommes recevaient chacun une gratification d'un denier.

Le 25 juin 1316, Hugues de Montpellier fut fustigé sur la place d'Arenc et ensuite on lui coupa plusieurs membres. Vers 1330, une femme, Huguette Bormesse, fut pendue au même lieu (1).

XXIX.

Conflits de juridictions

Des contestations s'élevaient quelquefois entre la Cour royale de la ville des Tours et les cours de la ville de la prévôté et de l'œuvre au sujet de la compétence de ces tribunaux. Ainsi Hugues Boet, habitant du château de Bouc, avait fait plusieurs blessures à Hugues Isnard, prêtre de Marseille. Boet fut arrêté et incarcéré dans les prisons des Cours de la Prévôté et de l'Œuvre. Le juge de la Cour royale de la ville supérieure affirma que la connaissance des délits commis contre les ecclésiastiques devait appartenir à la Cour qu'il présidait. Il donna donc l'ordre à Jean Garnaud, bailli des Cours de la Prévôté et de l'Œuvre, de lui livrer le prisonnier sous certaine peine. Il envoya auprès du bailli maître Bertrand Cervel, notaire et greffier de la dite Cour royale, à qui Hugues Boet fut remis avec une protestation formulée par Jean Garnaud, d'après laquelle, s'il n'était pas reconnu que, selon les déclarations relatives à la haute justice,

(1) Arch. départ., B. 1939-1940.

déclarations faites entre la Cour royale et l'Église, le cas de Boet n'appartenait pas à la haute justice, le délinquant serait rendu au bailli (1).

XXX.

AUDIENCES

Ainsi qu'il a été dit plus haut, lorsque le juge devait prononcer sur une affaire (inventaire, tutelle, ou autre) intéressant une femme « honnête », le tribunal siégeait sur la place publique, soit devant l'église Saint-Antoine, soit sur la place située devant la maison où la Cour tenait ses audiences.

Quelque fois, lorsque le notaire greffier de la Cour, Pascal de Mayranegis, ne pouvait se rendre au siège du tribunal, le juge et les parties se transportaient à son domicile. Ainsi, le 4 août 1299, Pons de Saint-Martin, tuteur testamentaire de Pierrot de Ners, fils et héritier universel de Fouque de Ners, se présenta devant le juge Isnard de Rousset, chevalier, siégeant dans la maison de Pascal de Mayranegis, où il s'était rendu, parce que ce notaire ne pouvait aller à la Cour à cause d'une infirmité dont il souffrait. Le jugement fut prononcé là même (2).

(1) Pascal de Mayranegis, sans date, dans le cartulaire de 1303, après l'acte du 13 septembre et avant celui du 17 septembre de la même année.

(2) *Idem*, 4 août 1299.

XXXI.

Sièges divers de la Cour

La Cour et le Conseil de la ville supérieure avaient souvent changé de local pour tenir leurs audiences et leurs séances. Ils établirent leur siège dans diverses maisons lorsqu'ils ne se réunirent pas dans l'église Saint-Antoine. En 1300, au mois de mai, le juge rend ses sentences dans la maison de Raymond Conques ; en juillet dans celle de Girard Sabatier ; en 1301, dans celle de Guillaume Aymon, en novembre 1301, dans celle de Pierre Roubaud, possesseur d'un immeuble rue Sainte-Marthe ; en 1304, dans celle de Bernard Jouve (1).

La Cour et le Conseil siégèrent plus tard dans un édifice appartenant au roi (2), qui le fit réparer en 1359 (3). On a prétendu qu'il était situé dans la rue du Vieux-Palais mais on n'a donné aucune preuve à l'appui de cette assertion (4).

XXXII.

Salaire et logements du juge

Le juge de la ville supérieure recevait comme gage annuel, en 1303, une somme de 60 livres (5).

(1) *Ibid., passim.*

(2) « In aula hospicii regii ubi curia regitur ». BB. 2 nov. 1343.

(3) Arch. dép., B.

(4) V. pour cette rue, dans la topographie, pp. 33 et 34.

(5) Arch. dép., B.

Il avait son logement en ville. Jean de Cari, qui fut juge et bailli en 1344, et Pons Rigaud, qui remplit les mêmes fonctions en 1345, demeurèrent successivement à la rue Sainte-Marthe, dans la maison appartenant aux héritiers de Jean Aubin. Ce fut Medullon Martin qui, comme tuteur des dits héritiers, donna cette maison en location, d'abord « à circonspect seigneur Jean de Cari, juge et bailli de la ville supérieure; non en tant que juge et bailli, mais comme Jean de Cari », au prix de 6 florins d'or par an, et ensuite à Pons Rigaud dans les mêmes conditions (1).

XXXIII.

Cours de la Prévôté et de l'Œuvre. — Citadinage

Ainsi que nous l'avons dit, ces cours connaissaient des actes et délits ressortissant de la moyenne et de la basse justices. Le juge était désigné par le prévôt et l'ouvrier. Il y avait aussi un bailli. Jean Garnaud, notaire, remplit pendant plusieurs années ces dernières fonctions.

***

Les demandes relatives au citadinage étaient généralement soumises au jugement du bailli. C'est devant Jean Garnaud, siégeant pour le tribunal, qu'en 1298 (2), « dominus » Raymond de Vilardelle, jadis citoyen et habitant de Barcelone, se présenta dans le

(1) Cartulaire de Pierre Giraud, 17 août 1311 et 6 avril 1345

(2) Pasc. de Mayranegis, 16 des kal. de mai 1298.

but d'être admis comme citoyen de la ville de la prévôté et de l'œuvre. Les formules qu'il employa dans sa requête sont, à peu de chose près, les mêmes que celles dont on se servait dans la Cour de la ville supérieure. Il déclara vouloir être citoyen et habitant de la juridiction de l'église de la Bienheureuse-Marie-du-Siège (cathédrale) de Marseille, et le bailli Jean Garnaud reçut le serment aux noms « des vénérables seigneurs Frédol Capelier, prévôt, et H. Gantelme, ouvrier » de l'église susdite.

La même année, Huguelme de Castellane, jadis habitant d'Aigues-Mortes, Durand Maître, jadis habitant de Figeac, introduisirent des demandes dans les mêmes formes et devant le même bailli ; les citoyens de la ville inférieure suivaient la même procédure pour obtenir le droit de cité dans la ville de la prévôté et de l'œuvre. Jacques Grifedi, boucher (1) ; François François, marchand ; Raolin Ruolin (2) furent reçus dans ces mêmes conditions.

Quelquefois c'était le juge lui-même qui siégeait à l'audience, recevait et accordait la demande. Ainsi, ce fut devant Étienne de Vaquières, juge des Cours de la Prévôté et de l'Œuvre, que se présentèrent Jacques de Courio, génois ; Nicolas Limousin, drapier, citoyen de Marseille ; Thomas Roux (Ruphi), teinturier, qui désiraient aussi devenir citoyens de la ville de la prévôté (3).

(1) Pasc. de Mayranegis, 8 des kal. de mai *(24 avril)*, 5 des ides de juin *(9 juin)* et 5 des kal. d'août *(28 juillet 1298)*.

(2) *Ibem*, 6 des ides d'août *(8 août)* 1298.

(3) *Ibid*, 15 des kal. de mai *(17 avril)*, veille des nones d'août *(4 août)* et 6 des ides d'octobre *(10 octobre)* 1298.

Il est à remarquer qu'à partir de l'année 1344, le juge de la ville supérieure prit le titre de juge et bailli. Ces deux fonctions furent, sans doute, réunies alors chez le même personnage à la suite de l'acquisition, faite par la reine Jeanne, des moyenne et basse justices de la ville de la prévôté et de l'œuvre. Comme il a été dit déjà, dès cette époque, l'ancienne ville épiscopale (ville des Tours) et celle du siège (ville prévôtale) ne formèrent plus qu'une seule et même ville.

Ainsi, Fouque de Rians, habitant des « Cabannes » de Septêmes, se présenta, le 4 décembre 1344, devant noble Jean de Cari, bailli et juge de la Cour royale de la ville supérieure, pour obtenir le droit de cité (1). En 1346 et en 1347 Pons Rigaud et Pierre Dufour portaient aussi les titres de juge et de bailli (2).

XXXIV.

AFFAIRES COMMERCIALES ET MARITIMES

Le bailli connaissait aussi des affaires commerciales et maritimes. Ainsi c'est à lui que Guillaume Franc dut remettre, le 3 septembre 1296, l'état des marchandises chargées sur sa galère lors des deux voyages qu'il fit, de Marseille et d'Aigues-Mortes à Mayorque, voyages à propos desquels Barthélemy Gal lui intentait une action (3).

Quelques mois avant, Bertrand Rousset avait vendu

(1) Pierre Giraud, reg. de 1342.

(2) V. la liste des juges.

(3) Pasc. de Mayranegis, reg. de 1296.

à Bertrand Caminal et à sa femme Giraude trois quintaux de porc salé pour le prix de 4 livres et 15 deniers de royaux. Mais les acheteurs n'étaient pas pressés de payer, paraît-il. Aussi le créancier porta-t-il l'affaire devant Jean Garnaud pour les faire condamner, ce que le bailli fit le 12 juillet en ajoutant à la dette 30 sous de royaux pour les dépens (1). Vers le commencement de l'année 1298, Raymond Almaric, marchand, avait emprunté à Guillaume Raymond, autre marchand, citoyen de Marseille, 177 besants sarrazins bien comptés et bien pesés. Il devait les rendre à une époque déterminée, mais le délai s'écoula sans que la somme totale ait été acquittée. Raymond Almaric avait donné un accompte. Le reliquat, avec les frais, montait à 47 livres 7 sous et 6 deniers de royaux, pour lequel il engagea le huitain du navire *Sainte-Marie-de-la-Ses*. Seulement le huitain étant déjà grevé d'autres hypothèques, Guillaume Raymond fit, devant le bailli, un procès à son débiteur qui fut condamné à payer ce reliquat dans les dix jours à partir du jugement (2).

XXXV.

Déclaration faite par un mineur

Certains actes qui semblent d'ordre purement privé recevaient cependant la sanction de la justice. Ainsi, en 1298 (3), Peyret de Ners, âgé de moins de 14 ans

(1) *Idem, ibid.*, fol. 46 v. et 47.

(2) *Ibid.*, 28 mars 1298.

(3) *Ibid.*, 9 des kal. de juin 1298.

et de plus de 11, fils de feu Fouque, se présenta devant noble Bertrand Béroard, juge des Cours de la Prévôté et de l'Œuvre, et en présence du notaire Pascal de Mayranegis, déclara que, nourri, logé, vêtu chez son oncle Barthélemy de Ners qui faisait tous les frais et le dirigeait selon les bonnes mœurs, il ne voulait habiter chez aucune autre personne, alors même qu'il devrait payer sur ses biens particuliers les dépenses qu'il occasionnait à son oncle. Il demanda qu'un acte écrit, contenant sa déclaration lui fut remis, ce que le juge lui accorda, sous l'attestation de Jean Garnaud, Barthélemy Vincent et Jean de Douay.

XXXVI.

Confirmation d'arbitrage

En 1295 (1), Ayceline, femme de Nicolas de Narbonne, avait prêté à Dauphinet Michel, pêcheur, des filets de pêche. Celui-ci les garda pendant plus de trois mois. Ayceline réclama des dommages-intérêts qui devaient être fixés par Jacques Martin et Pierre Isnard, prud'hommes pêcheurs, choisis par l'accord des parties qui jurèrent de se soumettre à la décision arbitrale rendue par ces deux citoyens. Dauphinet s'abstint de se présenter le jour où les prud'hommes devaient prononcer, bien qu'il eût été régulièrement convoqué et que la citation eût été portée à son domicile par Pierre Bourgogne, crieur public des Cours

(1) *Ibid.*, 3 des kal. de septembre.

de la Prévôté et de l'Œuvre. Les prud'hommes fixèrent les dommages-intérêts en faveur d'Aycéline à 15 sous et 6 deniers de royaux qui devaient être payés dans le délai de 10 jours. Dauphinet fut condamné de plus aux dépens, c'est-à-dire à 2 sous de royaux et par contumace.

XXXVII.

Cour épiscopale

La Cour royale n'était pas le seul tribunal qui fonctionnât à cette époque dans la ville superieure. Il en existait deux autres. Le premier connaissait des causes intéressant certaines catégories d'individus (1). C'est la Cour épiscopale qui avait conservé son ancien nom, bien que ses attributions eussent été très amoindries à la suite de la cession de la seigneurie de la ville supérieure par l'évêque en faveur de Charles d'Anjou. Cette Cour jugeait les affaires concernant les ecclésiastiques et les clercs. Ainsi, vers 1336, Hugues de Roquefort, Pierre et Guillaume de Jérusalem, frères, fils de Hugues de Jérusalem, Guillaume Auriol, Jacques Martin, fils de Bernard Martin, Bertrand Martin, *alias* Calhon, Jaufret de Servières, fils de Hugues, Jean de Castillon, François de Castillon, de Requis Novis, Marcel de Jérusalem, Bernard de Montolieu et tous les autres clercs, portant des armes prohibées de divers genres, c'est-à-dire, épées, bou-

(1) Lors de la vente la seigneurie, en 1257, l'évêque retint « plena et mera jurisdictione in omnibus spiritualibus... in religionibus quo ad ecclesiastica et ecclesiastico juribus quocumque nomine censeantur. »

cliers, lances, servellières, plates, pans, etc., allèrent de nuit, la veille de la Pentecôte, vers la maison de François d'Hoste, d'Avignon, lié d'une étroite amitié avec Jean Belhomme, juge de la ville supérieure. Cette maison était située à la place de Bérenger Hugolin. Ces clercs en brisèrent la porte, pénétrèrent violemment dans l'appartement du dit François d'Hoste et lui portèrent plusieurs coups d'épées dont il mourut. Une instruction fut ouverte et poursuivie par la Cour épiscopale contre les délinquants. Enfin, le 23 janvier 1386, Bertrand Ferrand, official de l'évêché de Marseille, rendit une sentence qui acquittait Pierre de Jérusalem, accusé de meurtre, de la peine portée par la loi Cornelia, *de sycariis*. Seulement, cette même sentence le condamnait pour avoir porté avec d'autres clercs des armes prohibées, à 100 livres de royaux à payer en trois mois, sinon à subir un emprisonnement de deux ans à la tour du Temple, au pain et à l'eau, excepté les dimanches et fêtes où on lui permettrait de prendre une meilleure nourriture (1).

Ce tribunal se trouvait quelquefois aussi en conflit avec la Cour royale au sujet de questions de compétence. Ainsi l'official avait fait arrêter Raymond Bœuf qui menait, disait-il, la vie de clerc et était tonsuré. L'accusé protesta, alla devant la Cour royale de la ville inférieure qui lui donna tort et en appela de ce jugement. Enfin il fut prouvé qu'il n'était ni tonsuré ni clerc (2).

Il paraît même que les juges ecclésiastiques outrepassèrent souvent leurs droits. C'est ce qui se produi-

(1) Arch. munic., GG., liasse 9, n° 3.

(2) *Idem, ibid.*, 2 n° 9.

sit à propos d'une affaire intervenue entre Hugues Anselme et Guillaume Éguesier. Le premier eut à souffrir d'une sentence rendue par les juges ecclésiastiques. Le roi Robert, qui trouvait cette pratique détestable, pour la prévenir adressa, le 16 janvier 1318, par l'intermédiaire du sénéchal, une lettre au pape pour l'engager à défendre à ses juges de s'immiscer dans les affaires des tribunaux ordinaires (1).

XXXVIII.

L'Inquisition

Outre la Cour de l'official, nous l'avons dit, le pouvoir ecclésiastique possédait à Marseille un autre tribunal : le tribunal de l'Inquisition. Le siége de cette institution se trouvait tout près du palais épiscopal, ainsi qu'on a pu le voir dans le chapitre concernant la topographie de la ville supérieure. Il était situé en face du verger de Fouque Audibert, verger faisant partie de l'ilot de maisons dit : « Guillaume Sarde », ce qui indique qu'elle était non loin de l'évêché (2).

Il est inutile de dire comment l'Inquisition fut éta-

(1) *Ibid.*, FF.

(2) D'après Ruffi, l'Inquisition se trouvait tout près de la tour de Rostagnier, qui pris plus tard le nom de tour de Saint-Canat. Or ce monument s'élevait à côté de l'église Saint-Canat qui faisait face à l'entrée de la rue appelée aujourd'hui de Lorette. Mais Ruffi ne fournit aucune source. Du reste, il serait impossible de déterminer actuellement le terrain sur lequel était bâtie la maison de l'Inquisition. On ne peut donc dire qu'une chose : c'est qu'elle se trouvait tout près du palais épiscopal ainsi que le prouve la charte que nous avons citée et relative au testament de Fouque Audibert.

blie dans les pays catholiques et les éléments du reste font défaut pour exposer comment elle le fut à Marseille. Nous rencontrons son existence vers le milieu du XIIIe siècle sans rien trouver sur ses origines. En 1259, à Marseille, frère Maurin était inquisiteur de l'hérésie. Il avait pour coadjuteur frère Lambert (1).

En 1266, ce frère Maurin, inquisiteur, se trouvait à Rome. Il avait, paraît-il, suscité contre lui, à Marseille, de grandes animosités parmi les membres d'un ordre religieux très puissant : l'ordre des frères Prêcheurs, et l'on sait que l'amour du prochain qui inspire les actes des hommes de Dieu, se traduit quelquefois en diffamations, calomnies et haine réciproques. Ils sont hommes.

Trois frères prêcheurs, le sous-prieur, Jean Guidon et Benoît, lancèrent contre le frère Maurin, dans des réunions formées à Marseille, des accusations graves. Ils prétendirent que l'Inquisiteur était excommunié et que, par conséquent, il avait perdu toute autorité ; qu'il ameutait les Marseillais contre Charles d'Anjou dans le but de faire passer la souveraineté de Marseille dans les mains de Mainfroy, jadis prince de Tarente. C'est devant le juge laïque que les accusateurs, appuyés par deux prêtres, tinrent ce langage. On comprend l'agitation qu'une pareille affaire dût jeter parmi le monde des couvents.

Le frère Guillaume Bertrand, de l'ordre des frères Mineurs, et co-inquisiteur de l'hérésie, en l'absence de frère Maurin, par des moyens que les documents

(1) « Acta in aula viridis turris domus episcopalis Massilie, in presencia et testimonio fratris Maurini, inquisitoris heretice pravitatis, fratris Lamberti ejus socii. » Arch. départ., fonds de la Major, livre jaune, fol. 35.

ne signalent pas, fit déclarer par les deux prêtres que les faits allégués étaient faux et qu'ils avaient agi à l'instigation des trois frères prêcheurs.

Frère Guillaume appela ceux-ci devant lui. Ils refusèrent de s'y rendre. Alors il les excommunia, mais le pape n'approuva pas cette décision. Il les pardonna, tout en leur imposant cependant une certaine peine. Quant aux deux prêtres, ils furent privés pour toujours de leurs bénéfices (1).

Cette fois on n'alluma pas le bûcher. Il ne s'agissait pas d'erreurs théologiques, mais seulement d'atteintes portées par la calomnie à la dignité humaine.

En 1291, le viguier de Grasse, Bertrand Audibert, chevalier, le juge et le clavaire firent transporter Raymond, tavernier de la dite ville, à Marseille pour être remis à l'inquisition. A cette époque, frère Guillaume de Saint-Marcel était inquisiteur. Mais, absent de la Provence, il ne put recevoir l'accusé. Ce fut frère Fort, lecteur des frères Mineurs de Marseille et lieutenant de frère Guillaume, qui accomplit cette besogne. Quel crime contre la foi Raymond avait-il commis ? L'acte n'en dit rien. Les officiers de la Cour de Grasse qui conduisirent l'inculpé se firent donner un reçu de frère Fort, reçu que rédigea le notaire Pons Marin, dans la maison même de l'Inquisition (2).

Le personnage qui remplissait les fonctions d'inquisiteur dans notre ville, au commencement du XIVe siècle, se nommait frère Michel, moine de l'ordre des frères Mineurs. Il avait été nommé par le pape et

(1) V. le texte latin de cette affaire dans l'*Antiquité de l'Eglise de Marseille*, t. II, pp. 261-66.

(2) Reg. de Pons Marin, not., 11 des kal. de fév. 1291, fol. 19.

exerçait son ministère avec un zèle qui allait jusqu'à faire déterrer les morts convaincus d'hérésie. Son autorité s'étendait sur les comtés de Provence et de Forcalquier.

Vers 1308, ce défenseur de la religion par le fer et le feu, adressa des lettres missives au viguier d'Arles pour lui ordonner de lui faire expédier immédiatement le nommé Astruc, juif, qui, paraît-il, avait perpétré des « crimes énormes » contre la foi catholique et dont il devait répondre devant le saint tribunal (1).

En 1316, il se rendit à Grasse, cette ville renfermant alors un certain nombre de mécréants. L'inquisiteur ouvrit une instruction contre eux. Son voyage de Marseille à Grasse coûta 100 livres qui furent payées, par ordre du sénéchal, sur les revenus de la province (2).

Lorsqu'un malheureux, mort ou vivant, avait été condamné par le frère Michel à être brûlé, le crieur public montait sur un cheval et faisait le tour de la ville pour annoncer au peuple le jour et l'heure de la funèbre et barbare cérémonie. Lorsqu'une condamnation contre un mort était prononcée, comme cela se produisit le 6 juillet 1316, à la suite d'un parlement tenu par le digne frère Michel, un homme allait déterrer le cadavre qu'on plaçait tout d'abord dans un sac pour le transporter sur le bûcher. Le bourreau, ganté, procédait à l'autodafé et les flammes réduisaient en poussière les os de l'hérétique. C'est ainsi que cela se passa le jour où l'on brûla le cadavre de Pierre Espagne. Ce fut le trésor royal qui paya les frais de cette

(1) Arch. depart., B. 1372.

(2) *Idem*, B. 1517.

exécution posthume. Le fossoyeur qui déterra le cadavre reçut 12 deniers pour cette besogne ; le sac qui servit à transporter le corps coûta 12 deniers ; le crieur public toucha pour sa peine 1 denier et pour le cheval qui lui servit de monture 18 deniers ; on paya 5 sous pour faire transporter le corps du cimetière au bûcher ; le bois nécessaire pour élever le dit bûcher coûta 3 sous 6 deniers, et les gants du bourreau 8 deniers (1). Le bras séculier, à cette époque à la disposition du clergé, faisait bien les choses et ne regardait pas à la dépense.

Lorsqu'on poursuivit feu Pierre Espagne pour crime d'hérésie, ses biens furent mis sous sequestre par ordre de frère Michel. Mais comme ces biens étaient grevés d'une somme de 50 livres dues à Jeanne, épouse du condamné, comme cela résultait d'un acte authentique, frère Michel adressa au juge une lettre lui demandant de faire procéder à l'estimation de l'avoir de Pierre Espagne, afin que ces cinquantes livres fussent rendues à leur légitime propriétaire (2).

En 1318, l'intrépide frère Michel eut à examiner une affaire beaucoup plus importante. Il s'agissait de poursuivre certaines hérésies dont la propagation nuisait, paraît il, à l'autorité et au prestige de « notre sainte mère l'Église ». L'hérésie qui, d'après le frère Michel, faisait le plus de ravages était sans conteste celle qu'embrassèrent un grand nombre de religieux

(1) *Ibid.*, B. 1939.

(2) Ce Pierre Espagne ne devait pas être le premier venu puisqu'une rue de Marseille portait son nom comme le prouve le texte suivant : « Poncio Rollandi et Hugue conjugibus, commorantibus in carreria Petri de Yspania. » Reg. du Palais, Raym. Rogier, not., 4 des nones de sept. 1311.

de l'ordre des Franciscains et auxquels on donna le nom de *Fraticelles* ou *Frérots*. Ces croyants affirmaient qu'il existait deux églises, une « toute extérieure, riche, possédant des domaines et des dignités, » dominée par le pape et les évêques « qui pouvaient en exclure ceux qu'ils excommuniaient ; » l'autre « toute spirituelle, qui n'avait pour appui que sa pauvreté, pour richesses que ses vertus. » Jésus-Christ en était le chef et les frérots les membres. Sur celle-ci le pape ne possédait aucune autorité et ses excommunications contre elle demeuraient sans effet (1). En conséquence de ces principes, ils « vivaient sans règle, sans supérieur et faisaient consister toute la perfection chrétienne dans un renoncement absolu à toute propriété, parce que la pauvreté faisait le caractère principal de la règle de saint François ». « Ils se promenaient ou chantaient et, pour observer plus scrupuleusement le vœu de pauvreté, ne travaillaient jamais, de peur d'avoir en travaillant droit à quelque chose ». On leur imputait aussi des pratiques ayant un caractère beaucoup moins spirituel.

Ces religieux se répandirent en Allemagne, en Italie, en France. Le pape Jean XXII chargea tous les inquisiteurs de les poursuivre et de les juger avec sévérité (2). On en rencontra à Marseille. Ils y étaient au nombre de vingt-cinq : Jean Barran, Guil. Sauton, Dieudonné Michel, Pons Roche, Bernard Aspe, Bérenger Toriel, Pierre Fabre, Vincent Giraud, Bernard Antinac, Giraud Martin, Bernard François, Guil. Arnaud, Jacques Seguin, Jean Rasier, Raym. Bordin,

(1) V. *Dict. des Hérésies*, de l'abbé Pluquet, au mot *Fraticelles*.

(2) *Idem*, *loc. cit.*

Arnaud Raymond, François Santi, Guil. de Saint-Chamas, François Badon, Servian, Ph. Ferrari, Arnaud Maurin, Jean Riche, Arnaud Polligne, Guil. Giraud et Bern. Bernard.

Frère Michel reçu l'ordre de sévir. Il ne se le fit pas dire deux fois, très heureux sans doute de donner une nouvelle preuve de ses sentiments humanitaires. Il instrumenta donc contre ces vingt-cinq fraticelles. Mais il ne put mettre la main que sur cinq. Les autres avaient sans doute pris la fuite. Il fit, en conséquence, arrêter à Marseille ces hérétiques, dont trois prêtres : Dieudonné Michel, Jean Barrau, Guil. Sauton ; un diacre : Pons Roche ; un religieux profès de l'ordre de saint François : Bernard d'Aspe. L'inquisiteur essaya tout d'abord de leur faire rétracter ce qu'il appelait leurs erreurs. L'évêque de Marseille, Raymond, et quelques cardinaux de passage dans notre ville firent les mêmes efforts. Tout fut vain. Michel, Barrau, Sauton et Roche persistèrent dans leur conviction ne voulurent rien rétracter, se basant sur l'inviolabilité de leur conscience. Bernard d'Aspe, au contraire, déclara qu'il était dans l'erreur, mais il ne consenti pas à rendre sa rétractation publique. Alors, le frère Michel, emporté par l'ardent désir de faire triompher les pures et saines doctrines de l'Église catholique fit, le 7 mai 1318, trainer Michel, Barrau, Sauton et Roche, chargés de chaines, dans le cimetière des Accoules où, en présence de l'évêque de Marseille, de celui de Comminges, du viguier et du sous-viguier, Raymond de Villeneuve et Roger de Saint Martin, des juges de la ville basse, d'un grand nombre de hauts personnages et du clergé ; il monta sur une estrade et somma les accusés de répudier

leur foi hérétique. Ils manifestèrent hautement leur intention de ne renoncer à rien de ce qu'ils croyaient être la vérité évangélique. Frère Michel rendit alors sa sentence : il les condamna à la dégradation ecclésiastique et à être brûlés vifs. Il invita l'évêque de Marseille à appliquer à ces quatre religieux les dispositions des canons de l'Église.

On dressa un autel sur lequel s'éleva l'évêque de Marseille revêtu des ornements épiscopaux. On dépouilla ces malheureux de leurs vêtements ecclésiastiques ; on les rasa, et ils furent livrés au bras séculier représenté par le viguier et le sous-viguier. A la place de l'autel on dressa un grand bûcher sur lequel on fit monter les quatre condamnés qui, jusqu'au dernier moment, conservèrent l'impassibilité des martyrs. La flamme monta dans les airs emportant les gémissements instinctifs de ceux qui mouraient. La vengeance céleste était assouvie. Bernard d'Aspe fut condamné à la prison à perpétuité.

C'est ainsi que l'Église catholique traitait, par le cachot et le feu, les aberrations mentales, certains cas pathologiques. Dieu garde désormais les croyants, quels qu'ils soient, d'une pareille thérapeutique et d'un praticien doué d'un tempérament semblable à celui de frère Michel.

Le fanatisme de cet inquisiteur ne s'étendait pas toujours, fort heureusement pour les personnes soumises à sa juridiction, sur les choses de la vie ordinaire. Dans ces questions, il devenait quelquefois un peu moins intolérant, même à l'égard des juifs. Ainsi, en 1319, le 19 février, le viguier et le Conseil de la ville inférieure avaient fait publier une criée portant que : aucun juif ni juive ne devait se permettre de demeurer en un lieu quelconque en dehors de la Juiverie, ainsi qu'il était de coutume et cela sous peine de dix livres, et que tout juif ou toute juive qui n'y habite y retourne dans le délai de dix jours, sous la même peine (1).

Un vieux juif nommé Habram de Narbonne, demeurait depuis longtemps près de la fontaine Juive (2), non loin de la Juiverie (3), où il avait son commerce qu'il ne pouvait abandonner. Il fit, sans doute, comprendre à l'inquisiteur qu'il ne portait en rien atteinte à la foi catholique et que si on le forçait à rentrer dans le rayon de la Juiverie, on le ruinait. Quelles que soient, du reste, les raisons qu'il fit valoir, elles produisirent un bon résultat. Frère Michel adressa au viguier et au conseil une lettre pour que le dit Habram continuât à demeurer près de la Fontaine Juive, et le conseil par une délibération se soumit à la volonté de l'inquisiteur (4).

Bien que les suites à donner aux sentences rendues contre les mécréants fussent du ressort du pouvoir séculier, frère Michel possédait cependant une troupe de familiers tout comme un grand personnage, et ces individus ne se soumettaient pas toujours aux lois et règlements. Ils se permettaient quelquefois d'aller

(1) « Mandament es, etc., que negun juszieu ni juszieuva non ausi estar en negun luec fora de la Juszataria aysi com acostumat est e aquo en pena de X libras e que tot juszieu e juszieuva que esta fora de la Juszataria sia tornat en la Juszataria dentra X jors sot aquella meseuma pena. » Reg. des Délib. 1319-1320, fol. 163.

(2) Le Grand Puits.

(3) Située derrière l'église Saint-Martin.

(4) Délibération du 11 mars 1319, reg. de 1319-20, fol. 163.

par la ville avec des armes malgré la défense qui en était faite à tous et troublaient naturellement la tranquilité publique. Le viguier et le conseil ne pouvaient tolérer un pareil état de chose. Aussi, d'un commun accord, envoyèrent-ils à frère Michel une délégation pour l'inviter à interdire aux siens cette pratique. Mais ils n'avaient pas, semble-t-il, une très grande confiance en l'esprit de justice de l'inquisiteur puisqu'ils décidèrent de s'adresser au pape dans le cas où frère Michel ne leur donnerait pas satisfaction (1).

Frère Michel eut pour successeur dans ces apostoliques fonctions, le frère Jean de Badas, autre membre de l'ordre des frères Mineurs. Ce nouvel inquisiteur de la « malveillante hérésie » ne manqua pas non plus de poursuivre les mécréants. Mais il lui arriva une mésaventure qui dut, en même temps que le chagriner, doubler son énergie pour la défense de la foi. Il avait fait arrêter et jeter dans ses prisons Pierre Martin de Piémont, dont le « crime » ne nous est pas signalé. Ce séjour n'avait, paraît-il, rien d'agréable pour le dit Pierre Martin qui, sans doute, ne possédait aucune inclination pour le rôle de martyr et la flamboyante apothéose des bûchers. Aussi jugea-t-il à propos de s'évader, ce qu'il fit avec succès. L'inquisiteur appela immédiatement le bras séculier à son secours. Il s'adressa au viguier qui donna l'ordre à Barthélemy Lique, crieur public, de faire une criée, ce que celui-ci exécuta. Le 8 mai 1331, il alla successivement dans tous les endroits où il avait coutume d'opérer et, après avoir lancé plusieurs coups de trompette

(1) Reg. des Délib. 1327-28, séance du 8 janvier 1327 (n. s.), fol. 26.

pour amasser la foule cria (1) : « Que toute personne de Marseille ou étrangère qui peut donner des indications ou des informations au sujet de Pierre Martin de Piémont qui s'est enfui par violence de la prison de frère Jean de Badas, de l'ordre des frères Mineurs, inquisiteur de la malveillante hérésie, vienne le manifester à la Cour de notre seigneur le roi sous peine de mille marcs d'argent fin et celui qui pourra le saisir mort ou vivant le saisisse et le conduise à la Cour de notre seigneur le roi, et il ira ensuite se faire payer à la maison de l'inquisition la somme de 10 livres de royaux. »

L'histoire ne dit pas si le frère Jean de Badas put remettre la main sur sa proie.

Vers 1350, l'inquisiteur avait excommunié le sous-viguier, on ne sait pas pourquoi. Le Conseil délibéra, le 23 août de cette même année, d'envoyer quatre

(1) Reg. des Délib. 1331-32, fol. 125 v. : « Anno domini quo supra *1331*, die VIII madii in tercius dictus dominus vicarius precipit Bartholomeo Lique, preconi Massilie, ut per civitatem Massilie et loca consueta, voce tube, faciat publice et divulget preconizationem subscriptam :

« Que tota persona privada o estranha que sapia o puesca donar entresenhas o informacions de Peyre Martin de Pueymont que es avutz yssit violentmens de la carce de fraire Johan de Badas, de l'orde dels fraires menos, enquerador de la malvava heregia, o deia venir manifestar à la cort de nostre senhor lo Rey en pena de M mars d'argent fin e qui l veyra ni l sabra, lo puesca penre o mort o vieu e amenar à la Cort ses pena, e qui lo poira penre o mort o viu e l penra e l'amenara à la Cort de nostre senhor lo Rey, e... venga si pagar à l'ostal de l'enquisicion de X libras de rials. »

« Et subsequenter, eodem die, hora vesperarum, dictus preco, rens et deinde rediens, retulit mihi notario infrascripto se dictam preconizationem et in modum prescriptum hodie per civitatem Massilie et loca consueta fecisse.

« Ego Johannes de Amirato, notarius, hec scripsi. »

délégués au dit inquisiteur pour qu'il voulut bien retirer cette excommunication (1).

Un des frères Mineurs fut aussi inquisiteur quelques années plus tard, Guillaume Trossime. Mais les documents où il est cité ne concernent pas les hérétiques. Le dit Guillaume Trossime demanda au Conseil de la ville, le 14 janvier 1359, au nom de son couvent qui manquait de subsistance, de lui venir en aide, les frères voués au culte de Dieu n'ayant plus de quoi vivre. Le Conseil décida de faire procéder à une quête dans les divers quartiers de la cité (2).

On rencontre encore l'inquisiteur des hérésies en en 1381. Un citoyen nommé Marin de Monacabe, se plaignit au Conseil de la ville des vexations dont il était l'objet en Cour romaine de la part du dit inquisiteur. Afin d'y mettre un terme, le Conseil accorda au plaignant des lettres de supplications adressées au pape, aux cardinaux, et ordonna que le clavaire lui ferait remettre une copie de la condamnation, afin qu'il put se défendre (3).

Ainsi, le tribunal de l'inquisition a fonctionné pendant longtemps à Marseille et il est regrettable que le texte du plus grand nombre de ses jugements ne soit pas parvenu jusqu'à nous.

XXXIX.

LISTE DES JUGES DE LA VILLE SUPÉRIEURE

Les recherches que ce travail a nécessitées ont mis

(1) Reg. des Délib. de 1350, fol. 26 à 29.

(2) *Idem*, de 1357-58-59, fol. 257.

(3) *Ibid.*, 6 et 2? juillet 1381, fol 46 et 50.

en lumière un grand nombre de noms de juges de la ville des Tours, depuis 1263 jusqu'en 1348. Voici, par ordre chronologique, ceux que nous avons relevés ainsi que les noms des lieutenants de juges, avec l'indication des sources. Leur mandat, disons le pour mémoire, n'avait qu'une durée d'un an.

1263 - *Raymond Montonier*, Reg. du Palais, 9 des kalendes de mars.

1264 - *G. Lunello*, *idem*, 6 des kal. de septembre.

Bonsaver, Pascal de Mayranegis, affaire des bouchers, sept. 1286.

1265 - *André Grasso*, idem, idem.

1266 - *Capone de Caponis*, ibid., ibid.

1272 - *Pierre Étienne*, Raym. Aycard, notaire, 5 des nones de mars.

1274 - *Opition Vilano*, P. de Mayranegis, affaire des bouchers.

1275 - *Pierre Étienne*, Pierre Aycard, not., *idem*.

1276 - *Jacques de Venelle*, idem, idem.

1277 - *P. Écrivain (Scriptor)*, P. de Mayr., *idem*.

1278 - *Jacques de Venelle*, idem, idem.

1279 - *Pierre Imbert*, ibid., ibid.

1280 - *Bertrand Sarde*, ibid, ibid.

1281 - *Jacques de Venelle*, Arch. mun., DD., 8 des ides de mars.

1282 - *Bertrand Sarde*, Reg. du Palais 1283, fol. 2.

1283 - *Hugues Chasand*, Pascal de Mayranegis, affaire des bouchers.

1284 - *Pierre Imbert*, Arch. mun. AA., 6 des ides de février 1285.

1285 - *Gui de Tabia*, P. Aycard, reg. du Palais.

1286 - *Pierre Imbert*, idem, idem, 10 des kal. de sept.

1287 - *Hugues Radoux*, Charte du 11 janvier, relative aux bans.

1289 - *Amiel Merle*, Arch. mun. BB., 11 septemb.

1292 - *André de Draguignan*, idem, DD., 9 avril.

1294 - *Pons Cayssino*, ibid., DD., 13 des kalendes de juillet.

1295 - *Hugues de Moreriis*, ibid., DD., 15 octobre.

1298 - *Facio Belhome*, Pasc. de Mayran., 11 sept.

Isnard de Rocet, 20 décembre, dans la charte des bouchers, de 1340.

1299 - *Bertrand Salvagni*, Pasc. de Mayr., 26 fév.

Isnard de Rocet, idem, 4 août.

1300 - *Jacques de Châteauneuf*, idem, 19 juin, cité dans un acte du 20 mai 1301.

1301 - *Hugues de Moreriis*, idem, 20 avril.

1302 - *Bérenger de Turre*, idem, 15 septembre.

1303 - *Rostang Giraud*, idem, 18 septembre.

1304 - *Jean Ardoin*, Augier Aycard, 4 juin.

1305 - *Giraud Féraud*, P. de Mayranegis, *passim*.

1306 - *P. de Erbesio*, idem, 8 juin.

1307 - *Jean Michel*, idem, 9 août.

1308 - *Facio Belhome*, idem, 22 juin.

1309 - *Jean Radoux*, idem.

1310 - *André de Crote*, Arch. mun., DD., 12 sept.

1311 - *Hugues de Turrelli*, Raym. Rogier, reg. du Palais, nones de juillet.

1312 - *Bérenger de Turre*, Arch. mun., DD., 20 avril.

1313 - *Pierre Salomon*, Pasc. de Mayran., 7 mars.

1315 - *Sclavus Orihon*, idem, 13 janvier.

1316 - *Jacques Faraud*, P. Elzéar, reg. du Palais, 8 des ides de novembre.

1318 - *Hugues Pandoux*, Arc. mun. BB., 22 mai.

1319 - *Ruffi de Regio*, Reg. des Délibér., fol. 27 v.

1320 - *Compagnon Ruffi*, idem, fol. 71 v.

1321 - *Albert de Assunello*, Reg. du Palais de 1315, après l'acte du 26 avril de Pascal de Mayranegis.

1322 - *Jacques Daguibert*, Reg. des Délib., 11 déc.

1323 - *Geoffroy Rostang*, idem, fol. 16.

Hugues Blanc; Reg. du Palais, not. Augier Aycard et Guil. Nol, 7 décembre.

1324 - *Guillaume Gran*, Reg. des Délib. de 1325, 7 janvier.

1325 - *Jean Camulo*, Demande faite de Naples par P. Bedoce, citoyen de Marseille, au juge et au Conseil, le 20 sept. VIIIe indict., papiers concernant la ville supérieure.

1326 - *Jean de Forta*, A. Aycard, reg. du Palais, 5 décembre.

1328 - *Fortis de Forti*, Reg. des Délib., fol. 30 v.

1331 - *Lombard de Fossa Capreria*, Arch. mun., AA, n° 88.

1335 - *Geoffroy Rostang*, idem, HH. Délimitation du territoire.

Giraud Mercier, idem, idem.

1336 - *Raymond Sarrasin*, Reg. des Délib., 19 janv.

1338 - *Anthoine de Bernard*, Arch. mun., FF., 4 mai.

1340 - *Jacques Lombard*, Reg. du Palais, affaire des bouchers.

1341 - *Pierre Dufour*, P. Giraud, not., 13 sept.

1342 - *Bernard Garde*, Jean de Salims, not., 17 juin.

1343 - *Pierre Milon*. P. Giraud, not., 19 mars.

1344 - *Jean de Cario*, idem, 17 août, qualifié bailli et juge.

1345. *Pons de Rigaud*, idem, 6 avril, ibid.

1346 - *Pons de Rigaud*, Lettre de Philippe de Sangineto, sénéchal, 3 mars.

Jean Belhomme, sans indication de date, mais avant 1336, Arch. mun. GG., liasse 9, n° 3.

***

Lieutenants du juge

1285 - *Fouque Saumerive*, P. Aycard, 11 des kalendes d'octobre.

Pierre Garin, idem, 2 des ides de septembre.

1299 - *Bertrand Béroard*, Pasc. de Mayranegis, 19 juin.

1301 - *Guillaume Lurdi*, idem, 26 juin.

1311 - *Étienne Auras*, Raymond Rogier, reg. du Palais, nones de juillet.

1314 - *Pierre Salomon*, Guil. Faraud, 9 des kalendes de novembre.

1323 - *Étienne Auras*, Arch. mun., FF., affaire du poids du Lauret.

Barthélemy Arbaud, idem, ibid.

1326 - *Jacques Aubin*, Aug. Acard, reg. du Palais, 3 décembre.

1339 - *Bertrand de Revest*, Arch. mun., FF., 26 avril 1341.

Jean Barthélemy, idem, ibid.

XXXX.

Chanoines de Marseille vers l'an 1300

La ville de la prévôté et de l'œuvre avait comme seigneur moyen et bas justicier le Chapitre de la Major qui déléguait ses pouvoirs à un prévôt et à un ouvrier *(operarius)*. Voici les noms des prévôts qui, du reste, ont déjà été publié par Bousquet,*(La Major)* : 1259, *Rostang Geofroi* ; 1266, *Raymond de Nîmes* ; 1270, *Pierre Gantelme* ; 1277, *Bertrand de Securet* ; 1281, *Hugues Mataphan* ; 1291, *Guillaume Ferrier* ; 1295, *Jacques Gantelme* ; 1296, *Fredol Capelier* ; 1307, *Pierre de Columna*.

Voici les noms des ouvriers : *Hugues Gantelme*, Pascal de Mayranegis, 10 septembre 1296 et 4 avril 1307 ; *Fredol de Falgueiras*, Bousquet, *loc. cit.*

Les noms des chanoines formant le Chapitre de la Major ne nous sont pas tous connus. L'*Antiquité de l'Église de Marseille* en a mis quelques-uns au jour. A la liste de ceux qui ont vécu pendant la période qui nous occupe, c'est-à-dire de 1257 à 1348, et que nous nous dispensons de rééditer parce qu'on les trouvera dans l'ouvrage cité, nous ajouterons les suivants dont deux seulement figurent dans le travail de Belsunce.

1263 - *Jean Blanc*, Reg. de la Cour des appels, 3 des ides de mars.

1295 - *R. de Monteux*, Pasc. de Mayranegis. 3 des nones d'octobre.

Bertrand Gille, veille des kalendes de mars, cité par Aug. Fabre, rue du Radeau.

1296 - *Guillaume Raynaud*, P. de Mayranegis, 4 des ides de juin.

Aymond de Burdegalia, idem, 22 décembre.

Hugues Gantelme, Bernard Blancard, 16 des kal. de septembre.

1299 - *Pierre de Malespine*, P. de Mayranegis, 16 novembre. — *Idem*, 16 nov. 1300 et 13 juin 1301.

1302 - *Hugues Ancelme*, V. la liste des juges des Cours de la Prévôté et de l'Œuvre.

Guillaume Béroard, Pasc. de Mayranegis, 10 septembre. — *Idem*, 15 juillet 1307.

1303 - *Pierre d'Allamanon*, idem, 29 octobre.

1306 - *P. Gille*, idem, 12 septembre.

P. Capellier, idem, ibid.

Raymond Gille, idem, 6 octobre. — *Ibid*, 15 juillet 1307.

1307 - *Anthoine Blanc*, idem, 4 avril.

Andol de Malauzelle, idem, ibid.

Imbert d'Alamanon, idem, ibid.

Guillaume Scafin, idem, 15 juillet.

1309 - *Raymond de Marsoli*, Bernard Blancard, 16 des kalendes de novembre.

1348 - *Guillaume de Thesio*, Reg. des Délibérat., 17 janvier.

Les deux noms de chanoines qu'on rencontre dans l'*Antiquité de l'Église de Marseille* sont : 1° *Pierre Malespine*, dont l'existence est signalée en 1271 ; 2° *Andol de Malauzelle*, vivant encore en 1319.

Parmi ceux dont les noms figurent dans la présente liste *Hugues Ancelme* et *Aymond de Burdegalia* avaient siégé comme juges des Cours de la Prévôté et de l'Œuvre. Ce dernier, en 1296, était prieur de l'église du château de Saint-Marcel (1) ; en 1303, *Pierre d'Alamanon* prieur de l'église du château d'Aubagne (2) ; en 1306, *P. Capellier*, châtelain du château

(1) Pascal de Mayranegis, 11 des kal. d'août 1296.

(2) *Idem*, 29 octobre 1303.

d'Allauch (1); *Hugues Gantelme,* ouvrier; *R. de Monteux,* préchantre (2).

XXXXI.

Juges des Cours de la Prévôté et de l'Œuvre

Voici maintenant les noms des juges des Cours de la Prévôté et de l'Œuvre que nous avons relevés :

1265 - *Geoffroy Cotaron,* Arch. dép., fonds de la Major, livre jaune, fol. 33.

1286 - *Hugues Ancelme,* P. Aycard, 3 des nones d'avril.

1292 - *Aymond de Burdegalia,* chanoine, Arch. mun., DD., 13 avril.

1296 - *Étienne de Vaquières,* P. de Mayrenegis, 15 des kalendes de juin.

1298 - *Bertrand Béroard,* idem, 9 des kal. de juin

1300 - *Hugues Ancelme,* idem, dernier octobre.

1302 - *Hugues Ancelme,* chanoine, *idem,* 19 nov.

1303 - *P. Fabrefort,* idem, 27 août.

1310 - *Jean de Quinciac,* Lettre détachée dans le cartulaire de Raym. Rogier, scribe du Palais.

1323 - *Raymond Rostang,* Arch. mun., FF., 28 mai.

1326 - *Jacques Garin,* Reg. des Délib., 19 juillet.

Bailli des dites Cours

Jean Garnaud, notaire; Pasc. de Mayranegis, 1295, *passim*; P. Aycard, 3 des nones d'avril 1296; Pasc. de Mayranegis, 17 des kalendes d'avril 1298.

(1) P. de Mayranegis, 16 oct. 1306. — (2) *Idem,* 19 août 1299.

XXXXII.

Officiaux ou juges de la Cour épiscopale

1259 - *Jean Figuier,* Arch. départ., fonds de la Major, livre jaune, fol. 36.

1234 - *Raymond Alban,* Guillaume Féraud, veille des nones de mars; P. Aycard, 3 des nones de novembre 1285.

1295 - *Bertrand Gille,* cité par Aug. Fabre, *Rues de Marseille,* rue du Radeau.

1306 - *Pons Garnier,* Pasc. de Mayranegis, 2 août.

1311 - *P. Boni,* « canonicus Tholonensis, officialis curie episcopalis Massilie. » Raymond Rogier, reg. du Palais, 4 des nones de septembre.

1336 - *Bertrand Ferrand,* Arch. mun. GG., liasse 9, n° 3.

MUNICIPALITÉS DES VILLES HAUTES

XXXXIII.

Conseil de la ville supérieure

Les habitants de la ville supérieure, après les longues luttes qu'ils engagèrent contre l'évêque, leur seigneur, pour établir une assemblée qui délibérerait sur les intérêts de la communauté, obtinrent enfin satisfaction d'une façon définitive lorsque Charles d'Anjou, comte de Provence, eut acquis la seigneurie de cette partie de Marseille.

Vers la fin du XIIIe siècle, on rencontre des procès-verbaux des séances portant : que l'honorable Conseil de la ville supérieure de Marseille, réuni dans la salle de la Cour, selon la coutume, à la voix du crieur public et au son de la trompe, sur l'invitation du juge de la Cour de la dite ville et en sa présence, a décidé, que, etc. Mais à quelle époque ce Conseil fut-il institué ? Aucun des documents à notre disposition ne nous l'indique. La première séance que nous rencontrons porte la date du 6 des ides de février 1281 *(v. s.)*.

XXXXIV.

Nombre des Conseillers

Les renseignements précis nous manquent aussi concernant les attributions du Conseil et le mode d'élection des Conseillers (1) dont le nombre n'est signalé que dans une charte de 1310. Il était alors de 38 (2). Mais il y en avait eu davantage. Ainsi, il s'en trouva 41 à la séance du 9 des kalendes de septembre 1285 ; à celle de 1292, le 9 avril, 47 (3) ; à celle de 1295, le 29 novembre, 43 (4). Le nombre des membres présents aux autres séances dont les procès-verbaux sont parvenus jusqu'à nous n'atteint pas celui de 1310. En effet, 23 conseillers seulement figurent aux séances de 1300 et 1318 (22 mai) ; 22 à celle du

(1) Dans la ville inférieure, avant que Charles d'Anjou se fût emparé de l'autorité, il y avait les cent chefs de métiers élus par leurs confrères ou compagnons et, dans le huitième statut il est dit : « Par le présent chapitre, nous ordonnons qu'à l'avenir, chaque année, le troisième jour avant la fête de tous les Saints, soient élus et créés quatre-vingt-trois conseillers. » Mais cette disposition fut modifiée par l'art. 8 des chapitres de paix de 1257 dont voici un extrait : « Ledit viguier (du comte) élira six personnes de la dite ville (vicomtale) et vicomté, d'après le conseil desquels il créera tous les officiers, le Conseil général et le Conseil secret de l'année suivante. » Ces chapitres de paix supprimèrent les chefs de métiers.

(2) 12 septembre, arch. mun., DD. nº 20 — « Cujus consilii ex triginta octo, nunc numero consiliariorum presentium ». 29 seulement sont inscrits comme présents à la séance du 12 septembre 1310. D'après Ruffi, le nombre des membres du Conseil de la ville épiscopale était de 45. Mais cet auteur n'indique pas la source où il a puisé son assertion.

(3) Arch. mun., DD.

(4) *Idem*, CC., nº 19.

10 juin 1331 (1) et 11 mars 1340 (2) ; 24 à celle du 10 décembre de la même année (3) ; 20 à celle du 11 février 1341 *v. s.* (4) et 21 à celle du 14 avril 1342 (5).

XXXXV.

Nomination

La nomination de ces conseillers devait émaner du juge qui était le représentant du comte dans la ville supérieure, comme le viguier, représentant le souverain, nommait ceux de la ville inférieure. Le juge assistait généralement aux séances. Les conditions d'élégibilité ne sont pas mieux connues. Mais tout porte à croire que pour être conseillers les hommes de la ville supérieure devaient posséder une certaine fortune. En effet, on verra plus loin que presque tous étaient propriétaires d'immeubles (6).

XXXXVI.

Attributions

Bien que les attributions du Conseil ne soient pas codifiées, on peut cependant s'en faire une idée en examinant les objets qu'il traita dans les séances dont

(1) *Idem*, AA., nº 88.

(2) *Idem*, FF., nº 29.

(3 et 4) *Idem*, BB.

(5) *Idem*, CC., nº 29.

(6) V. les notes biographiques.

on vient de lire l'énumération et dans d'autres. Le Conseil recevait par l'intermédiaire du juge de la ville et quelquefois par le juge-mage, le viguier ou le sénéchal, les communications émanant de l'autorité souveraine. Ainsi les hommes de la ville supérieure avaient adressé au comte de Provence une supplique afin de n'être pas, à l'avenir, obligé d'aller devant le juge mage de la province, c'est-à-dire à Aix, au sujet des appels qu'ils interjetaient et demandaient que les dits appels soient entendus sur le territoire de Marseille par les juges que la Cour du comte avait institués dans ce but. Charles, voulant donner satisfaction à cette demande, envoya des lettres qui furent lues au Conseil assemblé dans l'église Saint-Antoine le 6 des ides de février (8 février) 1284 (*v. s.*) (1), par le juge mage du palais de Marseille.

Au cours de la séance du 8 février 1285 (*v. s.*), le Conseil de la ville supérieure et celui de la ville prévôtale furent réunis dans l'église Saint-Antoine afin de prêter serment de fidélité au roi Charles II qui succédait à son père (2). Le sénéchal de Provence, Isnard d'Antrevennes, seigneur d'Agout, invita les conseillers à procéder à cette cérémonie en leur assurant, au nom du souverain, de maintenir toujours et sauvegarder les franchises et libertés de la ville. Ce fut Bertrand Béroard, le jurisconsulte, qui répondit, au nom des Conseillers, qu'ils étaient disposés à prêter le dit serment tout autant que le nouveau roi con-

(1) Arch. mun., BB.

(2) Charles Ier était mort le 7 janvier 1285 à Foggia dans la Pouille. Le prince de Salerne, qui régna sous le nom de Charles II, était prisonnier des Aragonais.

firmerait en faveur de la ville épiscopale et de la ville prévôtale, les libertés, immunités et franchises dont les usages et les coutumes qui ne se trouvent pas écrits peuvent être cependant prouvés par témoignages (1).

Les bouchers ou mazeliers eurent, à la fin du XIIIe siècle, avec la ville, un long procès qui dura plus de quarante ans. Le Conseil dut se réunir plusieurs fois pour conférer certains pouvoirs à ceux de ses membres qu'il avait délégué afin de défendre les intérêts de la communauté devant les tribunaux où les syndics des bouchers les appelaient. Dans sa séance du 9 des kalendes de septembre (24 août) 1285, le Conseil s'occupa de cette affaire.

Le 21 décembre 1286, le Conseil nomma Bérenger Hugolin, Raymond Baussan et Raymond de Servières pour entendre les comptes de Jacques Aubin qui, après la démission de Guillaume Nouvel, avait accepté la charge de *bannier*, consistant à veiller à ce qu'aucun dégât ne soit fait, sous peine d'amendes, aux propriétés rurales.

Le 10 janvier 1287, le Conseil examina certaines dispositions pénales introduites dans le règlement du ban et nomma une commission composée de Bérenger Hugolin, Guillaume Boniface, chevaliers ; Fouque Geoffroy, Jean de Servières, Jacques Aubin, Guillaume Cadel, Mathieu Giraud. Ce dernier et Guill. Boniface n'acceptant pas, le juge désigna Bérenger Repelin.

Dans la séance du lendemain, Guillaume Nouvel et Geoffroy Bouscarle, ayant acheté le *ban*, prêtèrent serment. Le conseil s'occupa, dans sa séance du 8 des ides de mai (8 mai) 1289, d'une affaire concernant la délimitation du territoire sur lequel les *nourri-*

guiers (les éleveurs) pourraient faire paître leurs troupeaux. Il nomma, pour accomplir cette mission, onze citoyens : Bérenger Hugolin, chevalier ; Jean de Servieres, Bertrand Béroard jeune, Raym. Baucian, Raym. Jaufre, Geoffroy Bouscarle, Guil. Cadel, Mathieu Giraud, André Cadel, Et. Tortose et Pierre Gaudemar. Cette nomination se fit en présence et avec l'assentiment du juge de la ville supérieure : Amiel Merle (1).

Le 11 septembre de la même année le Conseil, réuni, selon la coutume à la voix du crieur public, dans la Cour royale de la ville supérieure, étant présent le juge, décida qu'une criée serait publiée dans la ville au sujet des citations et excommunications pour dettes (2).

Le 9 avril 1292, les deux Conseils, celui de la ville supérieure et celui de la ville prévôtale, se réunirent ensemble pour confirmer les pactes et conventions intervenus entre eux au sujet de l'adduction des eaux des acqueducs dans les deux villes susdites et des conduits et fontaines qu'on devait y construire. Ces pactes et conventions avaient été élaborés dans de précédentes séance. André de Draguignan, docteur ès loi, juge de la ville supérieure pour le roi ; et Aymond de Bourdegale, chanoine, juge de la ville prévôtale, assistèrent à cette séance qui fut tenue dans la maison de Raymond Laurent, barbier, où siégeait à cette époque la Cour royale (3). Il sera parlé plus bas de la question des eaux.

(1) Charte du 3 avril 1335 dans laquelle la séance du 8 mai 1289 se trouve relatée.

(2) Arch. mun., BB.

(3) *Idem, ibid.*

L'évêque de Marseille, Durand, prétendait soumettre au payement de la dîme les habitants de la ville haute. Le Conseil se réuni, le 29 novembre 1305, et nomma deux commissaires chargés de soutenir devant les juridictions compétentes l'exemption de cette forme d'impôt. Ce furent Jean de Servières et Jacques Aubin, alors syndic de la dite ville (1).

En 1300 (2), le Conseil examina les dispositions d'un règlement de pêche.

Dans sa séance de la veille des nones de septembre (4 septembre) 1307 le Conseil proposa au juge, d'ordonner que le blé ne soit vendu que sur le marché à ce destiné afin d'éviter les fraudes, les ventes et achats frauduleux que quelques-uns faisaient en s'associant dans le but de vendre le blé à un plus haut prix (3).

Le 12 septembre 1310, le Conseil ratifia une convention passée entre la ville supérieure et la ville inférieure, d'après laquelle celle-ci prendrait pour son usage les deux tiers des eaux de l'aqueduc des arcs (4).

Le Conseil, le 22 mai 1318, avec le consentement du juge de la ville supérieure, Hugues Pandoulx, nomma Bérenger Hugolin et Pierre Geoffroy ses syndics spéciaux, généraux et procureurs, pour agir au

(1) *Idem*, BB., n° 19.

(2) Cette séance du Conseil se trouve dans le registre du notaire Pascal de Mayranegis, mais le commencement de la pièce fait défaut. Cependant, par les dates de celles qui précèdent et de celles qui suivent, on voit qu'elle a dû être écrite vers l'an 1300

(3) Arch. munic., BB.

(4) *Idem*, BB., n° 20.

nom du Conseil et des hommes de la ville dans toutes les affaires litigieuses concernant la communauté (1).

En 1319, on annonça la venue du roi à Marseille et la ville prit les mesures pour le recevoir. Dans la séance du Conseil de la ville vicomtale, du 18 mai, des délégués du Conseil de la ville supérieure demandèrent que, si les bannières devaient être déployées à la venue du monarque, la leur soit placée après celle du roi (2).

Au cours de la même année, à la suite d'une notification faite par les délégués du Conseil de la ville inférieure d'une décision qu'il avait prise, le Conseil de la ville supérieure dut examiner la question relative à la construction des fours (3).

Le Conseil de la ville supérieure s'était occupé des répressions et des peines à appliquer aux infractions du ban des animaux. Geoffroy de Servières proposa, au nom et comme délégué de la dite ville au Conseil de la ville vicomtale, dans la séance du 1er février 1319, d'examiner cette question. Le Conseil y consentit en nommant quatre hommes probes (4).

Le 12 septembre 1320, Jacques Aubin, membre du Conseil de la ville supérieure, prit la parole au nom de ses collègues, au sein du Conseil de la ville vicomtale au sujet de la garde de cette ville au moyen des chevauchées. Cette affaire fut encore examinée dans la séance du 20 septembre de la même année par les conseillers de la ville inférieure. Le viguier qui venait

(1) Arch. munic., BB.

(2) Registre des Délibérations.

(3) Séance du 19 novembre.

(4) Reg. des Délib., fol 47.

d'assister à la discussion se rendit le même jour à la séance tenue par les Conseils de la ville supérieure et de la ville de la prévôte et de l'œuvre, réunis dans la Cour royale de la ville supérieure, et les invita à faire exécuter les chevauchées dues au roi sous peine de payer 100 marcs d'argent fin. Les Conseils répondirent qu'ils délibéreraient sur cette demande (1).

En 1322, les citoyens de la ville haute se plaignirent de ce que la convention intervenue autrefois entre la ville vicomtale, l'évêque et l'Église de Marseille au sujet du changement de domicile des citoyens d'une ville à l'autre n'était pas observée par la ville inférieure. Le Conseil de la ville supérieure avait délibéré sur cette affaire et envoyé ses syndics, Geoffroy de Servières, Raymond de Dragon et Bérenger Hugolin, pour exposer ses doléances au sein de l'assemblée vicomtale, ce que fit Geoffroy de Servières dans la séance du 12 février. Ce citoyen appela aussi l'attention des conseillers sur l'injustice commise par le peseur du poids du Lauret qui exigeait, contrairement à la dite convention, une certaine taxe pour le blé qui allait aux moulins mais qu'on ne pesait pas. Il proposa en même temps de rechercher les moyens de prévenir la disette de blé qui menaçait Marseille. Il parla aussi des mesures employées pour mesurer le vin.

Le Conseil de la ville inférieure nomma des délégués pour étudier toutes ces affaires avec ceux de la ville haute (2).

Au mois de février, le Conseil de la ville supérieure dut nommer des délégués pour aller avec ceux que

(1) Registre des Délibérations.

(2) *Idem.*

le Conseil de la ville inférieure désigna dans sa séance du 18 février 1322, inviter les chanoines et l'aumônier de la cathédrale à réformer l'Aumônerie et à l'établir sur de bons statuts (1).

Au cours de la même année, le Conseil dut nommer des délégués qui, unis à ceux de la ville inférieure et ceux de la ville prévôtale, examineraient les propositions présentées par le viguier relatives à la garde de la ville et des citoyens, aux dépenses nécessaires pour construire ou réparer des remparts et des portes, établir des bretèches à partir de Saint-Jean jusqu'à la porte Gallique et élever des tours à l'entrée du port du côté de Saint-Nicolas (2).

Le Conseil de la ville supérieure et le Conseil de la ville prévôtale furent invités, en 1323, par deux délégués du Conseil de la ville vicomtale, à examiner avec eux le fait du poids du pain (3) et aussi la proposition tendant à ce que la monnaie courante soit reçues dans les payements des cens dus en argent (4).

Les Conseils des trois villes se réunirent dans la salle du palais dite verte, pour l'évidente utilité de la chose publique, dit le texte. Leurs délibérations portèrent sur l'approvisionnement des dites villes en blé (5).

Le 10 juin 1331, le Conseil, après avoir pris connaissance d'une lettre du sénéchal Philippe de Sanguinet,

(1) *Idem*.

(2) *Idem*, du 22 novembre 1322 au 27 novembre 1323, séance du 8 mars 1322.

(3) *Idem*, séance du 12 août.

(4) *Idem*, séance du lendemain.

(5) *Idem*, 1325, fol. 66.

en présence du juge, délibéra de prêter entre les mains dudit sénéchal le serment de fidélité et d'hommage aux princesses Jeanne et Marie, petites-filles du roi Robert, appelées à lui succéder. Dans la même séance, Raymond de Dragon et Guillaume Jourdan, syndics de l'université de la ville supérieure, demandèrent, en présence du sénéchal, de Bertrand Raymond, écuyer *(scutifer)*, et du juge, que les libertés de la ville soient maintenues et conservées (1).

Les conseillers de la ville supérieure, vers le mois de décembre 1339, durent être invités par leur juge à jurer de dénoncer les infractions commises au sujet du ban, par les troupeaux, tant dans le territoire de la ville haute que sur celui de la ville basse (2).

Le Conseil de la ville supérieure vers cette même époque avait décidé d'envoyer un délégué vers la reine pour lui exposer les plaintes qui s'étaient élevées au sujet des extorsions pécuniaires et autres injustices exercées par maître Barthélemy Guiraman, autrefois notaire la ville supérieure, contre les habitants des deux villes, lorsqu'il était notaire de la Cour des secondes appellations. Jean Audran alla demander au viguier des lettres pour que ces plaintes pussent être exposées à la reine. Le viguier et le Conseil de la ville vicomtale en ayant délibéré lui donna satisfaction (3).

Le Conseil, le 11 mai 1340, confirma les pouvoirs accordés antérieurement à Bérenger Hugolin et à Jean Audran, comme syndics, procureurs et défenseurs des affaires de l'université, de conserver les intérêts

(1) Arch. munic., AA.

(2) Registre des Délibérations, séance du 2 décembre 1339.

(3) Séance du 8 décembre.

de la ville et d'en poursuivre la défense devant toutes les Cours et juridictions où besoin sera (1).

Vers la même époque, le Conseil de la ville supérieure examina la question relative à la vente aux boulangers et autres et à la fixation du prix du blé qui se trouvait dans les bateaux, les boutiques et sur le port. Il délégua Jean Audran, syndic, trois autres citoyens et le juge Jacques Lombard auprès du Conseil de la ville inférieure pour le prier de nommer des commissaires dans le but d'étudier cette affaire (2).

Le 10 décembre 1340, le Conseil procéda à la nomination de Jacques Guigues et Guillaume Étienne comme syndics de la ville supérieure et les investit des attributions afférentes à ces fonctions (3).

Il nomma le 11 février, comme syndics, Fouques Audibert et Giraud Porcel (4).

Dans la séance du 14 avril 1342, on proposa que, pour l'utilité de la ville tous les conseillers jurassent le ban sur le fait des animaux tant de la race ovine que de la race bovine. On prit diverses mesures au sujet du dit ban qui fut adjugé à Bérenger Rostang et Giraud Porcel, auxquels on adjoignit un notaire, Jean de Cavaillon. Le Conseil nomma ensuite deux hommes probes par quartier, chargés de rechercher les animaux et d'appliquer les peines édictées par le statut du ban (5).

(1) Arch. munic., FF., 21.

(2) Reg. des Délib., séance du 21 mai 1340.

(3) Arch. munic., BB.

(4) *Idem*, BB.

(5) Il s'agit ici, sans doute, du règlement du 11 janvier 1287, série FF.

Pour le quartier de Roquebarbe : Durand, Liautard et Pierre Geoffroy ;

Pour le quartier de Saint-Canat : Raymond Hugolin et Guillaume Cayat ;

Pour le quartier de l'Annonerie : Jacques de Villeneuve et Jacques Gaudemar ;

Et pour le quartier de Saint-Jacques : Guillaume Étienne et Raymond Baudoin (1).

Le Conseil nommait aussi les titulaires de certaines fonctions : les extimateurs, les délimitateurs, les arpenteurs jurés, les clavaires des eaux (2), les expulseurs des femmes de mauvaise vie (3), les géomètres *(agrimensores)*. On trouvera plus loin les noms de ces fonctionnaires à diverses époques.

Quoique les attributions du Conseil ne soient pas énumérées d'une manière complète on peut, cependant, se rendre à peu près compte de l'étendue de ses pouvoirs.

Le Conseil se réunissait aussi pour entendre la lecture des lettres de commissions par lesquelles le sénéchal de Provence notifiait la nomination du juge de la ville supérieure, lequel prêtait serment sur les Évangiles (4).

On a vu plus haut les divers sièges du Conseil qui furent les mêmes que ceux de la Cour.

(1) Arch. mun., CC.

(2) *Idem*, DD., 16-25 juillet 1035.

(3) Pascal de Mayranegis, 15 septembre 1303.

(4) Registre des Délibérations, séance du 2 novembre 1312.

XXXXVII.

Ordonnances et règlements

Le Conseil, en présence du juge, délibérait aussi sur les propositions émanant des diverses autorités ou de l'initiative des conseillers et relatives aux ordonnances et règlements, propositions qui devenaient les lois ou règlements de la ville. Ces lois ou règlements étaient publiés dans les lieux accoutumés à son de trompe par le crieur public. Ainsi, le 11 septembre 1289 (1), le Conseil approuva un mandement que le juge fit publier, d'après lequel si quelque personne de la ville ou étrangère cite ou fait citer ou excommunier quelqu'un de la ville supérieure, chrétien ou chrétienne, juif ou juive, en dehors de la Cour, celui ci devra faire révoquer la dite citation ou l'excommunication dans le délai de huit jours à partir du jour de la dite citation ou de la dite excommunication, sinon il ne sera plus sous la protection ni la sauvegarde de la Cour royale et, si quelque personne l'offense, la Cour n'interviendra pas.

En 1341, le 5 du mois de décembre (2), Pierre Isnard, crieur de la Cour, publia sous la même forme un certain nombre de criées dont la plupart, sans doute, avaient été promulguées longtemps avant et dont on renouvelait la publication. Les voici :

Justice.— Interdiction a toute personne, de quelque condition que ce soit, d'usurper les droits ou la

(1) Arch munic., BB.

(2) *Idem*, BB.

juridiction royaux et, si quelqu'un les usurpe, noble ou plébéien, il sera puni d'une amende de cent marcs d'argent fin ; si quelqu'un transporte la juridiction royale dans une autre juridiction et porte plainte ailleurs qu'à la Cour royale à qui les cas appartiennent, il sera puni d'une amende de cent livres. Interdiction à toute personne de s'approprier le produit des peines appliquées par la Cour, produit qui doit être perçu par le juge, sous peine d'une amende de cinquante livres et que personne ne se permette de suivre les familiers de la Cour lorsqu'ils conduisent quelqu'un en prison sous peine de cent livres.

Régales.— Que personne ne se permette d'occuper, détruire ou dévaster les régales *(regia)*, sous peine de cent marcs d'argent.

Fausse monnaie.— Que personne ne se permette de fabriquer, d'émettre ou de vendre de la fausse monnaie. sous peine de cent livres pour l'émission, de l'application de peines corporelles et de la perte des biens pour la fabrication.

Associations illicites.— Interdiction aux habitants de la ville supérieure, de ses bourgs et de son territoire, de tenir des réunions illicites, des associations et des attroupements sous peine de cent livres.

Criminels.— Interdiction aux bannis, meurtriers, assassins et sorciers d'habiter la ville ou ses bourgs sous peine de cent marcs d'argent, et à toute personne de recevoir ou d'abriter des bannis, meurtriers ou assassins, malandrins, voleurs publics et sorciers, et de leur donner aide, conseil ou faveur sous la même peine.

Médecins et barbiers.— Interdiction à tout médecin, barbier, etc., d'exercer l'art de la chirurgie ou de la médecine dans la ville ou ses bourgs sans une licence du juge, sous peine de vingt-cinq livres.

COUVRE-FEU.— Interdiction à toute personne d'aller le soir, après le son de la cloche, par les rues de la ville et des bourgs sans lumière, sous peine de cinq sous ; interdiction à toute personne qui vend du vin dans les tavernes de tenir les portes de son établissement ouvertes après le son de la cloche du soir, sous peine de cinq sous, et de donner à jouer dans sa taverne sous la même peine ; interdiction à toute personne d'aller la nuit par la ville, chantant en s'accompagnant avec des instruments ou non, sous peine de cinquante sous d'amende et de la saisie des instruments.

VOIRIE.— Interdiction à toute personne de jeter par les fenêtres dans les rues, de jour ou de nuit, de l'eau ou des immondices sous peine de cinq sous, et de laver des draps ou de tenir des pressoirs à partir de la fontaine de la rue Saint-Antoine jusqu'au four situé près de la dite fontaine, sous la peine de douze deniers, dont la moitié sera attribuée au dénonciateur. Injonction à toute personne ayant du fumier dans les limites de la juridiction de la ville supérieure de l'enlever dans le délai de dix jours, sous peine de cinq sous et de la perte du dit fumier. Interdiction à toute personne de nettoyer et d'éventrer le poisson dans les rues de la ville et de ses bourgs, sous peine de cinq sous et de perdre le poisson, et le délateur aura le tiers du produit de l'amende. Interdiction de laver ni draps, ni cuves *(cobas)*, ni plats *(perapsides)*, ni viande, ni poissons, ni autres saletés à la fontaine des Carmes, depuis la porte de Bernard Sabatier jusqu'à la porte du verger de Dulcie Merlesse, sous peine de douze deniers, dont le tiers sera pour le délateur.

ARMES. — Défense à toute personne de porter, de jour ou de nuit, des armes prohibées ou plombées, ou des couteaux dépassant la mesure, sous peine, de jour, de vingt-cinq livres et de cinquante de nuit et la perte des armes, à moins que ce ne soit en entrant ou en sortant de la ville.

MAISONS, PIERRES ET BOIS. — Interdiction à toute personne de procéder à la démolition de maisons sans autorisation, et d'exporter ou de faire exporter des pierres, des bois, de quelque genre que ce soit, sous la peine de cent livres et de perdre les objets exportés, les animaux et les charettes qui serviraient au transport. Les complices et les receleurs seront punis de la même peine ainsi que ceux qui, connaissant cette fraude, ne la dénonceraient pas à la Cour ; mais s'ils vont le dire à la Cour, ils auront la moitié des objets saisis.

DENRÉES. — Interdiction d'exporter ou de faire exporter de la ville du blé, farine ou légume, sous peine de cinquante livres et la perte des animaux et des objets qui servent au transport. Les dénonciateurs auront le tiers des objets saisis et leurs noms ne seront pas dévoilés. Une autre criée abaisse la peine à vingt-cinq livres et accorde la moitié des objets saisis aux dénonciateurs. Interdiction de vendre ou de faire vendre de la farine falsifiée ou mêlée, sous peine de cinquante livres et la perte de la farine. Même interdiction pour le vin, sous peine de cent livres et la perte du vin. Interdiction à ceux qui font des biscuits avec un mélange de divers blés ou avec un mélange d'une sorte de blé ou de plusieurs et des légumes, de vendre ou de faire vendre du pain ou de la farine aussi longtemps qu'ils fabriqueront des biscuits, sous peine de vingt-cinq livres et la perte du pain ou de la farine; le dénonciateur recevra le tiers. Injonction à ceux qui vendent ou revendent de la farine et du pain de faire la farine ou le pain avec du bon et pur blé ou froment ou denrée similaire sans aucune falsification et mélange de légumes ou d'autres blés sous peine de vingt livres et la perte du blé ou de la farine. Le dénonciateur aura le tiers de ces denrées.

Marine. — Interdiction à toute personne de vendre des barques à des étrangers et, si quelqu'un en vend, qu'il le notifie le jour même ou le lendemain au clavaire ou à son lieutenant, sous peine de cent livres et la perte de la barque. Interdiction à toute personne de transborder les marchandises d'un navire à l'autre, dans le port ou hors du port ; de décharger les marchandises à terre ou de terre en charger les navires sans l'autorisation du clavaire ou de son lieutenant, sous peine de cinquante livres et la perte des marchandises. Interdiction à toute personne de racoler ou de faire racoler par force et violence les marins habitant la ville supérieure pour les embarquer sur des navires et, à tout marin, de ne s'engager sur un navire quelconque par ordre de quiconque, sinon par ordre de la Cour de la ville supérieure, sous peine de cent livres.

Juifs. — Interdiction aux juifs de faire passer le corps de leurs coreligionnaires par le bourg des Aygadières sinon par le chemin qu'ils doivent suivre, sous peine de cent marcs d'argent fin pour chaque personne et chaque fois.

Femmes de mauvaise vie. — Interdiction aux femmes de mauvaise vie *(meretrices)*, d'habiter les bonnes rues de la ville et des faubourgs, sous peine de vingt sous et la perte des meubles.

XXXXVIII.

Conseil de la ville prévôtale

Les difficultés que présentent la détermination des droits du Conseil de la ville des Tours, le mode d'élection de ses membres, etc., sont les mêmes en ce qui concerne le Conseil de la ville prévôtale. Les documents que nous fournissent les procès-verbaux des séances de cette assemblée deviennent plus rares. Leur examen nous permettra de constater que les attributions générales des deux Conseils diffèrent peu.

Nous n'avons rencontré aucune indication relative au nombre des conseillers, si tant est qu'il fut établi d'une manière fixe.

XXXXIX.

Nombre et attributions des conseillers

A la séance du 9 avril 1292, le Conseil de la ville prévôtale comptait 27 membres présents (1), à la séance du 30 octobre 1295 (2) il n'en comptait que 20 et 10 seulement à la séance du 8 des ides de décembre (6 décembre) de la même année (3).

On vient de voir que dans la séance du 9 avril 1292,

(1, 2 et 3) Arch. munic., BB.

le Conseil de la Prévôté, réuni avec celui de la ville supérieure, avait délibéré sur la question de l'adduction des eaux et de la construction des fontaines.

Dans la séance du 30 octobre 1295, le Conseil de la Prévôté examina une proposition faite par Bertrand Béroard, jurisconsulte, et Guillaume Sarde, notaire, syndic, tous deux mandataires de la ville supérieure dont le Conseil, se fondant sur les conventions passées entre les deux villes, avait décidé d'établir la première fontaine à l'endroit appelé « de l'Oyde » (du conduit), sur une place située près du four de feu Pierre Conques et de la maison de Bertrand Béroard jeune, devant l'ancienne fabrique de Roland (1). Le jurisconsulte Béroard et le notaire Guillaume Sarde proposèrent, au nom de leurs mandants, au Conseil de la ville prévôtale de ratifier les conventions susdites et la décision relative à l'établissement de la première fontaine au lieu ci-dessus désigné. Les membres du Conseil présents émirent une opinion favorable, sauf Bernard Ricard et Pierre Boniface qui se prononcèrent contre.

Le 8 des ides de décembre de la même année, le Conseil de la ville prévôtale donna mandat à Barthélemy de Ners de défendre les intérêts de la ville au sujet de la dîme que l'évêque voulait faire payer aux habitants de Marseille, d'épuiser toutes les juridictions,

(1) L'Oyde ou l'Osede (petit canal) se trouvait près de la porte de Marseille, qui était à l'entrée de l'Annonerie ou rue des Grands-Carmes, comme le prouve le texte suivant : « Bertrandus Arvini... recognivit... quatuor locas domorum scitas inter duo portalia de Guill. de Massilia, confr. cum carreria publica portalis de Massilia ;. et cum Oydes. » 1375, reg. des cens de Déodat frères, t. II, fol. 20 v., arch. munic.

c'est-à-dire d'aller devant l'archevêque d'Arles, le collège des cardinaux et même devant le pape.

Vers le 20 septembre 1320, le Conseil s'était réuni avec celui de la ville supérieure pour délibérer sur la réponse que l'université des hommes de la Prévôté et de l'Œuvre devait faire à la demande du viguier relative aux chevauchées. Le 24 septembre de la même année, les syndics de la dite ville, Bertrand Bausan et Pierre Liautard, répondirent dans une lettre adressée au viguier que les citoyens étaient prêts, en sujets dévoués du roi, à accomplir, selon la manière observée habituellement dans le passé, les chevauchées dues et usitées (1).

En décembre 1339, le Conseil, dans une de ses séances, reçut notification de la délibération prise par le Conseil de la ville inférieure demandant aux conseillers de la Prévôté de jurer de dénoncer les infractions faites au ban par les troupeaux sur le territoire de Marseille (2).

Au mois de mai 1340, le Conseil de la Prévôté, ainsi que celui de la ville supérieure, avait examiné la question relative à la vente du blé aux boulangers et autres et à la fixation du prix de cette denrée. Raymond Garin, André Hugolin, Pierre Auriol, Raymond de Ners, Hugues Giniés et Nicolas Engran furent délégués auprès du Conseil de la ville inférieure pour lui demander de délibérer sur cette question (3).

Le Conseil de la Prévôté avait dû tenir d'autres séances pour examiner certaines questions signalées

(1) Reg. des Délibér., fol. 122 et 123.

(2) *Idem*, séance du 2 décembre.

(3) *Idem*, séance du 24 mai.

dans le Conseil de la ville supérieure, telles que celles qui concernent la participation des trois villes aux dépenses nécessaires pour construire ou réparer les remparts et élever des tours ; le fait du poids du pain et autres.

La ville prévôtale avait aussi des syndics, des estimateurs, etc., etc. Son Conseil siégeait dans une des salles de la Prévôté.

L.

SYNDICS DES VILLES HAUTES

L'administration municipale des villes hautes et les attributions des diverses fonctions qu'elle comportait s'écartaient peu de celles qui existaient dans la ville inférieure, si tant est qu'elles ne fussent pas identiques. La fonction la plus importante, après celle de juge, se rencontrait chez les syndics. Ces fonctionnaires étaient chargés de l'administration générale, de la sauvegarde des intérêts de la communauté, et l'on a vu par les pouvoirs que le Conseil leur conférait à quels détails ils devaient veiller, dans quelles causes ils devaient intervenir. On les nommait pour un an, comme tous les autres fonctionnaires municipaux dont l'énumération va suivre avec celle des attributions que les actes de l'époque font connaître.

SYNDICS DE LA VILLE SUPÉRIEURE

1285 - *Jean de Servières*, Conseil du 8 des kalendes de septembre, P. Aycard. notaire.

1286 - *Raymond Hugolin*, Arch. mun., AA 3 avril.

Raymond de Servières, idem, ibid.

1295 - *Guillaume Sarde*, Arch. mun., DD., 30 août.

Jean de Servières, idem, CC., 29 novembre.

Jeacques Aubin, idem, ibid.

1310 - *Étienne Auras*, jurisconsulte, idem, DD., ides d'octobre.

1318 - *Bérenger Hugolin*, idem, BB., 22 mai.

Pierre Geoffroy, idem, ibid.

1322 - *Geoffroy de Servières*, Reg. des Délibér., 12 février.

Raymond de Dragon, idem, ibid.

Bérenger Hugolin, idem, ibid.

1328 - *Raymond de Dragon*, Arch. mun., CC., n°27.

Geoffroy de Servières, idem, ibid.

1326 - *Raymond de Servières*, idem, BB., 23 octobre, Aug. Aycard, notaire.

Raynaud Hugolin, idem, ibid.

1331 - *Guillaume Jourdan*, idem, AA., 10 juin.

Raymond de Dragon, idem, ibid.

1335 - *Bérenger Hugolin*, damoiseau, *idem*, HH.

1338 - *Raymond Hugolin*, idem, FF., 4 mai.

Étienne Repelin, idem, ibid.

1339 - *Jean Audran*, Reg. des Délib., 8 décembre.

1340 - *Jacques Guignes*, Arch. mun., BB., 10 déc.

Guillaume Étienne, idem, ibid.

Bérenger Hugolin, idem, FF., 11 mai.

Jean Audran, idem, ibid.

1341 - *Fouque Audibert*, idem, BB., 11 février.

Giraud Porcel, idem, ibid.

SYNDICS DE LA VILLE PRÉVÔTALE

1285 - *Hugues de Samedrio*, Conseil du 8 des kal. de septembre, P. Aycard, notaire.

1310 - *Laurent Vigouroux,* Arch. mun., DD., ides d'octobre.

1320 - *Bertrand Bausan,* Reg, des Délib., fol, 122. *Pierre Liotaud,* idem.

LI.

Les banniers

Le ban était tout d'abord le règlement concernant les bestiaux. Il déterminait les chemins où les troupeaux pouvaient passer, les lieux où ils pouvaient paître, etc., c'était pour ainsi dire un règlement de police rurale. Il fixait les peines appliquées aux contrevenants qui devaient alors payer le *ban,* c'est-à-dire l'amende. L'office de bannier était accordé annuellement par le Conseil et le juge à des citoyens contre une certaine somme. Ainsi vers 1286, Jacques Novel qui remplissait ces fonctions démissionna avec l'assentiment du Conseil et fournit caution. L'intérim fut confié à Jacques Aubin. Le 21 décembre 1286, le Conseil et le juge, Hugues Raoulx, le déchargèrent de ce mandat et Bérenger Hugolin, chevalier, Raymond Baussan et Raymond de Servières furent élus pour entendre les comptes d'Aubin et diriger le ban pendant le reste de l'année. Celui de ces citoyens qui était, dans ces conditions, chargé du ban, ne pouvait s'excuser lorsque le juge l'avait désigné.

Dans la séance du 10 janvier 1287, le Conseil traitant la question du ban nomma une commission composée de Bérenger Hugolin, Guillaume Boniface, chevaliers, Fouque Geoffret, Jean de Servières, Jacques Aubin, Guillaume Cadel, Mathieu Giraud et Bérenger Repelin, chargée de présenter des propositions. Plusieurs séances furent tenues dans lesquelles on fixa de nouvelles peines contre ceux qui contrevenaient au ban. Celui qui avait pris, par exemple, un lapin dans la propriété d'autrui devait payer une amende de vingt sous. Dans la séance du 11 janvier 1287, Guillaume Novel et Geoffret Bouscarle, acquéreurs du ban, prêtèrent serment, ainsi que le notaire qui leur était adjoint, Jean de Mathis (1).

Guillaume Aymes fut bannier en 1301 (2).

LII.

Les Estimateurs

Les estimateurs *(estimatores)*, nommés annuellement, étaient chargés d'estimer les immeubles, soit lorsqu'il s'agissait d'un partage, soit lorsqu'un créancier voulait avoir un gage du débiteur pour la somme due. Généralement les estimateurs recevaient mandat du juge de procéder à leurs opérations. Ils retournaient, leur besogne accomplie, devant la Cour. Ainsi, en 1299, le 26 février, Guillaume Boniface, Hugues Audran et Bertrand Véranni, estimateurs généraux de la ville supérieure et de son territoire, qui s'étaient rendus à Arenc pour estimer un jardin mesurant dix dextres et appartenant à Jacques Roybaud, jardinier, qui devait à Pierre-Guillaume Blanc 45 sous moins 1 denier, vinrent rapporter devant le juge, Jacques de

(1) P. Columbier, notaire. Arch. mun., DD.

(2) Pascal de Mayranegis, 1301.

Châteauneuf, et le notaire Pascal de Mayrargues, greffier de la Cour, le résultat de leur mission et indiquèrent les dépenses qu'elle avait occasionnées.

D'abord, pour les montures de louage des dits estimateurs, 3 sous ; pour la rédaction de l'acte actuel de la dite estimation, 6 deniers ; pour le crieur qui mit Guillaume Blanc en possession de la chose estimée, 1 sou ; pour les arpenteurs, 1 sou ; pour les *délimitateurs,* 2 sous ; pour l'acte d'estimation, 3 sous ; pour le salaire des estimateurs, 6 deniers ; pour les mandements, 7 deniers ; pour le crieur qui donna lecture à la Cour de toutes les dépenses, 8 deniers ; total, y compris les 45 sous moins 1 denier, de dette : 56 sous 9 deniers.

Le juge. aprèsavoirentendu cette lecture, approuva l'estimation et ordonna à l'huissier de mettre le dit Blanc en possession de la propriété estimée (1).

Le salaire des estimateurs variait. Ainsi, lorsqu'ils se rendirent à Sainte-Marthe, en mai 1301, pour estimer une vigne appartenant à Pierre de Cadenet, ils ne reçurent qu'un salaire de 5 deniers, tandis que pour estimer une maison de Bertrand de Vellaut, ils touchèrent 2 sous 3 deniers (2).

Ces fonctions étaient remplies par des citoyens qui jouissaient d'une certaine considération. En 1300-1301 on trouve comme titulaires : Guillaume Sarde, Jacques Gibelin, Guillaume Aymon. En 1302, Guillaume Toulouse. Jean Nicolas, Jacques Girami ; en 1306, Guil. Aymon, Guil. Sigotier et Guil. de Vaprat (3).

(1) Pascal de Mayranegis, 26 février 1299.

(2) *Idem*, 2 et 19 mai 1301.

(3) *Idem*, 7 février et 2 mai 130·, 23 juin 1306.

Plusieurs de ces citoyens avaient fait partie, à diverses époques, du Conseil de la ville supérieure.

En 1296, Nicolas Gibelin et Nicolas Bonaventure étaient estimateurs de la ville de la prévôté et de l'œuvre(1).

LIII.

Les Délimitateurs

Ces fonctionnaires, comme leur nom l'indique, avaient pour mission de poser les termes, les limites séparant les propriétés. Ils recevaient un salaire proportionné au travail que leur occasionnait l'importance de l'immeuble qu'ils devaient délimiter. Comme on vient de le voir, ils touchèrent en 1299 un salaire s'élevant à 2 sous pour la délimitation de la propriété appartenant à Jacques Rayband, et 3 sous pour la même opération faite à la vigne de Pierre de Cadenet.

En 1285, Jean Bonalbert, Pierre Martin et Fouque Aycard, exerçaient cette charge (2) ; en 1302, B. Veranni, Giraud Rostang et Jacques Aycard (3) ; en 1304, Jean Repelin, Hugues Sifredi, Guillaume Sigotier (4) ; en 1312, Fouque Aycard, Jean Dragon et Jean Aymon (5).

(1) Pascal de Mayranegis, 15 juin 1296.

(2) P. Aycard, 9 des kalendes de novembre.

(3) P. de Mayranegis, 4 mars 1302.

(4) P. Aycard, 3 novembre 1304.

(5) Arch. mun., DD., 20 avril 1312.

LIV.

Les Arpenteurs

Lorsqu'une propriété devait être estimée les arpenteurs *(districtores, agrimensores)* étaient appelés à la mesurer. Leur salaire s'élevait généralement à un sou (1). En 1301, Guillaume Aymon et Ambroise Brunet remplissaient ces fonctions ; en 1316, Geoffroy de Servières, Raymond Hugolin et Michel Repelin (2) ; en 1342, Bérenger Rostang, Giraud Porcelet et Jean de Cavaillon, notaire (3).

LV.

Défenseurs des chemins

Il existait aussi des fonctionnaires chargés de veiller à ce que les riverains n'empiétassent pas sur les voies publiques de la ville et du terroir. En 1294, Hugues Geoffroy, Raymond Geoffroy et Jean de Servières, constitués pour la défense des chemins du terroir, intentèrent un procès à Giraud Alamanon qui avait fait construire sur le chemin public qui va vers la Granique des Geoffroy, au lieu dit le Canet (4). En 1312, Jean de Servières et Fouque Béroard étaient investis des mêmes fonctions (5).

(1) Pascal de Mayranegis, 29 février 1299 et 2 mai 1301.

(2) *Idem*, 4 janvier 1301 et 9 août 1316.

(3) Arch. mun., CC.

(4) Charte du 13 des kal. de juillet 1294, not., Guil. Jean.

(5) Arch. mun., DD, 20 avril 1312.

LVI.

L'EXPULSEUR DES « FEMMES INHONNESTES »

Certaines rues de la ville supérieure étaient infestées par la présence des « femmes viles et inhonnestes ». A diverses reprises le Conseil et le juge avaient pris des arrêtés publiés à son de trompe pour prévenir de pareils scandales dans la rue d'en Garrian (rue des Ingariennes) ; ces femmes, paraît-il, se livraient en plein jour à l'exercice de leur profession, ce dont les habitants « probes et honnêtes » du quartier se plaignirent souvent. En 1295, on fit deux criées édictant certaines peines contre les personnes de mauvaise vie. L'une de ces criées disait : « Que totas las vils femenas que habitan e estan en la carriera d'en Garrian, de l'albere de mosseu Esteve Atras, savi en dreg, que es à la Colla, tro à la porta de tras l'espital de Sant-Esperit, sian eyssidas d'aquella carriera ayan y mayson propria o non, d'aqui à sinc jors, en pena de C solz cascuna e de perdre la rauba de l'ostal, e que pagar non poyra corregnda sera e en lo costel pausada, e que neguns temps viengan ni y tornon per estar solz aquella mezeyssa pena. E qui acusara n'aura lo ter(1). »

(1) Que toutes les femmes viles qui habitent et demeurent en la rue de M Garrian, depuis la maison de M. Etienne Auras, jurisconsulte, qui est située à la Colline, jusqu'à la porte derrière l'hôpital du Saint-Esprit, soient parties de cette rue d'ici à cinq jours, qu'elles y aient maison leur appartenant ou non, sous peine de cent sous et de perdre les meubles de la maison, et celle qui ne pourra payer sera poursuivie et mise au carcan et qu'elles ne reviennent en aucun temps dans cette rue pour y demeurer, sous la même peine. Quiconque dénoncera ces femmes aura le tiers de l'amende.

Malgré cet arrêté et les autres, ces femmes continuaient à habiter la dite rue. Aussi, en 1303, Jacques Aubin, remplissant alors les fonctions d'« expulseur des femmes viles et inhonnêtes habitant dans les bonnes rues de la ville supérieure *(expulsor vilium et inhonestarum mulierum habitantum in bonis careriis civitatis superioris)* », se présenta devant le juge Rostang Giraud et déclara avoir souvent reçu des plaintes de P. Aycard, notaire, et de plusieurs autres bonnes et honnêtes personnes qui ont l'habitude de passer par la rue d'En Garrian, parce que plusieurs femmes viles, immondices fétides et malhonnêtes se sont emparées de cette rue que de probes et honnêtes personnes habitent, à partir de la maison d'Étienne Auras, jurisconsulte, jusqu'à la porte située derrière la maison de l'hôpital du Saint-Esprit, où les dites femmes, oublieuses du salut de leurs âmes et sans honte, font publiquement métier de leur corps, de jour et de nuit, scandalisant et mettant en péril les passants et violant ainsi les arrêtés pris par la Cour.

Le juge, afin de faire respecter les statuts et les arrêtés signalés, et pour la tranquillité des habitants de la ville et particulièrement des voisins de la dite rue, ordonna au crieur public, Pierre Aymeric, de faire une nouvelle criée afin que les femmes dont il s'agit fussent expulsées (1).

Ces mesures, paraît-il, n'avaient qu'un effet momentané. Les femmes expulsées d'une rue, ou leurs congénères, se montraient dans une autre. Ainsi, en 1309, la rue des Baucians était devenue le théâtre de ces mêmes scandales. R. Repelin, établi par la Cour et

(1) Pascal de Mayranegis, 15 septembre 1303.

le Conseil pour remplir les fonctions d'*expulseur*, sur la plainte de Bertrand de Saint-Félix et de toutes les personnes honnêtes de la dite rue, exposa les faits au juge, Jean Raoulx, qui ordonna à Vivaud Albert, sous peine de 25 livres de royaux, de ne plus loger les dites femmes dans les maisons qu'ils possédaient près de son moulin (1).

Il est probable que d'autres plaintes furent portées sur le même sujet.

LVII.

Travaux Publics

Les travaux publics, dans les villes hautes, ne concernaient guère que les chemins, l'adduction des eaux et la construction d'une partie des murs de la ville. Au sujet des chemins, sauf ce qui a trait à leur conservation et dont il vient d'être parlé, les renseignements font défaut. Quant à l'adduction des eaux, on peut indiquer à peu près l'époque où les premières fontaines furent élevées dans les villes hautes.

L'eau qui devait les alimenter était amenée par une canalisation qui existe encore aujourd'hui et qu'on appelle l'aqueduc de l'Huveaune (2). Mais au début, d'après Ruffi, ce travail ne s'étendait pas au delà des hauteurs de Saint-Charles où l'on captait certaines eaux. L'historien de Marseille prétend, sans en donner la preuve, que cette canalisation avait été établie

(1) Pascal de Mayranegis, 14 mai 1309.

(2) Voir Melquiond.

vers l'an 1000. A défaut de documents affirmant le contraire, nous lui laissons la responsabilité de son assertion. Il est certain cependant qu'on s'occupait de l'adduction des eaux au XIIIe siècle et qu'une caisse spéciale fonctionnait, en 1278, dans ce but, comme le prouve le legs de cinq sous émanant d'Hugues d'Assunel pour les ouvrages faits ou à faire (1). On constate qu'en 1288, une rue portait déjà le nom de rue de l'*Osede*, c'est-à dire du Canal ou Conduit (2).

C'est en 1292, le 9 avril, que les Conseils de la ville supérieure et de la ville prévôtale, réunis ensemble, ratifièrent les pactes et conventions relatifs à la création de quatre fontaines et réglèrent la part des dépenses qui devait incomber à chacune de ces deux villes pour amener les eaux jusqu'au lieu dit : la Pierre-de-l'Image (place des Treize-Coins). Dans cette séance on détermina les endroits où les dites fontaines seraient établies :

1° Au lieu dit l'*Osede* (petit canal), situé à l'entrée de la ville supérieure, près de la porte de Marseille, où l'on ferait « une fontaine en pierre, apte et idoine, et un abreuvoir idoine dans lequel et duquel les animaux quelconque puissent librement et publiquement boire à leur suffisance » ;

2° Au lieu dit « las Espazas » (Saint-Jacques-des-Epées), dans les mêmes conditions que la précédente ;

3° Au lieu dit la Pierre-de-l'Image ;

4° Près de la Porte Gallique.

(1) Testament du dit d'Assunel, cartulaire de Guill. Féraud, 8 des kalendes de juin 1278.

(2) Le 3 des ides d'avril 1288, Guillaume Sampson vend à Raymond Durand, pêcheur, une maison située rue « de l'Osede aque », confrontant la maison du dit Durand, la maison de Bertrand Hélie et la rue. Reg. de Pons Marin, notaire.

Il fut aussi décidé qu'on établirait des tuyaux ou petits canaux, ou conduits *(fistule sive osede sive meatus)* par lesquels l'eau puisse suffisamment et librement passer pour les besoins des dites fontaines et abreuvoirs et qu'elle vienne de telle sorte qu'elle coule en quantité égale vers chacune des fontaines.

D'après cette même délibération, le résidu des eaux pouvait être donné aux particuliers pour leurs fabriques ou ateliers. Il fut aussi entendu que les hommes de la ville des Tours payeraient les deux tiers de la dépense nécessitée par l'adduction des eaux et les hommes de la ville prévôtale l'autre tiers (1).

La construction de ces fontaines et abreuvoirs ne se fit pas sans rencontrer certains obstacles. Ainsi, les hommes de la Prévôté et de l'Œuvre opposaient certaines résistances au paiement des dépenses nécessaires pour l'édification de la première. Le Conseil de la ville supérieure fut obligé d'envoyer une délégation auprès d'Etienne de Vaquières, juge de la ville prévôtale. Noble Bertrand Béroard, jurisconsulte, et le notaire Guillaume Sarde, syndics et délégués de la ville supérieure, exposèrent au nom de leurs committants qu'il avait été décidé précédemment que la première fontaine avec l'abreuvoir serait élevée à l'endroit vulgairement appelé l'*Oyde*, sur une place traversée par une rue et située près du four de Pierre Conques et de la maison de Bertrand Béroard jeune, devant l'ancienne fabrique de Roland. Ils demandèrent que les dispositions, les pactes et conventions passées entre les villes fussent appliquées et, par conséquent, que le Conseil de la ville prévôtale voulût bien recon-

(1) Arch. munic., BB.

naître qu'il devait participer à la dépense de cette création, ce qu'il fit malgré la protestation de deux conseillers, Bernard Ricard et Pierre Boniface (1).

En 1323, alors que les quatre fontaines étaient construites et qu'il fallait payer, les hommes de la ville prévôtale résistaient encore. Le 28 mai de cette année les syndics de la ville des Tours, Geoffroy de Servières et Raymond Dragon, se présentèrent devant Raymond Rostand, juge de la ville prévôtale, et lui exposèrent que les citoyens de la ville supérieure avaient fait des dépenses pour l'établissement des fontaines, abreuvoirs, conduits, aqueducs et autres ouvrages communs aux deux villes et que les dépenses, étant aussi communes, les hommes de la ville prévôtale devaient être astreints à en payer leur part d'après les pactes et conventions.

Le juge rendit une sentence déclarant que la part de la ville prévôtale devait être payée, mais que Pierre Lieutaud, maître des eaux de la ville et détenteur de l'argent, étant absent de Marseille, il ne pourrait lui intimer l'ordre de procéder au versement qu'après son retour. Les syndics de la ville supérieure ajoutèrent qu'ils étaient prêts à recevoir la part des hommes de la ville prévôtale tant pour les ouvrages faits autrefois que pour ceux que comporte l'abreuvoir rond actuellement en construction près de la porte de Guillaume de Marseille (2).

Cependant, bien avant cette date, les mesures nécessaires pour édifier la fontaine de la place de la Pierre-le-l'Image, qui faisait partie de la juridiction

(1) Arch. mun., DD., séance du 30 octobre 1295.

(2) *Idem*, FF.

de l'Œuvre avaient été prises. En effet, le 28 août 1296 (1), Martin Auriol, prêtre, agissant au nom du vénérable chapitre de l'église de la Bienheureuse-Marie du siège de Marseille (la Cathédrale), acheta de Guillaumette Raymond, épouse de Bérenger Chabran, une maison située sur la place en face de la pierre de l'Image, confrontant trois rues, « dans laquelle maison une fontaine en pierre doit être édifiée pour recevoir l'eau devant venir prochainement du canal appelé : l'Oyde ». Cet achat se fit pour le prix de seize livres et demie.

La fontaine de la Porte Gallique fut aussi construite. On en trouve la preuve dans un procès qui se produisit en 1319, entre Bertrande Causelle, demeurant près de la fontaine de la Porte Gallique *(corrorans prope fontem de Porta Galica)* et Guill. Capus (2).

La construction de ces fontaines et abreuvoirs ne se fit pas sans soulever les protestations de quelques propriétaires voisins. Ainsi, en 1323, un différend s'éleva entre Pierre Colombier, notaire, d'une part, Jacques Aubin et Guillaume Sarde, maîtres de l'œuvre des eaux *(operarii)* et Etienne Repelin, trésorier de la monnaie commune de la ville supérieure, d'autre part. Pierre Colombier possédait un jardin fermé par un mur et situé près de l'église de Saint-Jacques-des-Épées, dans une rue qui descendait de la rue Saint-Antoine. Tout près de ce mur on avait fait, pour recevoir l'eau de la fontaine dite de Saint-Jacques-des-Épées, une construction qui empêchait Pierre Colombier d'ouvrir une porte dans le dit mur

(1) 5 des kal. de septembre 1296. — Pascal de Mayranegis

(2) Augier Aycard, reg. du Palais, 4 des nones d'août 1319.

et par laquelle il pouvait aller de son jardin à la rue. Il demandait, en conséquence, que les dits maîtres des eaux et le trésorier le laissassent jouir de sa possession et qu'il pût pratiquer la dite porte. L'affaire fût portée devant les maîtres maçons jurés constitués par la Cour : Guillaume Boniface, Etienne Garin et Pierre Aubagne. Après inspection des lieux, ces experts attribuèrent à Colombier une indemnité de 21 sous de royaux (1).

La caisse qui subvenait aux dépenses nécessitées par l'adduction des eaux était alimentée, en partie du moins, par des legs testamentaires comme celui d'Assunel. Le notaire Pierre Elzéar laissa aussi, en 1307, une certaine somme ayant cette affectation.

Ainsi que nous l'avons constaté, le service des eaux était dirigé par un ou plusieur citoyens. En 1301, Michel Repelin remplissait les fonctions de receveur des deniers destinés au payement des travaux des fontaines. Il rendit ses comptes devant le juge (2).

LVIII.

Ouvrages de défense

Vers 1322 on s'occupa d'une autre question de travaux très importante. Il s'agissait de construire des ouvrages de défense : 1° sur le rivage de la mer, s'étendant de la tour Saint-Jean jusqu'à l'extrémité du couvent de la Sainte-Trinité ; 2° du dit couvent à la Porte Gallique. Ainsi qu'on l'a vu dans l'analyse des déli-

(1) Arch. mun., DD., 25 juillet 1305.

(2) Voir les notes biographiques de Michel Repelin.

bérations prises en 1322, au mois de mars, par les Conseils des villes hautes, des délégués desdits Conseils durent s'entendre avec ceux du Conseil de la ville basse dans le but d'examiner la question relative aux réparations à faire aux remparts et aux portes, et à l'établissement de bretèches à partir de Saint-Jean jusqu'à la Porte Gallique et aussi à la construction d'une tour à l'entrée du port, du côté de Saint-Nicolas, réparations et constructions demandées par le viguier. Dans le XXXIIIe chapitre de paix de 1257, il est dit que « *les murs de la ville et vicomté de Marseille, ainsi que ceux de la ville épiscopale ne pourront être démolis, soit en partie, soit en totalité ; les habitants d'icelles pourront néanmoins, avec le consentement du comte, de la dame comtesse, sa femme, ou de leurs lieutenants, agrandir ces villes quand bon leur semblera, et de faire de nouveaux murs et de nouveaux fossés.* » Tel était le droit à l'époque. Il fallait que les habitants demandassent au seigneur l'autorisation de démolir les murs s'ils voulaient agrandir la cité. Or, comme la demande des réparations et constructions des murs, portes et tours présentée en 1322 émanait du viguier, c'est-à-dire du comte, il y eut contestation au sujet de ceux à qui incombait la dépense. La ville prévôtale surtout protesta. On soumis la question à deux jurisconsultes, Bernard Sabors et Thomas de Centrayrenices (2), docteur ès-lois. De leur consultation il résulte que la ville prévôtale n'étant pas désignée dans les traités de paix, les citoyens y habitant ne pouvaient pas être obligés

(1) Reg. des Délibérations, 8 mars 1322.

(2) Consultation de deux jurisconsultes au sujet des murs de la ville. Arch. mun., FF.

à participer à la dépense. Quoi qu'il en soit, on exécuta les travaux et le rivage de la mer fut bordé d'un mur partant de la tour Saint-Jean et allant jusqu'à la Sainte-Trinité. Une porte fut ouverte à l'anse de l'Ourse (1).

LIX.

Les Juifs

La situation des juifs, après l'acte de 1257 fut un peu améliorée, tout au moins sur certains points. Ils jouissaient, sous le nouveau régime, de droits qu'ils ne pouvaient acquérir avec l'ancien état de choses.

Lorsque l'évêque exerçait le pouvoir temporel sur la ville supérieure, ils étaient soumis à des obligations, à des charges d'un genre particulier, mais comme tous les juifs qui habitaient à cette époque la cité de Marseille, c'est-à-dire les trois villes, se trouvaient être les vassaux de l'evêque, les autorités de la ville vicomtale n'avaient pas le pouvoir de leur appliquer une marque spéciale. Seul l'évêque le possédait. Afin qu'on put les distinguer des chrétiens, ils étaient obligés de porter sur la poitrine un signe de forme ronde au milieu duquel on appliquait un autre rond d'étoffe autrement coloriée. Par un acte de 1245, l'évêque avait confirmé ces mesures et les privilèges dont ils jouissaient. Ainsi, il était défendu aux chrétiens de les molester dans leurs personnes et dans leurs biens. Ils pouvaient se livrer à tout métier ou à

(1) En 1407 on trouve : « carreria Sancte-Trinitatis qua itur versus portalem Orse ». Arch. mun., reg. Hôtel-Dieu, fol. 55.

tout art « légitime et honnête ». Un juge spécial de la cour épiscopale, « bon et loyal », nommé pour un an au commencement de l'année judiciaire, connaissait des questions relatives aux usures. Ils possédaient une école dans la ville épiscopale (1). Ils étaient parqués dans un quartier si l'on s'en rapporte à un acte de 1235 qui donne les noms de plusieurs d'entre eux habitant la rue Judaïque de la dite ville (2). Ils pouvaient posséder des immeubles dans les diverses parties de la ville (3). Outre le commerce de l'argent, ils faisaient des opérations pour le compte des chrétiens. Ainsi, Abraham, fils de Bolfarag, en 1235 avait reçu de Bernard Manduel 40 onces de tarins d'or valant une somme de 96 livres de royaux couronnés et s'engagea, par acte notarié, à faire valoir la dite marchandise. Dans ce but il s'embarqua pour Messine. D'autrefois les juifs avançaient la somme à des chrétiens : Arnaud Gacs reçut de Bonfils, juif, fils de Daniel, 110 livres de monnaie mêlée, en marchandise, qu'il devait faire valoir à Ceuta à quart de bénéfice (4).

(1) *Antiquité de l'Eglise de Marseille*, t. II, p. 107 et suiv.

(2) Bonaffous, juif, fils de Creissent, et Bonadonna, sa femme, donnent comme gage à Bernard Manduel, pour une certaine quantité de blé qu'ils avaient reçue de celui-ci, une maison qu'ils possèdent « in rua Judayca ville episcopalis Massilie, que confrontatur ab una parte cum domo Salves de Turribus et ab alia cum domo Astrugue, uxoris quondam Bonaventure, judei. » Louis Blancard : *Documents inédits sur le commerce de Marseille au moyen âge*. Ides d'avril 1235, t. I, p. 85. — Voir aussi le testament de Salves : « Actum in Jusataria ville superioris Massilie, scilicet in domo dicti testatoris. » Guil. Faraud, 1277, fol. 32.

(3) V. dans l'ouvrage de M. L. Blancard, première partie, les chartes portant les numéros 60, 62, 145, etc.

(4) L. Blancard, *loco citato*, t. I, pp. 88 et 261.

Tous ne se livraient pas au commerce, quelques-uns s'adonnaient à l'industrie. On rencontre, en 1277, Salves, juif, maître maçon *(magister lapidis)*, fils de feu Durand Surdi, juif (1). D'autres exerçaient la médecine. Il paraît que les livres traitant de cet art étaient précieusement conservés par leurs propriétaires et estimés à des prix très élevés. Ainsi, en 1315, Mosson, juif, citoyen de Marseille, fils de feu maître Habram, médecin, donna en location à Bonfils, médecin, habitant Avignon, et fils de feu maître Bonastrugi, médecin, un livre de médecine appelé *Zaaram*, afin que celui-ci pût en prendre copie de sa main et à condition qu'il n'en transcrira qu'un exemplaire. Cette location est faite au prix de 20 florins d'or que le dit Mosson déclare avoir reçus. Bonfils ne pourra garder l'original que pendant un an à partir du jour de Pâques. Il fut en outre stipulé que le locataire ne devait prêter ce livre à personne et, dans le cas où il mourrait, son fils serait tenu de le remettre au propriétaire (2). Comme on le voit, le prêt des livres de médecine ne se faisait pas sans garantie et surtout gratuitement.

Malgré le transfert de la seigneurie de la ville épiscopale au comte de Provence, les juifs demeurèrent frappés de certaines charges personnelles envers l'évêque. Ainsi, en 1265, ils étaient soumis à un cens qu'ils devaient servir pendant la vie de l'évêque (3).

(1) Guil. Faraud, 1277, fol. 32. — Testament de Salves, juif, maître maçon. Il manifeste le désir d'être enterré dans le cimetière des juifs, situé au lieu dit Montjuif.

(2) Bernard Blancard, notaire. — 5 des ides de février 1315.

(3) Arch. départ., BB. 812 : « Aisso son las sensas dels juzieus que servon à Monsegnhor en Benezet, evesque de Marsella à la vida d'e esque e à la vida dels juzieus, cascun à sa vida. »

D'autre part la synagogue des juifs de la ville supérieure payait à l'évêché un cens annuel de huit sous (1).

On a vu déjà que sous le nouveau régime, les juifs obtenaient avec la même facilité que les chrétiens le droit de citadinage dans la ville supérieure. Ils jouissaient aussi, au point de vue de la propriété, des mêmes droits que les autres habitants. Ils pouvaient demander l'estimation des biens de leurs créanciers, qu'ils fussent leurs coreligionnaires ou qu'ils fussent chrétiens, afin de créer un gage à leurs créances (2). Les ventes des immeubles leur appartenant étaient soumises aux mêmes formalités que celles concernant ceux dont des chrétiens possédaient la propriété (3). Les juifs pouvaient également posséder la directe seigneurie sur les immeubles. Bondavin, de Draguignan, était seigneur direct d'une maison située dans la rue de la Juiverie (4).

Quelquefois, le comte de Provence faisait des levées de taxes sur les juifs. Vers 1277 une imposition de cette nature eut lieu. Les juifs de la ville inférieure furent frappés d'une taille ou collecte s'élevant à une somme assez forte. Ils ne trouvèrent rien de mieux que d'essayer d'en faire supporter la moitié par ceux de la ville supérieure. Naturellement ceux ci protestèrent, aussi, Vitalis fils de Bonafous ; Samuel, fils

(1) La synagogue de la ville inférieure payait un cens annuel de 6 sous 8 deniers. — V. l'état des cens de l'évêque, de 1341 ; arch. mun.

(2) Pascal de Mayranegis, 14 février 1307 et 6 mars 1308.

(3) *Idem*, 28 fév. 1307. P. Delgade, 15 des kal. de sept. 1309.

(4) Raymond Rougier, reg. du Palais, 1322.

d'Astruge Catalan ; Salves Sort, Isaac Sacerlot, Mosse, frère de Samuel ; Isaac, fils de Jousé ; Cresclas, petit-fils de Samson ; Mosse, fils de Berevinas ; Bounom, fils de Bonfils ; Beniste, Habram Ferrisol et Mosse Cavallier, agissant en leurs propres noms et au nom de l'université des juifs de la dite ville supérieure choisirent pour leurs syndics, à qui ils passèrent procuration, Samson, fils de feu Abram, médecin ; Astruge, fils de Bonafous, et Mosse Sacerlo' Ils donnèrent à leurs syndics le mandat de déf[illegible]re contre les prétentions de leurs coreligionnaires de la ville inférieure tant pour le fait de l'imposition pratiquée jadis par le roi que pour intenter les procès qu'ils croiront devoir introduire contre les mêmes personnes (1). L'université des juifs de la ville supérieure était donc distincte de celle que formaient les juifs de la ville inférieure.

Les doc[illegible]nents que les autorités lançaient concernant cette [illegible]égorie de citoyens étaient publiés dans les écoles ou synagogues en présence de tout le peuple des dits juifs (2).

Comme les autres citoyens ils étaient soumis à certaines des lois de l'église catholique. Ainsi, l'autorité ecclésiastique les appelait devant elle. Le frère Michel, moine de l'ordre des frères Mineurs, inquisiteur nommé par le pape, adressait des lettres missives aux autorités civiles afin qu'elles eussent à leur expédier sans délai tel juif qui avait quelquefois à répondre « devant l'inquisition de crimes énormes *(enormia)* commis contre la foi catholique (3). »

(1) Guil. Féraud, 4 des nones d'avril 1277.

(2) Bert. de Salinis, reg. du Palais, 22 décembre 1324.

(3) Arch. départ., BB. 1372.

Le signe distinctif qu'ils devaient porter et qui leur avait été imposé par les évêques fut modifié par le comte de Provence. Ainsi, en 1306, une ordonnance du roi Robert leur intima l'ordre de porter un bonnet jaune ou un morceau de drap de même couleur en forme de roue, les hommes sur la poitrine et les femmes sur la tête (1).

Les juifs de Marseille possédaient à cette époque une terre qui leur servait de cimetière et située à Mont-Juzieu (quartier de la Belle-de Mai), territoire de la ville supérieure. En 1318, les syndics de la communauté israélite, Isaac Morvan et Samuel Dieulocresche, payaient au roi pour la dite terre un cens annuel de 2 sous (2).

LX.

La Pêche et les Pêcheurs

Vers l'an 1300, les pêcheurs des villes hautes habitaient en général les maisons situées tout près du couvent de la Sainte-Trinité, non loin de la calanque de l'Ourse. On rencontre parmi les propriétaires de ce quartier : Jacques Auriol, Jean Fontaine, Pierre Cléricy et autres (3).

Naturellement les règlements, ordonnances ou criées relatifs à la pêche concernaient tout aussi bien les habitants des villes hautes que ceux de la ville inférieure. Mais ces documents étaient communiqués

(1) Giraud, *Histoire du droit français*..

(2) Arch. départ., BB. 819.

(3) Pascal de Mayranegis, *passim*.

aux divers conseils par le viguier ou par le juge. En général, les dispositions contenues dans les lettres émanant du comte, du sénéchal ou du viguier, faisaient l'objet d'une criée publique. Ainsi, en 1285, le crieur public s'en alla par les rues des villes hautes et fit savoir : « Ordre de notre seigneur le roi de Sicile et de son viguier, qu'aucune personne, de Marseille ou étrangère, ne pêche ni ne capte poisson dans la mer et district de Marseille, sous peine de 10 livres ou plus ou moins à la volonté de la Cour. Celui qui dénoncera le contrevenant aura vingt sous sur l'amende et son nom sera tenu secret (1). »

Comme on le voit, à cette époque la pêche était complètement interdite. Pour quelles raisons ? C'est ce que le mandement du roi ne dit pas.

Vers l'an 1300 autre ordonnance ou mandement (2). Par cet acte il est interdit aux pêcheurs de pêcher, prendre ou tuer les poissons de quelque manière que ce soit, au moyen de l'euphorbe *(lochoscla)* ou d'autres herbes vénéneuses *sive* poison, et de former une zone avec des filets ou autres instruments dans le but d'empoisonner *(toccicandi vel lochosclandi)* les poissons, sous peine, pour chaque pêcheur et pour chaque délit, de 10 livres, peine que la Cour pouvait augmenter ou atténuer. La personne qui dénonçait les délinquants touchait le tiers de la somme à laquelle ils étaient condamnés.

(1) « Mandamen es de nostre senghor lo Rei de Cezilia e de son viguier, que deguna persona privada o estranha, non pesqui ni prenna peis en tot lo mar ni el destrech de Marcella, sotz pena de des liuras o mais o mens, à voluntat de la Cort, e qui o accusara n'avia vint soutz et sera en celatz. » — 15 des kal. d'octobre 1285, reg. de P. Aycard.

(2) Le commencement de l'acte manque. On en trouve la fin dans le reg. de Pascal de Mayranegis pour l'an 1300, fol. 58.

En 1307, le roi Robert, alors à Marseille, signa des lettres patentes adressées au viguier par lesquelles il interdisait la pêche au moyen des filets dits « sardinaux », parce que l'emploi de cet engin nuisait à la reproduction (1).

Les pêcheurs marseillais, au commencement du XIVe siècle, avaient fait entre eux un pacte par lequel ils s'engageaient à ne pas pêcher les jours de dimanches et de fêtes sous certaines peines. Lorsque quelqu'un de ces travailleurs ne remplissait pas les engagements contractés, on prenait gage contre lui et l'on saisissait ses biens sans autre forme. L'autorité supérieure vit là, sans doute, une violation des lois générales et rendit, par l'organe du sénéchal, une ordonnance d'après laquelle le trésorier ne pouvait faire procéder à la vente des gageries provenant de la ville supérieure sans que la publication de la dite vente ait été faite dans cette même ville (2).

Enfin, en 1327, le roi Robert permit aux pêcheurs de la ville supérieure de pouvoir pêcher les dimanches et jours de fêtes comme le faisaient du reste, ceux de la ville inférieure (3) qui voulaient le leur interdire.

LXI.

Le couvre-feu

Dans la ville supérieure, après l'heure du couvre-feu, il était défendu aux habitants d'aller par les rues

(1) Arch. munic., EE. 27 mai 1307.

(2) *Idem*, BB. 23 octobre 1326.

(3) *Ibid.*, HH.

sans lumière. Les contrevenants étaient punis de peines très graves. Le Conseil se plaignit, paraît il, de l'exagération des dites peines et obtint de Philippe de Sanguinet, sénéchal, que ces mesures de police fussent un peu adoucies. C'est ce qui résulte d'une communication faite au Conseil dans la séance du 29 novembre 1339 (1).

LXII.

Les Taverniers

Les taverniers étaient assez nombreux dans la ville supérieure. On peu citer Jean Cremat et sa femme Saurine en 1285, Raymond Aycard qui, en 1295, était conseiller, Isnard Raymond en 1310, Jean de Lyon en 1315, etc. Ceux d'entre eux qui tenaient leurs établissements ouverts après l'heure du couvre-feu encouraient l'amende et même la prison, peines qui furent adoucies par Philippe de Sanguinet dans l'ordonnance visée ci dessus.

(1) Arch. mun., FF. 27.

FAITS ÉCONOMIQUES

LXIII.

La Monnaie

On vient de lire l'exposé forcément abrégé de la vie administrative. Le lecteur, croyons-nous, ne verra pas avec déplaisir quelques notes concernant la vie économique. Dans cet ordre d'idées, la première question à examiner est celle de la monnaie, pour laquelle, il faut le dire, les éléments n'abondent pas, tant s'en faut. On sait que les citoyens de la ville inférieure obtinrent à diverses reprises le droit de fabriquer des espèces ; mais ces concessions sont antérieures à l'époque qui nous occupe. Vers l'an 1300, on comptait en royaux. Or, quelle était la valeur de la livre de cette monnaie ? Nous sommes obligé, pour avoir une idée approximative de cette valeur, de rapporter ici les rares documents que nous avons recueillis et dans lesquels la livre de royaux se trouve comparée à la monnaie tournois dont la valeur intrinsèque a été mise en lumière par les travaux de Natalis de Vailly. De cette façon nous obtiendrons aussi la valeur des sous et des deniers au moyen desquels on comptait. On sait que la livre comprenait 20 sous et le sou 12 deniers.

On trouve qu'en l'an 1300 (1) 20 sous tournois étaient comptés pour 25 sous de royaux. Or, d'après les tables dressées par Natalis de Wailly, — tables qui indiquent la valeur intrinsèque de la livre tournois à diverses époques, c'est-à-dire la valeur que cette livre tournois aurait aujourd'hui — la livre tournois valait du mois d'octobre 1299 au mois d'avril 1302, 10 francs 65 centimes 6.211.676 ; le sou : 53 centimes 2.810.584, et le denier : 4 cent. 4.400.882. En conséquence, la livre de royaux valait, puisqu'elle était les quatre cinquièmes de la livre tournois : 8 fr. 52 c. 49, le sou : 42 c. 62, le denier : 3 c. 55.

En 1309 (2) on comptait 10 sous tournois pour 15 sous, 5 deniers de royaux ; 9 sous tournois d'argent valaient 13 sous 10 deniers royaux ; 19 sous tournois d'argent valaient 28 sous, 10 deniers, 2 oboles royaux. En 1309, le sou tournois d'argent valait donc 1 sou, 6 deniers et 1 obole de royaux (l'obole valait la moitié du denier). La monnaie tournois valait du mois d'avril 1308 au mois d'octobre 1310, la livre 17 fr. 74 c. 396, le sou 88 c. 7.198.046. La monnaie de royaux valait donc, la livre 11 fr. 43 c. 33. 80, le sou 57 c. 1.669, le denier 4 c. 7. 639.

En 1322, un tournois d'argent avec l'O rond valait

(1) Vente d'une maison située au bourg des Oliers, Jacques Lautard, not., 9 des kalendes de séptembre ; arch. mun., II. — Au mois de mars 1299, 224 livres de couronnés valaient 280 livres de royaux (Pascal de Mayranegis, 7 mars 1299). La livre de couronnés avait à cette époque à peu près la valeur de la livre tournois. Or, d'après Vailly, celle-ci valait en 1299, au mois de juin, 11 francs, 91 centimes, 6.680.314. Ce qui donne pour la livre de royaux : 9 francs, 53 centimes, 33.462.

(2) Extrait du compte des dépenses faites par Deodat, arch. mun., CC.

deux sous royaux (1). Or, d'après Ducange, le tournois d'argent valait à cette époque douze deniers, soit un sou tournois qui, dans les tables de Wailly, est évalué vers cette année à environ soixante-dix centimes. Le sou de la monnaie en usage à Marseille peut donc être taxé à cinquante-six centimes et la livre à onze francs vingt centimes.

En 1329 (2) un tournois d'argent de l'O rond est aussi compté pour deux sous royaux. Ducange (3) donne pour ce tournois vingt deniers et Wailly indique que le sou tournois, c'est-à-dire douze deniers, en décembre 1329 valait 45 c. 61.600. Les vingt deniers tournois valaient donc soixante-seize centimes environ qui étaient aussi la valeur de deux sous royaux. Un seul de ceux-ci valait donc trente-huit centimes. En résumé, la monnaie au moyen de laquelle on comptait à Marseille peut être évaluée à diverses époques comme suit. Elle valait :

En 1299, la livre : 9 fr. 53 c. ; le sou : 47 c. ; le denier : 4 c.

En 1300, la livre : 8 fr. 52 c. 49 ; le sou : 42 c. 62 ; le denier : 3 c. 55.

En 1309, la livre : 11 fr. 43 c. ; le sou : 57 c.; le denier : 4 c.

En 1322, la livre : 11 fr. 50 c. ; le sou : 55 c. ; le denier : environ 3 c.

En 1329, la livre : 7 fr. 60 ; le sou : 38 c. ; le denier : 3 c.

(1) Guillaume Raynaud, notaire ; arch. mun.

(2) Testament de Jean Blaise, dans les cahiers du dit Blaise, fol. 11 v. : arch. mun.

(3) *Glossarium*, au mot *Moneta*, p. 502, col. 3.

Il est certain que ces indications ne sauraient présenter d'une manière absolue la valeur de la monnaie qui était employée alors à Marseille ; elles ne peuvent que servir à donner une idée approximative, nous le répétons, du prix des marchandises faisant l'objet de transactions.

LXIV.

Impôts perçus par le Roi

Le roi percevait dans la ville haute divers revenus outre le produit du cens assis sur des maisons. En 1315 le cens perçu sur les maisons sous la directe du roi et situées dans l'île de Roquebarbe fournit deux livres, onze sous et une obole ; l'île de Saint-Antoine dix-neuf sous, quatre deniers ; celle de Saint Jacques-des-Epées une livre, dix-huit sous et dix deniers (1). En 1302, les criées produisirent la somme de cinquante-cinq livres (2) ; le produit des lattes s'éleva à deux livres, sept sous (3). Vers 1330, les blessures faites avec des armes étaient punies d'une amende de deux à trois livres au profit du roi ; les injures, d'une amende de cinq sous ; les voies de faits, dix sous ; un meurtre involontaire, six livres (4). On peut encore signaler les revenus perçus sur la vente des animaux, de l'huile, des herbages, des amandes, le ban, etc. La plupart de ces revenus étaient affermés. Les contri-

(1) Arch. départ., B. 1516.

(2) *Idem*, B. 1937.

(3, 4) *Ibid.*, B. 1940.

buables se plaignirent au roi des exactions que les fermiers commettaient assez souvent. Le roi essaya de mettre un terme à cette pratique (1).

LXV.

Le Cens

L'évêque, en vendant à Charles d'Anjou les haute, moyenne et basse justices, conserva ce qu'on appelait alors la seigneurie directe ou plus communément la *directe*, qu'il possédait en vertu de ses anciens titres.

La directe était un droit que le seigneur pouvait retenir alors qu'il cédait un fonds. « L'inféodation et le bail à emphythéose transportent au vassal et à l'emphytéote la propriété, ou domaine utile du fonds dont ils sont investis, et laissent à l'ancien propriétaire un droit de mouvance qui forme la seigneurie directe (2). » C'est-à-dire que la propriété ou fonds aliéné demeurait quand même sous la dépendance du seigneur direct, dépendance qui se traduisait de la part de l'emphytéote par le payement d'un cens, et une déclaration dans laquelle il reconnaissait être sous la mouvance du dit seigneur. Cette déclaration était appelée reconnaissance. Le cens se payait en général chaque année, en espèces ou en nature. Nous laissons de côté les autres droits féodaux. Il n'est pas inutile de dire cependant que les eigneur possédait la faculté d'aliéner le cens à une tierce personne tout

(1) Lettre de Charles II, 18 janvier 1291 ; arch. mun.

(2) *Jurisprudence observée en Provence sur les matières féodales.*

en conservant la seigneurie directe qui était constatée par la reconnaissance que chaque nouvel emphytéote devait passer, de telle sorte que trois personnes pouvaient avoir des droits différents sur le même fonds, à savoir : le seigneur direct, le censier et l'emphytéote et, dans le cas où l'on donnait le fonds en emphytéose perpétuelle, comme l'emphythéote perpétuel remettait quelquefois son fonds à un locataire, quatre personnes jouissaient de droits différents.

L'évêque de Marseille percevait le cens sur un grand nombre d'immeubles situés dans la ville supérieure et dans le territoire. Presque toutes les rues et quartiers contenaient quelques maisons ou quelques propriétés rurales qui lui payaient cette redevance. L'état des cens dressé en 1341 (1) par le trésorier de l'évêché donne le nom des îles de rues, exemples : les îles de Guillaume Sarde, située devant le palais épiscopal, de Guillaume André, dans laquelle se trouvait la rue des Icardens, l'île de l'Annonerie, celles de Béreinger Hugolin, de Roquebarbe, de Saint-Jacques-des-Epées, de Malaucène, de la Porte Gallique, etc. ; enfin, dans vingt-huit îles de maisons et dans quarante-huit quartiers suburbains tels que Arenc, les Crottes, la Pinède, les Aygalades, Séon, etc. Le montant de chaque cens variait pour ceux qui étaient perçus dans la ville de deux deniers à dix sous six deniers, et pour ceux des quartiers ruraux de un denier à soixante-deux sous.

Voici les totaux des sommes encaissées durant l'année 1341 par l'évêque et provenant de la perception des dits cens :

(1) En 1340, Pons Fabre était clavaire de la cour épiscopale. *Livre noir*, fol. 53 v.

Produit des cens assis sur les maisons situées dans l'enceinte de la ville : 25 L. 5 s. 5 D.

De l'église du Rouet : 12 D.

De l'église de Saint-Lazare (une obole d'or) : 20 s.

Produit des cens assis sur les immeubles situés dans le territoire de Marseille : 253 L. 4 s. 3 D. 3 P.

Plus, pour toutes les possessions que Bérenger de Borbon (dominus Berengarius de Borbono) avait à Baume-Maynard (quartier des Aygalades) : 1 D.

Total : 279 L. 10 s. 9 D. 3 P.

Outre ces 279 livres, 10 sous, 9 deniers et 3 piles, l'évêque percevait de l'église Saint-Martin, trois livres de cire *(III libras candelarum cere)* ;

Trois autres livres de cire de l'église du Temple ;

Pour la vigne de Saint-Martin : deux fers à cheval avec leurs clous ;

De divers censitaires 14 charges *(saumata)* et demie et 27 corbeilles de raisins, 4 lapins et 6 clous *(clavellos ferrados)*.

L'évêque n'était pas le seul à toucher des cens dans la ville supérieure. Un nombre assez important d'autres personnes jouissaient aussi de ce droit. Comment l'avaient elles acquis ? Beaucoup à la suite d'achats. Quelques-unes les possédaient sans doute à titre gracieux ou à la suite de quelques services rendus au seigneur direct. Quoi qu'il en soit, voici les noms connus de celles qui percevaient aussi des cens dans la ville supérieure :

Candole, sur une maison située à la rue Saint-Jacques-des-Epées (P. Aycard, reg. du Palais de 1286, 1er juillet).

Hugues Alaman et Vivaud Conques, chevalier, rue de l'Annonerie (Pascal de Mayranegis, déc. 1305),

Jean Sarde, damoiseau, rue Fontaine-de-l'Annonerie (Pascal de Mayranegis, 2 mars 1307).

Cécile, épouse de Jean Saumerive, rue des Icardens.

Guigues de Châteauneuf, rue Locuste (Pascal de Mayranegis, 26 mai 1306).

Guillaume de Jérusalem, rue des Icardens (Raym. Jauceran, 27 septembre 1310, couverture du registre d'Augier Aycard, de 1344).

Baucian Baucian, rue Roquebarbe (Pascal de Mayranegis, 6 février 1300).

Pierre de Cépède, rue de la Muette (Bernard Blancard, 17 juillet 1325).

Cécile Audoard, rue de l'Annonerie (Pascal de Mayranegis, 7 mars 1308).

Bertrand de Lauris, rue Saint-Jacques-des-Epées (Pascal de Mayranegis, 1299, f. 9 v.).

Bernard Garnier, quartier de Roquebarbe et autres (Reg. des cens du dit Garnier, arch. mun.).

La Cour royale de la ville supérieure, maisons près l'église Saint-Antoine (Pascal de Mayranegis, février 1305, Pierre Aycard, 6 des ides de juin 1286).

Maria de Montolieu, épouse de Guillaume de Montolieu, chevalier, plusieurs maisons rue de l'Echelle (G. Féraud, reg. du Palais, mars 1321).

Les cens assis sur les immeubles situés dans la ville prévôtale étaient perçus par :

La Prévôté dans les rues sillonnant le quartier de Château-Babon, rue du Four-du-Chapitre, rue de la

Sainte-Trinité, rue Paul Carrère, les Sueilles-du-Marché (Pascal de Mayranegis, *passim).*

L'Œuvre, dans les rues Baucian, de la Pierre-de-l'Image, rue Droite, rue Gallique, près de la cour de la Prévôté, etc. *(Idem, ibid.).*

Pierre Boniface, à Château Babon *(Idem,* 6 des ides de juin 1295).

Béatrix Rostang, rues d'En-Prudhomme et de la Figuière (Guillaume Féraud, 10 des kalendes de décembre 1284).

Le couvent de la Sainte-Trinité, au quartier de l'Ourse (Pascal de Mayranegis, 19 mars 1308).

Bertrand de Lauris, rue située derrière le four d'En-Prudhomme (Pascal de Mayranegis, 1299, f. 9 v.).

Nous arrêtons là cette liste qui n'a été dressée que pour signaler la multiplicité des seigneurs censiers dans les villes hautes.

LXVI.

La Dime

On sait en quoi consistait cette imposition. A Marseille elle était perçue par l'évêque tant dans la ville épiscopale que dans la ville vicomtale avant que la seigneurie passa aux mains du comte de Provence. Vers 1263 les Marseillais protestèrent contre cet impôt. Une certaine agitation régna dans les cités ; on opposa la résistance aux prétentions de l'évêque qui lança alors l'excommunication contre les personnes qui publiaient, disaient et enseignaient de ne point payer la dime. Les citoyens de Marseille basaient leur refus sur un compromis « amabilis compositio », passé entre un des chefs de l'Eglise marseillaise et les habitants compromis d'après lequel ils se trouvaient exonérés de cette charge. Mais le prélat Durand, qui siégeait au palais épiscopal en 1295, ne voulait pas, paraît-il, tenir compte de l'acte accompli par son prédécesseur et exigeait le paiement de la dîme en vertu, disait-il, des lois canoniques. Il fulmina contre ceux qui ne la payaient pas entièrement. Néanmoins les citoyens ne se soumirent pas. Ils protestèrent alors par les voies légales contre les prétentions épiscopales. Les conseils des trois villes, inférieure, supérieure et prévôtale se réunirent séparément et chacun d'eux nomma un ou deux commissaires avec mission de défendre les droits des citoyens. Le conseil de la ville supérieure délégua dans ce but Jean de Servières et Jacques Aubin (1). Le conseil de la ville prévôtale désigna « noble » Barthélemy de Nefs, avec mandat d'épuiser toutes les juridictions, c'est-à-dire d'aller devant l'archevêque d'Arles, le collège des cardinaux et même devant le pape (2).

Cette affaire demeura pendante durant de longues années. Enfin, vers 1330, une transaction intervint entre les cités de Marseille, l'évêque et le chapitre. Ceux-ci renoncèrent aux droits qu'ils prétendaient posséder de percevoir la dîme. De son côté Marseille leur donna « des bois, terres cultes et incultes et jar-

(1) Arch. mun., BB., 29 octobre 1295. — *Antiquité de l'Eglise de Marseille*, p. 252.

(2) *Idem, ibid.*, 8 des ides de novembre 1295. Le Conseil de la ville inférieure nomma Pierre de Saint-Jacques et Raymond Anselme, avec pouvoir de défendre en cour de Rome contre les prétentions de l'évêque Durand de Marseille qui réclamait la dîme. Arch. mun., BB., 28 novembre 1295.

dins hors la ville et ses limites d'où l'Eglise de Marseille retirait de grands revenus tant en directes qu'autrement (1). » Telle est la solution que reçut cette affaire qui avait agité les esprits presque pendant un siècle, ce qui n'empêcha pas néanmoins l'Eglise de Marseille de faire plus tard tous ses efforts pour ressaisir un droit cédé par elle contre des revenus équivalents (2).

LXVII.

PRIX DES IMMEUBLES. — VENTES DE MAISONS

1295. Juin. — Vente d'une maison située à Château-Babon, *cent sous.*

Juillet. — Vente d'une maison rue des Fileuses (*Filosarum*), *sept livres.*

Août. — Vente d'une maison située rue R. Alexandre, *dix livres.*

(1) Cette transaction fut dressée par les notaires Bertrand Lingoste et Guillaume Imbert. Elle est rappelée dans un acte d'arbitrage du 3 janvier 1374 rédigé par le notaire Etienne Venaissin, et traduit en français dans le cinquième registre, f. 189 du n° 7 bis. Arch. mun., AA.,

(2) Malgré cette transaction, ainsi que le texte ci-dessus l'indique, les autorités ecclésiastiques essayèrent de faire revivre en leur faveur le droit de percevoir la dîme. La ville dut, en 1374, acte du 3 janvier, soumettre la question à l'arbitrage de « seigneur Hugues, cardinal de la Sainte Eglise romaine, avec nobles personnes sieurs Jean de Monte et Jacques Colomera, jurisconsultes et avocats » qui décidèrent que « les dits seigneurs évêque et chanoines ne pouvaient plus aujourd'hui légitimement renouveler et répéter la dîme attendu que depuis plus de quarante ans la ville de Marseille avait été exemptée de la payer par de bons et justes titres ». L'Eglise de Marseille adhéra à ces conclusions. Cependant elle souleva plus tard de nouveau cette question ainsi que le prouve un acte de 1475 inséré dans le *Livre Noir*, f. 161.

Vente d'une maison située rue Pierre-de-l'Image, *six livres*.

Novembre.— Vente d'un cazal situé dans la ville prévôtale, *cinquante-cinq sous*.

Vente d'une maison située rue Sainte-Françoise, *douze livres*.

1296. Avril.— Vente d'une maison rue du Vieux-Marché-de-Château-Babon, *cent sous*.

Vente d'une maison située sur la place devant la Pierre-de-l'Image, *seize livres, dix sous*.

Vente d'une maison située rue Corderie-de-Château-Babon, *cinquante sous*.

Octobre.— Vente d'une maison située vers la Porte Gallique, *soixante sous*.

1298. Avril. — Vente d'une maison avec jardin, situés vers le Champ à Fourrage du Four, *douze livres, dix sous*.

Juillet.— Vente d'une maison rue Droite, allant à la Sainte-Trinité, *trente livres*.

Août.— Vente d'une maison située rue Droite, près de la Pierre-de-l'Image, *dix-huit livres*.

Janvier.— Vente d'une maison rue de la Corderie-de-Château-Babon, *cent sous*.

1299. Décembre.— Vente d'une maison située rue du Four-d'En-Prudhome, *cent sous*.

Juillet.— Vente d'une maison située rue de la Corderie-de-Château-Babon, *soixante-dix sous*.

Octobre.— Vente d'une maison située à la Porte Gallique, *quatre livres*.

1300. Octobre.— Vente d'une maison de trois étages *(casale in quo esse solebant tres domus seu tres stagia)*, près l'église Saint-Antoine, *soixante sous*.

1307. Mai.— Maison située aux Sueilles-du-Marché, *soixante sous.*

Juillet.— Maison située rue Droite-de-la Pierre-de-l'Image, *quinze livres.*

Septembre.— Un jardin près de la Sainte-Trinité, *six livres.*

Mars.— Vente d'un atelier de mégissier, près la mer du Titol, *quatorze livres, dix sous ;* et un autre, *dix livres, dix sous.*

1308. Septembre.— Maison située dans la traverse Jean Alexandre, *treize livres.*

Octobre.— Une maison rue Droite de-la Pierre de-l'Image, *vingt-cinq livres.*

Mars.— Evaluation d'une maison rue de l'Annonerie, *vingt livres.*

1320. Avril.— Maison située dans le rue de la Porte Gallique, *vingt-cinq livres.*

1325. Juillet.— Maison et champ situés rue de la Muette, près la Porte Gallique, *quarante sous.*

LXVIII.

Ventes de Terres

1295.— Vente d'une terre de dix émines environ, située au quartier de Saint-Julien, lieu dit Gaudissart, *trente sous.*

1298. Avril.— Vente d'une vigne de deux quarterées, située à Séon, quartier de Riau, *douze sous.*

Vente d'une vigne de trois quarterées et quatre-vingt destres, située à Séon, sur le chemin, *quinze sous.*

1299. Janvier. — Vente d'une vigne de cinq quarterées et demie environ, située à Séon, au quartier de l'Eperon, *quatre livres, dix sous.*

Vente d'une vigne de trois quarterées et demie, au même lieu, *cent sous.*

Février. — Vente d'une vigne de trois quarterées et dix-huit destres, au même quartier, *quatre livres.*

Décembre. — Vente d'un jardin de deux quarterées environ, située à Saint-Baudile, quartier de Saint-Bazile, *six livres, dix sous.*

1300. Septembre. — Vente d'une terre de onze quarterées et vingt-trois destres, située à Barnassot, quartier de Sainte-Marthe, *vingt-deux livres.*

Juin. — Vente d'une vigne de deux quarterées et douze destres et demie située sur la côte du monastère de Syon, en deçà de la plaine Saint-Michel, à raison de trente livres la quarterée, *soixante-deux livres, douze sous.* La quarterée mesure environ cent-quarante destres.

1308. Janvier. — Vente d'une terre d'une quarterée et demie moins trois destres, située aux Garbiers, quartier de Saint-Charles, *douze livres.*

1320. Avril. — Vente d'une terre d'environ deux quarterées, située à Plombières, *dix-huit livres.*

Juin. — Vente d'une vigne d'environ quatre quarterées, située à la Cavalerie-Supérieure, Montolivet, *quarante livres.*

Octobre. — Terre d'une quarterée, à Mont-Juif, Saint-Charles, *quatorze livres.*

LOCATIONS DE MAISONS

1295. Juillet. — Location d'une maison située rue Droite, *six livres par an*.

1306. Janvier. — Location d'une maison située rue des Ingariennes, dans laquelle maison, le locataire Guillaume Colomb, savetier, pouvait loger avec toute sa famille, *dix sous par an*.

LXIX.

VENTES DE MAISONS DANS LA VILLE INFÉRIEURE

Afin de permettre au lecteur de comparer la valeur des immeubles situés dans les villes hautes avec celle des immeubles de la ville inférieure, nous donnons le prix de vente de quelques maisons dans cette dernière ville.

1301. Janvier. — Vente d'une maison située rue Lancerie, *cent cinquante livres*. (P. Elséar, not.).

1324. Septembre. — Vente d'une maison située rue des Forestiers, *vingt-cinq livres*. (P. Blancard, not.).

1325. Mars. — Vente d'une maison située rue Lancerie, *cent livres*. (Idem).

Août. — Vente de la moitié d'une maison située rue de l'Orfèvrerie, *soixante cinq livres*. (Idem).

Octobre. — Vente de deux maisons contigues situées sous le Marché de la Mer, *cent vingt livres*. (Idem).

Vente d'une maison située rue de la Poissonnerie, *cinquante livres*. (Idem).

1332. Mars. — Vente d'une maison située rue Lancerie, *cent livres*. (Idem).

1338. Février. — Vente d'une maison rue de l'Orfèvrerie, *cinquante livres*. (Idem).

Location

Jean Blaise prit en location la grande boutique du Temple à partir de la Saint-Michel 1335 et paya de ce chef, au clavaire, pour une année, *deux livres, quinze sous*.

LXX.

Prix de Marchandises

Extrait d'un compte de Pierre Déodat, trésorier de la ville inférieure en 1309 :

Quatre millerolles de vin acheté à Ceyreste, trente-six sous ; une perdrix, huit deniers ; un petit cochon, quatre sous, sept deniers ; six moutons, soixante-six sous ; pour tuer et apprêter lesdits moutons, dix-huit deniers ; quinze millerolles de vin, quarante sous ; pour la garde d'une barque pendant une nuit par six gardiens, à raison d'un tournois à chacun, neuf sous trois deniers. Le tournois valait un sou, six deniers et demi.

Prix provenant de l'estimation des biens de Pierre Bonnet, jardinier, sur la demande d'Azéma Astrèges (Pascal de Mayranegis, 23 juin 1306).

Deux fûts, dix sous ; une jarre, cinq sous ; un broc pour l'eau, douze deniers ; une fourche en fer, dix deniers ; une pelle en fer, dix deniers ; onze coffins (*cofinos*, panier), huit deniers ; un pressoir (*truelh calcandi),* deux sous ; un « calen », six deniers ; deux poëles, deux sous ; une lanterne, six deniers ; un frein, six deniers ; un trépieds, huit deniers.

Vente à l'encan, 16 mars 1278, des biens provenant de l'héritage d'Etienne Civate, drapier (Féraud Guillaume, notaire) :

Une pièce d'étoffe rayée, de Provins, mesurant sept cannes à vingt-trois sous la canne, neuf livres, quatre sous ; une pièce de serge, de Beaucaire, huit cannes et une palme à douze deniers la canne, huit sous, un denier ; sept palmes noirâtre de Chalons, vingt sous ; cinq palmes de drap vert de Chalons, quinze sous ; une palme de drap rouge de Gens, vingt deniers ; une palme de blanc de Narbonne, dix-huit deniers ; une palme brunette de Narbonne, dix-huit deniers ; deux palmes d'étoffe rayée rouge, quatre sous ; une canne et deux palmes saye d'Elne étroite, treize sous, six deniers ; cinq palmes camelot (camelin) de Chalons, sept sous, six deniers ; une canne et demie d'Albenga, trois sous, trois deniers ; une pièce Cendal jaune, médiocre (six cannes et cinq palmes à sept sous, un denier la canne), quarante-six sous, dix deniers ; trois cannes et six palmes Cendal rouge médiocre (sept sous, six deniers la canne), vingt-huit sous six deniers ; six palmes Cendal vert uni, trois sous ; une canne Cendal noirâtre uni, quatre sous ; six palmes Cendal jaune uni, trois sous ; un écrin, sept sous ; deux bancs, douze deniers ; une échelle, dix-huit deniers ; deux cannes pour mesurer le drap, douze deniers ; une table appelée « montre » de boutique de drapier, trois sous ; un vase vide pouvant contenir environ dix-neuf millerolles, dix-huit sous, un denier ; un vase pouvant contenir environ sept millerolles et dans lequel se trouvaient près de quatre millerolles de vinaigre, le tout dix sous, deux deniers ; trois vases pouvant contenir douze millerolles, douze sous ; une caisse pour tenir la farine, six sous ; une auge, douze deniers et obole ; une selle pour aller à cheval (brisée), trois deniers ; neuf boucliers, quatorze sous ; une selle d'équitation en mauvais état, treize deniers ; un frein, deux sous ; une grande éponge, quatre deniers ; un chevallet, dix sous ; deux capelines de fer, trois sous ; un chapel de fer, trois sous, dix deniers ; un coffre *(archibancum)*, huit sous ; une cage de perroquet, trois sous, trois deniers ; trois arcs turcs sept sous ; une vieille épée, onze deniers ; un carquois turc, deux deniers ; un brassard, cinq deniers ; une armoire ou coffre de noyer, soixante sous ; une table qui sert à prendre les repas et deux pieds de table, cinquante-un sous ; cinq matelas de vieux coton, quarante sous ; cinq coussins d'Alexandrie, cinquante sous, deux deniers ; deux chaises, huit sous, un denier ; une couverture vieille, de renards, huit sous ; une coupe en argent, avec pied, cent sous, neuf deniers ; une couverture de soie rouge, sept livres ; deux draps de lit de toile fine de Reims soixante-seize sous ; sept candélabres de cuivre, sept sous, un denier ; une bourse de soie, deux sous, neuf deniers ; treize draps de lit de chanvre, vingt-cinq sous, sept deniers ; sept essuie-mains de chanvre, neuf sous, deux deniers ; huit nappes, vingt-sept sous, un denier ; une poele, trois sous, sept deniers ; un petit chaudron de cuivre, deux sous, trois deniers ; une table ronde, quinze deniers ; cinq boutons d'ambre, dorés, sept sous, six deniers ; une petite cuve servant à saler la viande, sept deniers ;

deux mortiers et deux pilons, dix huit deniers ; une chaufferette de cuivre, deux sous.

A propos de l'inventaire des meubles laissés par Etienne Civate, drapier, deux autres pièces, écrites par les notaires Pierre Colombier et T. Sobrassier, furent produites. Elles contiennent l'énumération de certains objets vendus à divers particuliers. Comme plusieurs articles sont répétés et d'autres sont sans importance, on ne trouvera ici que les plus intéressants.

Vendu à : Jean Roubaud, une couverture noirâtre, dix sous ; Mosse Cervel, deux draps de lit, neufs, neuf sous ; Etienne Auras, une nappe neuve, quatre sous ; Guillaume de Balme, une couverture de toile, neuve, cinquante-un sous ; Hugues Michel, une couverture pourpre, dix sept sous, deux deniers ; Etienne Julan, une couverture blanche, de toile, trente sous ; Augier de Mer, une paire de draps de lits, huit sous, huit deniers ; Bonizos, fils de Parat, une couverture serge rouge, cinquante-cinq sous ; Etienne Vilhar, moitié d'une pièce de barracan, dix sous ; le vicaire des Accoules, une nappe presque neuve, trois sous, huit deniers ; done Guillaumette de Balme, une table de noyer avec les « tabulonis », quarante-cinq sous, six deniers ; Guichard, barbier, un garde corps avec capuchon de mêle *(mesclus)*, vingt sous, six deniers ; Guillaume Eguesier, une nappe neuve, six sous, six deniers ; Samuel Pampelune, juif, une paire de draps de lit, dix sous six deniers ; Hugues Blanc, une paire de chaussures de brunette (drap brun grossier), huit sous ; Abram de Nimes, une paire de draps de lit, dix sept deniers ; P. de Nadal, un garde-corps noirâtre pour homme, avec capuchon et plumes, cinquante sous ; R. de Moriers, une selle d'équitation, trois sous, six deniers ; done Guil. de Balme, deux essuie-mains, vingt-deux deniers ; Jacques de Roussillon, deux capuchons verts, quatre sous ; Guillaume Jean, notaire, deux essuie-mains, deux sous, cinq deniers ; Etienne Auras, trois freins, dix-neuf deniers ; Guil. Chabert, une ceinture *(toaihola)*, onze deniers ; Mossel, juif, une petite table servant aux repas, deux sous ; Jacques Nicolas, pour un demi quintal de bois, quinze sous ; pour six onces et demie de petites olivettes de corail, douze sous.

* *Les articles suivants, où le notaire n'est pas indiqué, sont extraits de Pascal de Mayranegis :*

1295. Août. — Vente d'un mulet au poil noir, six livres.

Décembre. — Vente d'un mulet au poil brun, trente sous ; vente d'une mule, cinquante-cinq sous.

1302. — Le vin valait dix-sept sous la millerolle.

1341. — L'émine de blé valait trois sous.

Le prix du lapin est fixé à trois sous, six deniers (Etat des censes de l'évêque).

1342. — Trois corbeilles *(banastons)* de sardines sont fixées au prix de quinze sous. (P. Giraud, not.).

Extraits des cahiers de Jean Blaise, médecin, de 1333 à 1387 :

La millerolle d'huile, cinquante-trois sous ; six muids et cinq panaux de tan de blanquiers, à cinquante-cinq sous le muids, dix-sept livres, un sou ; pour porter et mettre en magasin le dit tan, quatre sous, six deniers ; pour mesurer, un sou, un denier ; pourboire au mesureur, un demi denier ; pour le courtier, un sou ; une drachme de musc, quatre sous ; quarante-une peaux de mouton et deux autres peaux qui coûtèrent, mises en magasin, quarante-deux sous, deux deniers ; pour les faire tondre, vingt deniers : deux peaux furent vendues deux sous et quarante-une treize sous, huit deniers ; il y avait quatre-vingt-neuf livres de laine qui furent vendues à raison de trente-deux sous le quintal ; huit émines de seigle à sept sous, deux livres, seize sous ; pour le courtier qui le fit vendre, six deniers ; sept émines et une usine *(uchina)* d'avoine à raison de onze sous et six deniers l'émine, quatre livres, huit sous, six deniers ; le 26 juillet 1335, achat d'avoine à raison de neuf sous l'émine ; le 8 août suivant achat d'avoine à raison de sept sous l'émine ; le mercredi 11 novembre 1334, Jean Blaise fit tailler les arbres de son plant de vignes de l'Espitalet, par quatre hommes qui eurent chacun dix-huit deniers, six sous ; à une femme pour lier les sarments, six deniers ; le prix de louage d'un âne pour porter deux charges de sarments s'élevait à huit deniers ; à quinze hommes qui bêchèrent pendant trois jours, vingt-deux sous, six deniers ; à deux hommes qui retaillèrent le dit plant le 7 mars, quatre sous, quatre deniers ; le même jour, à sept hommes, pour biner, chacun vingt-deux deniers, et le lendemain six hommes à vingt trois deniers, vingt-quatre sous, quatre deniers ; à quatre hommes pour bêcher une autre vigne pendant un jour, six sous ; à un homme pour semer pendant deux jours, quatre sous, quatre deniers ; gages annuels d'une domestique, quarante sous ; le 20 juillet 1335, achat de vingt-une peaux de boucs qui furent comptées pour vingt à raison de quatre sous, six deniers la pièce, quatre livres, dix sous ; le même jour, achat de vingt-une peaux de jeunes chèvres à raison de trois sous, quatre deniers la pièce, deux livres, dix sous ; le lendemain, achat de septante-huit peaux de jeunes chèvres à raison de dix-neuf livres le cent, sept livres, deux sous, six deniers ; le 2 septembre 1335, achat de vingt-six émines de charbon à raison de cinq sous l'émine, six livres, dix sous ; pour mesurer et porter au magasin le dit charbon, quatre sous, quatre deniers ; le 6 septembre, achat de dix émines de charbon à raison de trois sous et huit deniers l'émine, trente-six sous, huit deniers ; le 5 septembre, achat de dix-huit émines d'amandes à sept sous, quatre deniers l'émine, six livres, douze sous ; le 13 septembre, achat de cinq émines d'amandes à sept sous, six deniers l'émine, trente sept sous, six deniers.

LXXI.

Intérêt de l'Argent

Dans une ville de commerce comme Marseille, il est incontestable que les opérations de banque avaient pris un grand développement. On y rencontre, en effet, beaucoup de banquiers ou changeurs tant dans la ville vicomtale que dans les villes hautes. Les opérations de dépôts et de prêts étaient nombreuses (1). Les riches particuliers prêtaient aussi de l'argent. Le médecin Jean Blaise était en compte avec André Hugolin, banquier (2). Mais les actes ne nous renseignent pas sur le taux de l'intérêt auquel ces prêts se pratiquaient.

(1) L. Blancard, *Documents inédits sur le Commerce*, etc.

(2) V. les notes biographiques d'André Hugolin.

Cependant il n'est pas impossible de savoir quel était le revenu de l'argent dans des placements d'une espèce particulière. Il s'agit du produit des cens. Par la comparaison de la somme que l'on donnait pour l'acquisition du cens payé par un immeuble, on peut connaître le taux de l'intérêt de l'argent car, ainsi qu'on l'a vu plus haut, ce produit se vendait et s'achetait tout comme une maison ou une terre. Il était matière à échange.

Les ventes suivantes permettent d'atteindre ce but. En 1311 (4 des ides de novembre), Bernard Garnier achète à Jean Granelli 12 sous 6 deniers de royaux de cens assis sur une maison située « in suburbis dicto de Morerio » au prix de 15 livres de royaux, soit au 4,16 0/0.

En 1315 (6 janvier), le même achète à Pierre Arnoux 48 sous de royaux de cens assis sur trois quarterées et quart de vigne situées aux Molières (quartier de Menpenti), au prix de 50 livres, soit au 4,80 0/0.

En 1322 (18 août), le même achète à Guillaume Guifredi 23 sous de royaux de cens assis sur 6 quarterées de terre situées au Chemin Traversier, au prix de 30 sous de royaux, soit au 3,83 0/0.

En 1329 (10 novembre), le même achète à Béatrix de Thoron, fille de feu Hugues Amiel, 16 sous de royaux de cens assis sur une maison située au lieu dit les Gibelins (quartier de la Capelette) au prix de 16 livres de royaux, soit au 5 0/0.

En 1304 (4 août, notaire Augier Aycard), Etienne Repelin achète à Nicolas André 3 sous, 2 deniers de cens assis sur un verger situé près de la rue des Repelins au prix de 40 sous, soit au 5,625 0/0.

On pourrait multiplier ces exemples, mais, ceux qui précèdent, suffisent pour indiquer le taux de l'intérêt, au moins pour ce genre de placement.

LXXII.

Conclusion

Ce travail, qui touche à son terme, ne présente pas, ainsi qu'on a pu malheureusement le constater, l'histoire des deux villes hautes de Marseille. Un grand nombre de détails font défaut. Cependant, tel qu'il est, il permet de suivre pendant près d'un siècle, la vie de deux agglomérations distinctes, non par la nature des choses, mais par le droit féodal, contre lequel le désir, la volonté des citoyens qui les composaient n'avaient pu prévaloir pendant longtemps; par le droit féodal dont les seigneurs respectifs étaient investis et desquels l'intervention dénaturait souvent le caractère des idées qui agitaient ces deux villes. Souvent, des intérêts communs à tous les habitants de Marseille leur paraissaient être particuliers à une des trois villes, souvent les intérêts de l'une paraissaient opposés à ceux des autres.

Les citoyens avaient senti cette anomalie dès les premiers jours où les communes naquirent à la vie. Ils s'étaient efforcés de la faire disparaître par la réunion des trois villes, ainsi qu'on l'a vu au début de ces pages. Mais en vain.

Les villes hautes de Marseille restèrent donc séparées de la ville basse. Les causes de ce particularisme ne sont qu'en partie connues. Il est certain que les résistances opposées par le chapitre pendant longtemps à la cession de la moyenne et basse justice qu'il possédait sur la ville prévôtale y sont pour beaucoup. Mais il est possible, en même temps, que l'épiscopat, qui avait cédé la seigneurie de la ville des Tours parce qu'il ne pouvait pas agir autrement songeât à la reconquérir. Les protestations qui s'élevèrent, vers 1267, contre la cession permettent cette hypothèse. Dans ces conditions, l'épiscopat pouvait user de son influence sur les habitants de la ville des Tours afin qu'ils restassent dans la situation créée par l'acte de 1257. D'autre part, comme le comte de Provence ne s'était pas emparé de la ville basse sans difficultés ni sans grandes dépenses et qu'il savait que les trois villes réunies pourraient certainement lui opposer une force beaucoup plus grande que celle contre laquelle il avait eu à lutter lors de son entreprise envers Marseille, dans le cas d'une tentative d'émancipation de la part des citoyens marseillais, il crut, sans doute, de meilleure politique de ne pas proposer cette réunion. Quoi qu'il en soit, les trois villes demeurèrent, jusque vers le milieu du XIVe siècle, sans autres liens entre elles que ceux qui résultaient de la possession par le comte de Provence de la haute seigneurie et les conventions passées au XIIIe siècle entre la ville vicomtale et l'Eglise.

Depuis plusieurs années les esprits s'étaient apaisés à Marseille. Les citoyens de la ville basse ne manifestaient plus aucune velléité de revenir au gouvernement républicain ; ils donnèrent au contraire de nombreux gages de fidélité aux représentants du pouvoir souverain. Les chapitres de paix de 1262 furent respectés de part et d'autre. La reine Jeanne compris que l'autorité centrale ne craignait plus rien de la part des Marseillais ou, tout au moins, elle sentait son pouvoir assez fort pour maintenir l'ordre dans Marseille alors même que les trois villes n'en formaient plus qu'une. Déjà, en 1343, le territoire soumis à la Prévôté avait perdu son organisation particulière à la suite de la vente faite aux enchères, par le chapitre, de la moyenne et basse justice qui furent adjugées à l'autorité comtale, celle-ci ayant offert le prix le plus élevé, soit une somme de 2.300 florins d'or de Florence (1) A partir de l'époque de cette cession les territoires de la ville prévôtale et de la ville supérieure ne formèrent plus qu'une seule et même ville régie par la même administration jusqu'en 1348. Le juge de la cour de la ville supérieure porta pendant environ ces cinq années le titre de « juge et bailly »

Cette réunion de la ville prévôtale à la ville des Tours n'améliora pas d'une façon satisfaisante, paraît-il, la situation des habitants. En effet, depuis quelques années un grand nombre d'entre eux transféraient leurs domiciles dans la ville basse, soit qu'ils y trouvassent plus de libertés, soit parce que le commerce et l'industrie eussent là plus d'importance. Quoi qu'il en soit, en présence de cette émigration quotidienne, les syndics de la ville supérieure s'émurent. Ils exposèrent ces faits à leur souveraine, la reine Jeanne. Ils la supplièrent de faire cesser cet état de chose qui ne pouvait prendre fin que par la concession aux habitants des mêmes libertés, privilèges, immunités et franchises dont jouissaient les citoyens de la ville

(1) *Antiquité de l'Eglise de Marseille*, p. 487.

basse. La reine Jeanne se rendit à ces raisons et, par ses lettres-patentes du 3 janvier 1348 *(v. s.)*, elle décida que les habitants de la ville supérieure et de son district, hommes et femmes, jouiraient désormais des mêmes libertés, franchises, droits, chapitres de paix, statuts et bons usages que ceux de la ville basse et qu'à partir de ce jour les trois anciennes villes de Marseille, celle de la Prévôté, celle des Tours et celle des vicomtes, n'en formerait plus qu'une. Ces lettres patentes furent présentées par Pierre de Jérusalem et Isnard Eguesier, citoyens marseillais, au sénéchal de Provence, Raymond d'Agout, qui ordonna par des lettres closes adressées au viguier de la cour royale de la ville vicomtale que les dispositions édictées par la reine Jeanne fussent observées et appliquées comme le demandaient ces deux citoyens de Marseille, ce que les autorités locales exécutèrent.

Ainsi finirent les villes hautes et fut constituée la ville et cité de Marseille avec une seule administration qui défendit pendant plusieurs siècles les libertés et les franchises locales contre les entreprises et les empiétements du pouvoir comtal et ensuite du pouvoir royal. Cette unité administrative dont on a attribué l'initiative à l'autorité comtale fut l'œuvre des citoyens marseillais de 1348 comme l'établissement d'une seule commune libre aurait été, au commencement du XIIIe siècle, l'œuvre des citoyens marseillais inspirés alors des idées républicaines, si les évêques de Marseille du XIIIe siècle n'avaient empêché en se servant des armes des comtes et des seigneurs féodaux, la réalisation de cette pensée pour laquelle souvent les Marseillais donnèrent leur argent et versèrent leur sang.

BIOGRAPHIES DES CONSEILLERS

CONSEILLERS DE LA VILLE DES TOURS

LXXIII.

ALBERT GUILLAUME - AYMON JEAN

ALBERT (Guillaume), tailleur de pierres.

Il fut conseiller en 1295 et était qualifié de *magister lapidum*.

Il possédait une vigne située au quartier de Mont-Juif, vigne qu'il vendit à Pierre Delgade, notaire. Sa femme se nommait Jeanne Peylier (1).

ALOYS (Pierre), conseiller en 1285 et en 1295.

Il possédait des revenus assis sur des terres situées à Mourepiane (2), revenus qui furent estimés à la demande de Guillaumette Raolin, fille d'Anglès et femme de Guillaume Aloys, fils de Pierre.

Une rue de la ville supérieure portait son nom (3).

(1) Aug. Aycard, 19 novembre 1305.

(2) Pascal de Mayranegis, 17 juillet 1299.

(3) Guillaume Faraud, 6 des ides de novembre 1301.

André (Benoit), conseiller en 1292 et en 1300.

Il possédait une maison aux environs de Saint-Jacques des Epées (1). Il était mort en 1320, laissant un fils qui portait le même prénom.

André (Guillaume), fustier. Conseiller en 1292.

Il existait vers la même époque un André Guillaume auquel certains actes accordent la profession de maître d'ache (2), profession qui était comprise dans celle plus générale de fustier (3). Sa femme s'appelait Cécile, veuve de Jean Bourgogne, dont elle eut un enfant, Pierre, qui devint ecclésiastique. Guillaume était décédé en 1303.

Argilières (Bertrand), notaire.

Il fut conseiller en 1292 et en 1295.

Arnoux (Pèlegrin), conseiller en 1285.

Astorni (Jean), conseiller en 1292.

C'était, paraît-il, un riche particulier. Il possédait plusieurs maisons situées à l'Annonerie dans une traverse derrière l'église Sainte-Marthe et dans la rue Jacques-Blanc ; une vigne de 6 quarterées, aux Eaux-Bonnes (Saint Jérôme - Château-Gombert), une autre à la Roque de-Let *(idem)*, une troisième au Jarret-Inférieur.

Il demeurait à la rue de l'Annonerie et avait son cellier derrière l'église Sainte-Marthe. Il était mort en 1302.

Son fils Jeannet hérita de tous ces biens. Sa veuve, nommée Marita, épousa Jean Bannier (4).

(1) Pascal de Mayranegis, 1299, f° 9 v°.

(2) P. Elzéar, 17 des kalendes d'octobre 1303.

(3) « Un fustier ou charpentier », Ducange, au mot *Fusterius*.

(4) Pascal de Mayranegis, 11 juillet 1302.

ASTORNI (Jeannet), fils de Jean. Conseiller en 1331. Il possédait une maison rue Sainte-Marthe (1) et vivait encore en 1340 (2).

AUBIN (Jacques). Il fit partie à diverses reprises du conseil général de la ville supérieure. On le voit figurer dans les réunions tenues en 1285, en 1292, en 1295, en 1300, en 1310 et en 1318.

Il était fils de Guillaume. Sa mère lui laissa tous ses biens (3). En 1295 il fut nommé commissaire avec Jean de Servières, par le conseil général de la ville supérieure, pour soutenir contre l'évêque Durand le droit qu'avait la ville de ne pas payer la dîme (4).

En 1303, il remplit les fonctions d'« expulseur des femmes viles et inhonnestes », fonctions à lui confiées par le conseil général et qu'on appela plus tard le *curan pelous*.

Il représenta souvent le conseil et la ville supérieure notamment dans le long procès que les bouchers soutinrent au sujet du droit de paccage en 1281 (5).

En 1299 il était « districtor » du ban (6).

Le juge le nommait quelquefois arbitre pour trancher les différends intervenus dans les familles. Ainsi il fut chargé, en 1301, d'évaluer les dépenses faites pour les funérailles de Bertrand de Velaut (7).

(1) Censes de Bernard Garnier, 21 novembre 1351.

(2) *Idem*, 5 septembre 1340.

(3) Pons Marin, 6 des kalendes de mars 1291.

(4) P. Jaucerand, notaire, charte du 29 octobre.

(5) Pascal de Mayranegis, kalendes de septembre 1286.

(6) *Idem*, 1er novembre.

(7) *Ibid.*, 9 juin.

En 1326, il était vice-juge de la cour de la ville supérieure (1).

Il possédait plusieurs vignes, entre autres une au lieu dit : le Pas de-Jarret-de-Saint-Julien (2), une au lieu dit : les Ayguas-Bonas (3) ; une au lieu dit : al vas supra fontem domini episcopi ; une à Plombières (4). Il avait aussi la directe sur plusieurs maisons situées dans la ville supérieure, rue d'En Pescayris.

Arnaude, sa femme, possédait de même des directes sur des maisons situées au bourg des Prêcheurs (5).

Il vivait encore en 1331, car il servit de témoin, le 10 juin de la dite année, à l'acte par lequel les syndics de la ville supérieure demandèrent, en présence du sénéchal, la conservation des libertés de la ville.

C'était un personnage très important de la cité et qui paraît avoir joué un grand rôle dans les affaires de la communauté.

Dans un acte du 12 des kalendes de juillet 1294, il est qualifié par le notaire Guillaume Jean, de « gardien des privilèges de la ville supérieure ».

En 1321, il faisait partie du conseil de la ville inférieure et fut chargé par ce conseil de diverses missions

(1) Augier Aycard, reg. du Palais.

(2) Guillaume Féraud, 13 mars 1281.

(3) Pascal de Mayranegis, 11 juillet 1302.

(4) Barthélemy de Salinis, 11 des kalendes de septembre 1320.

(5) B. Blancard, 22 mars 1325. Il semble d'après cet acte que la femme de Jacques Aubin appartenait à la famille de Saint-Jacques. En effet, voici ce qu'on lit au sujet de la vente d'une maison qui était pour deux parts sous la directe d'Augier de Mer, chevalier, « et pro reliqua tercia parte sub dominio domini Petri de Sancto-Jacobo seu domini Jacobi Albini pro dote domine Arnaude uxorio sue. »

au cours des années 1325 et 1326. Raymond Hugolin lui servait d'écuyer (1).

Aubin (Jean), conseiller en 1340, en 1341 et 1342.

Fils d'Enguilran (2) et neveu de Jacques Aubin (3), il avait épousé d'abord une nommée Ricarde, fille d'Antoine d'Aix. Il eut de ce mariage plusieurs enfants : Nicolet, Belon, Enguilran et Jacques (4). Il se remaria ensuite avec Bérengère qui lui donna une fille nommée Billete. Cette Billete épousa Augier de Fornier et laissa, en 1380, une grande partie de ses biens à son frère Jacques qui eut, à ce sujet, un procès avec la dite Bérengère (5).

Jean Aubin possédait une maison à l'Annonerie-Supérieure et une vigne au lieu dit la *Retracha* (quartier des Aygalades). Il laissa aussi à ses héritiers une maison située rue Sainte-Marthe, maison où, successivement, plusieurs juges établirent leur domicile (6). A une certaine époque, alors qu'il demeurait près de Saint-Martin, en compagnie de son beau-frère Bertrand Aille, il eut une querelle avec un nommé Jean Peisson qui lui porta deux coups de couteaux. Jean Aubin riposta et fit à son adversaire deux graves blessures pour lesquelles il fut condamné à dix livres d'amendes.

(1) « Act. Mass..., in presencia. . Raym. Hugolini, scutifer dicti Jacobi Albini. » Reg. des Délibérations 1325-26.

(2) Charte du 8 octobre 1343, formant la couverture d'un reg. des acquits de Saint-Martin, GG.

(3) Liasse 8, 11 décembre 1354, GG.

(4) Etat des censes de l'évêque en 1341.

(5) Registre des Judicatures, 1380.

(6) P. Giraud, 17 août 1344 et 5 avril 1345.

Son fils Jacques payait un cens de 50 sous pour 4 quarterées de terre situées à Plombières. Bernard de Cépède vendit à Vivaud André, en 1354, ce cens 35 florins d'or de bon poids.

Aucher (Jean), notaire. Conseiller en 1310.

En 1301 et 1305, il remplit les fonctions d'estimateur général (1).

Il possédait une maison à la rue Droite de la Pierre-de-l'Image, allant vers la Sainte-Trinité. Elle lui avait coûté 25 livres de royaux. Il en possédait une autre située rue d'En Pescayris, et un jardin. La maison était sous la directe de Jacques Aubin (3).

Ses fonctions l'appelaient souvent au Palais où il signait, comme témoin, des actes rédigés par son confrère Pascal de Mayranegis.

Audibert (Fouque, *seu* de Venelle (4), conseiller en 1331.

Il demeurait à la rue de l'Annonerie-Supérieure et jouissait de la considération de ses concitoyens puisqu'il fut nommé, dans la séance du conseil du 11 février 1341, syndic de la ville supérieure. Après la réunion des trois villes, il fit partie du conseil pour le quartier de la Draperie (5).

Il possédait une maison à la rue d'En Bosquet (6), et une autre à l'Annonerie-Supérieure, où il demeu-

(1) Pascal de Mayranegis, cart. de 1305.

(2) *Idem*, 28 octobre 1308.

( ) *Ibid.*, 15 décembre 1308.

(4) Levadou des censes de 1341.

(5) Reg. des Délibérations, 5 septembre 1350.

(6) Reg. des censes de Bernard Garnier, 14 janvier 1344.

Il possédait une terre aux Fourches-Vieilles, une vigne à Font-Oscure et une autre sous la directe de Guillaume de Montolieu, fils d'autre Guillaume, située aux Aubes, commune d'Aubagne (1).

Aymon (Guillaume), conseiller en 1300.

Il était fils de Jacques (2). En 1301 il remplit les fonctions de « districtor » du ban de la cour royale de la ville supérieure (3), en 1301 et en 1305, celle d'estimateur général avec Jean Auchier et Guil. Sarde (4).

Il possédait des maisons rue Figuière (5), rue Bernard Gasqui (6), deux maisons et un jardin rue du Four de Jean Garnaud, notaire, qu'il vendit à Etienne Auras (7).

C'est dans une de ses maisons que la cour royale siégeait de 1301 à 1323 (8).

Aymon (Jean), conseiller en 1318.

Il possédait une vigne à Caravelle (9).

(1) Aug. Aycard, 22 décembre 1305. P. Aycard, 7 des ides de janvier 1285.

(2) Pascal de Mayranegis, novembre 1305.

(3) *Idem*, 4 janvier.

(4) *Ibid.*, *passim*.

(5) Guillaume Faraud, reg. du Palais, *pridie kalende decembris 1321*.

(6) P. Elzéard, 2 des kalendes de novembre 1300.

(7) Pascal de Mayranegis, novembre 1305.

(8) Registre du Palais, *passim*.

(9) Raymond Rogier, 1322.

AUQUIER (Jean), conseiller en 1318.

AURAISON (Guillaume D'), conseiller en 1295 et en 1310. De sa profession il travaillait la pierre. En effet, dans un acte de 1291 (1) il est qualifié de « magister lapidis », dans un autre, de 1302, de « peyrerius » et de « lapicida » dans un troisième daté de 1309 (2).

En 1291, il fut chargé par Pierre Bedoc et Guillaume Novel, subrestants du port « operarii portus » de construire un pont au-delà du plan Fournignier, près les Salines à l'entrée du chemin qui conduisait vers le jardin de Saint-Pierre et confrontant avec le canal les dites Salines, avec le port, avec la maison de Guillaume Laugier et avec le susdit chemin. Ce pont devait avoir 14 palmes de largeur et 4 cannes de longueur. Guillaume d'Auraison avait reçu des subrestants la somme de 8 livres pour ce travail.

Il avait deux fils : Pierre et Raymond. Il possédait une maison à la rue de l'Echelle et une vigne au Castellar-de-Servière, quartier des Aygalades (3).

Il était en relation d'affaires avec Bernard Garnier, le fondateur de l'hôpital de Saint-Jacques de Gallice.

AURAS (Etienne), conseiller en 1300 et en 1310.

Il était jurisconsulte et remplaça souvent, comme suppléant, le juge de la cour. En 1323 il porta le titre de vice-juge de la cour de la ville supérieure.

Il fut chargé avec d'autres personnages, en 1307, par Frédol Falquiran, chanoine de l'église cathédrale

(1) Arch. mun., DD.

(2) Pascal de Mayranégis 15 septembre 1302. Jean Guibert. 27 octobre 1309.

(3) P. Elzéar, 7 des ides d'août 1316.

de Marseille et ouvrier de recueillir les revenus dont ce chanoine avait l'administration comme ouvrier (1).

Il possédait une maison avec jardin dans la rue du Four de Jean-Garnaud (2), une maison dans la traverse de Saint-Antoine (3), une autre dans la rue d'En Garrian (4). Il en possédait aussi une dans la ville vicomtale où les juges des secondes appellations siégeaient habituellement (5).

Il fut curateur de Mariette, femme de Guigues de Jérusalem (6). On le nomma arbitre avec Jacques Aubin dans une contestation survenue parmi les membres de la famille Velant (7).

Il avait épousé Jacobe, veuve de Guillaume Laurier (8). Son fils, Jean Auras, était marchand (9).

Etienne mourut vers la fin de l'année 1324.

Aycard (Fouque), conseiller en 1285 et en 1295.

« Laborator », telle est la qualification que plusieurs actes lui donnent. En 1301 et en 1312, il remplit les fonctions de délimitateur (10).

Sa femme, Nicolave, lui apporta une dot de 10 liv. (1).

(1) Pascal de Mayranegis, 15 juillet 1307.

(2) Aug. Aycard, dernier novembre 1305.

(3) Pascal de Mayranegis, février 1305.

(4) *Idem*, 16 janvier 1306.

(5) *Ibid.*, pridie ides nov. 1300.

(6) *Ibid.*, 11 des kalendes de septembre 1298.

(7) *Ibid.*, 9 juin 1301.

(8) Bernard Blancard, 7 des ides de septembre 1311.

(9) *Idem*, 2 août 1324.

(10) Pascal de Mayranegis, 4 janvier 1301.

(1) J. Guibert, 10 avril 1308, II.

rail, un jardin près du palais épiscopal, en face de la maison de l'inquisition ; une vigne de 9 carterées au Cannet et une vigne à Camp-Long (1). Son épouse s'appelait Jeanne.

Sa fille Huguette, à laquelle il légua le jardin et la propriété du Canet, épousa Gilles Griffen, damoiseau. Il légua à son petit-fils, Audibert d'Assunel, la maison de la rue de l'Annonerie et la vigne de Camp-Long, et l'usufruit de tous ses biens à sa femme. Par son testament il fit don de : 60 sous à l'œuvre de Saint-Canat, 10 sous à la chapellenie de la même église et 40 sous aux subrestants « operarii » des eaux des fontaines de la ville supérieure.

Il manifesta le désir d'être enseveli dans l'église de la B.-M. du Mont-Carmel.

Audran (Hugues), conseiller en 1285, en 1295 et en 1300.

En 1299 il était, avec Guillaume Boniface et Bertrand Veranni, estimateur général (2).

Il possédait une maison à la rue de l'Annonerie (3).

Audran (Jean), conseiller en 1340.

Il fut syndic de la ville en 1339 et 1340 (4).

Il possédait une maison tout près de l'établissement de Saint-Jacques-des-Epées et une autre dans l'île de P. Almeran ; une vigne à Séon et deux carterées de terre à la « font d'Em Pollas », située à Séon (5).

(1) Levadou des censes de 1341. Cart. de P. Giraud, not. dernier mai 1361.

(2) Pascal de Mayranegis, 26 février.

(3) P. Aycard, 17 des kalendes de septembre 1285.

(4) Reg. des Délibérations, 8 sept. 1339 et FF. 11 mai 1340.

(5) Etat des censes de l'Evêché en 1341.

LXXIV.

BAILLE Hugues - BROQUIER Pons

Baille (Hugues), notaire. Conseiller en 1310.

Nous rencontrons ce conseiller en 1302 comme témoin d'un acte où interviennent le viguier et Jean Blésis, son clavaire (1).

Il paraît que les Baille étaient, vers cette époque, adonnés au notariat. En effet, on trouve en 1340 un Jean Baille, aussi notaire, qui fut plus tard membre du conseil (2). En 1342, Raymond Baille, autre notaire, était propriétaire d'une terre et vigne à Mont-Juif (3).

Barbier (Durand), conseiller en 1295.

Il possédait une maison dans la ville supérieure, au quartier de la *Colla* (4), et une autre rue Pierre-Aloys. Il était mort en 1301 (5). En 1344 une île de maisons portait encore le nom de Barbier-Durand.

Barral (Pons), conseiller en 1340 et en 1342.

Il possédait une terre à la Porte Gallique, qu'il avait achetée à Pierre Bonobre, une maison dans l'île de Guillaume de Toulouse, une autre près de la maison des Repenties (6).

(1) Pascal de Mayranegis, 29 septembre 1302.

(2) Registre des cens de Bernard Garnier.

(3) Jean de Salinis, 27 octobre 1342.

(4) Pascal de Mayranegis, 1er des kalendes d'août 1298.

(5) Guillaume Féraud, 6 des ides de novembre 1301.

(6) Etat des cens de l'évêque, 1341.

BAUDRAN (Raymond), conseiller en 1340, en 1341 et en 1342.

Il possédait une terre de trois quarterées et demie au quartier dit : la Tour de Bonafous(1), à Séon, près du cap Pinède, et une vigne située à Plombières, pour laquelle il servait un cens de 10 sous à Fouque Béroard (2).

BAUSSAN (Raymond), conseiller en 1292 et en 1295.

Le nom de ce conseiller est écrit *Raymundus Baussani* dans la séance de 1292 et *dominus Raymundus Bauciani* dans la séance de 1295. Il fit partie, en 1289, de la commission chargée de délimiter le territoire sur lequel les éleveurs de bétail pouvaient faire paître.

Sa femme se nommait Adalaxie et son fils Baucian Baucian. Adalaxie possédait un immeuble près de la rue Bernard-Gasc. En 1303 Raymond était mort (3).

BAUSSAN (Vassal), conseiller en 1292.

Il était, avec Fouque Geoffroy et Guillaume Boniface, estimateur général de la ville supérieure en 1286. Il possédait une maison dans la rue des Moulins de feu Guillaume Albert (4).

BEDOC (Pierre) conseiller en 1331.

Il possédait deux maisons situées à l'Aumonerie-Supérieure (5) Sa femme se nommait Guillelme. Sa fille Bartholomée, épouse de feu Jean Montan, légua

(1) *Idem.*

(2) Bernard Blancard, 11 des kalendes de juillet 1315.

(3) Pierre Elzéard 3 des ides d'août 1303. Bertrand de Salinis 22 juin 1319. II.

(4) Pierre Aycard, Reg. du Palais, 5 des kal. d'avril, f° 11 v°

(5) Etat des cens de 1341.

une partie de ses biens à ses père et mère et à son frère Jean Bedoc (1).

Bernard (Guillaume), jardinier. Conseiller en 1292.

Il possédait une vigne et terre dans la vallée judaïque ou « Valjuziequa » (2), quartier de Sainte-Marthe, et une maison à la rue Saint-Canat (3). Il possédait aussi, avec son frère Pierre, une maison située près de la Porte Gallique, maison qu'acheta Jeanne Baussenque (4). Il était mort en 1315.

Béroard (Bertrand), jurisconsulte.

Sa famille était ancienne à Marseille et quelques-uns de ses membres ont rempli de hautes fonctions dans la ville supérieure alors que l'évêque en possédait la seigneurie et aussi après que cette seigneurie eût passé au comte de Provence.

Ainsi Hugues Béroard, chanoine, représenta ce prélat lorsque la ville épiscopale, en 1209, signa un traité de paix avec les Pisans. Il fut, en 1214, prévôt de l'Eglise de Marseille (5). Un Béroard Bertrand était chanoine en 1226. On trouve à la même époque un autre Bertrand, chevalier ; un Guillaume, prévôt de l'église d'Arles (6). On trouve aussi un Fouque parmi les habitants de la ville épiscopale qui assistèrent à l'acte de soumission faite à l'évêque en 1214 (7).

(1) P. Elzéard, reg. du Palais 1316.

(2) Guillaume Féraud, 8 des kalendes d'août.

(3) Pascal de Mayranegis, 15 septembre 1302.

(4) Aug. Aycard, 1er janvier 1304.

(5) Ruffi, t. II, p. 42. — Arch. mun., AA.

(6) *Idem*, 12 juillet 1226. Renonciation du podestat à l'union jurée entre la ville inférieure et la ville supérieure.

(7) *Antiquité de l'Eglise de Marseille*, t. II, p. 90.

Outre les Béroard qui firent partie, vers l'an 1300, du conseil de la ville supérieure, et dont il est parlé ci dessous, il en existait d'autres qui occupaient des situations importantes. Ainsi on rencontre, en 1295, G. Béroard, sacristain (1). C'est probablement le Guillaume qui était chanoine en 1303 (2). Un autre, chevalier, portant le même prénom, possédait divers revenus assis sur des terres situées dans le territoire du château de Saint-Marcel. Ses fils, Raymond et Bertrand, damoiseaux, échangerent, en 1299, certains de ces revenus contre partie de ceux qui étaient obvenus à leur sœur Huguette, épouse de Baucian, fils de Bertrand, et contre d'autres appartenant à Raolin Raolin (3). Il existait à peu près à la même époque un Hugues Béroard, chevalier, père de Béatrix, épouse d'Augier Aycard (4). Bertrand Béroard, fils d'Huguette Enguilran, mourut quelque temps avant 1299 et laissa tous ses biens à sa mère (5). Un autre Bertrand légua par acte en date du 6 des ides de novembre 1300, à sa servante Arselène, femme de Guillaume Tarascon, barbier, une maison située rue Pierre-Aloys (6). On rencontre aussi un Gilles Béroard en 1300 (7).

Pendant toute la première moitié du XIVe siècle, les Béroard participèrent à l'administration de la ville.

(1) Pascal de Mayranegis, le quantième est illisible.

(2) *Idem*, 15 juillet 1307.— Arch. mun., II., 1303.

(3) Pascal de Mayranegis, 11 juin et 28 septembre.

(4) *Idem*, 17 et 11 des kalendes de mai 1298.

(5) *Ibid.*, 23 octobre.

(6) Guillaume Féraud.

(7) Pascal de Mayranegis, 17 avril.

Les seules indications que nous possédions sont celles que nous fournissent la reconnaissance de Marthe Béroard à l'évêque, en 1405, relative à l'établissement des bains dont il a été parlé déjà et dans d'autres reconnaissances passées en faveur de Gabriel Vassal au sujet d'un verger appartenant à Antoine Olivier et situé devant Saint-Canat, confrontant « avec lou vergier dels bains de Berouart d'Esparron (1). » Ce dernier était estimateur des honneurs en 1242 (2). Sans doute les Béroard quittèrent Marseille au cours du XVe siècle, quoi qu'il en soit, plusieurs d'entre eux s'étaient signalés vers l'an 1300.

Bertrand Béroard, jurisconsulte, fut conseiller en 1285 et en 1292. C'est lui qui porta la parole au nom de ses collègues et des habitants de la ville supérieure lorsqu'en 1285(3), le conseil étant réuni, Isnard d'Antrevènes, seigneur d'Agout, sénéchal de Provence, vint inviter les conseillers à prêter serment de fidélité au roi Charles II. Bertrand Béroard répondit que le conseil jurait d'être fidèle au roi en tant que celui-ci maintiendrait les libertés et franchises de la ville.

Ce jurisconsulte fut juge de la cour de la ville inférieure en 1278, et des cours de la Prévôté et de l'Œuvre en 1295 et en 1298(4). Il siégea souvent à la cour de la ville supérieure comme lieutenant de Bérenger de

(1) Registre des cens de Gabriel Vassal 1426-1485. Cette reconnaissance est datée du 21 mars 1426; l'autre, datée de 1438, dit : « avec lous bans et vergier de Béroard d'Esparum. »

(2) Jean d'Escalis, septembre 1424, II.

(3) Arch. mun., AA., 6 des ides de février.

(4) Pascal de Mayranegis, 3 des ides de juillet 1295, 11 des kalendes de juin 1298. Guillaume Féraud, 5 des ides de juin 1278.

Turre et de Bertrand Salvagna, juges à cette cour (1). Il était juge du château d'Allauch (2), signait quelquefois par procuration et au nom de Frédol Capellier, prévôt de la cathédrale, les actes que la Prévôté passait.

Il possédait les bains situés en face l'église Saint-Canat, des maisons avec jardin au même lieu (3), un jardin rue Locuste (4), une propriété à Gardiole (5), etc. Une rue dans laquelle il avait une maison et son écurie portait le nom de Bertrand-Béroard (6).

Il convola deux fois en justes noces : avec Cécile Jourdan et avec Maria. En 1317 il était mort (7). Cécile Jourdan possédait la directe seigneurie sur des propriétés situées au bourg des Oliers (8). Bertrand, de ses deux mariages, eût Isnard et Fouque, plus quatre filles : Béatrice, qui épousa Pons Rici de Ricas-Novas ; Cécile, sœur au monastère de Saint Sauveur ; Huguette, épouse Bouvin ; et Béroarde, fille de Maria. Cette dernière intenta un procès à ses frères et sœurs à l'occasion de l'héritage paternel dont elle réclamait le sixième (9). Isnard et Fouque firent aussi partie du conseil.

(1) *Idem*, 17 octobre 1302.

(2) *Ibid.*, 16 septembre 1299.

(3) *Ibid.*, 15 septembre 1302.

(4) *Ibid.*, 26 mai 1306.

(5) Guillaume Férand, 17 des kalendes de septembre 1277.

(6) Pascal de Mayranegis, 19 novembre 1299.

(7) Arch. mun., II., veille des kalendes de décembre 1317.

(8) *Idem*, II, charte du 9 des kalendes de septembre 1300

(9) Feuillet détaché d'un registre des judicatures, sans date

BÉROARD (JEUNE, Bertrand), conseiller en 1295.

Il fut nommé par le conseil, en 1289, pour faire partie de la commission chargée de délimiter le territoire des nourriguiers (1), ce qui tendrait à prouver que, dès cette époque, il siégeait déjà dans l'assemblée de la ville.

Il possédait une maison tout près du réservoir des eaux amenées par les conduits, réservoir situé au commencement de la ville, c'est à dire non loin de la Porte de Marseille, dans une rue voisine de celle de l'Annonerie. C'est tout près de cette maison que fut établie, vers 1295, la première fontaine de la ville supérieure (2).

Il épousa Béatrice, veuve de Lombard, laquelle possédait une vigne à Mont-Juif (3). Béatrice avait eu un fils, Pascal Lombard, qui se fit religieux de Saint-Antoine et qui reçut, à cette occasion, de sa mère, une maison située rue d'En Vay-de Nuetz et un cens de 10 sous de royaux assis sur des maisons du quartier du Château-Babon (4).

BÉROARD (Fouque), conseiller en 1310 et en 1318.

Il était fils de Bertrand Béroard le jurisconsulte. Il possédait un cens de 10 sous de royaux assis sur une vigne située à Roche-Franche, quartier des Martigaux, cens qu'il vendit à Bertrand de Borme en 1317 (5).

(1) Arch. mun., HH. 3 avril 1335.

(2) Séances du 9 avril 1292 et du 30 octobre 1295.

(3) Guillaume Féraud, *decimo sexto kalende augusti.*

(4) Pascal de Mayranegis, *duodecimo kalende augusti 1292*, 16 septembre 1299.

(5) Arch. mun., II, *pridie kalende decembris 1317*, notaire J. de Areis.

Il possédait aussi une maison située dans l'île appelée Durand-Barbier (1), et un cens sur une vigne située à Plombières (2). En 1313 il remplissait les fonctions de défenseurs des chemins de la ville supérieure (3).

Certains actes lui donnent le titre de damoiseau (4).

Béroard (Isnard) conseiller en 1331.

Il était fils et héritier de « domini » Bertrand Béroard, jurisconsulte, et de Cécile Jourdan (5). Il possédait en 1341 les bains qui avaient appartenu à son père (6). La rue dite en 1302 et encore vers 1330 rue des Bains de Bertrand Béroard se nommait, en 1343, rue des Bains d'Isnard-Béroard. Il était aussi propriétaire de caves vers la rue des Icardens, de plusieurs maisons et d'un cellier dans la rue portant le nom de son père (7), d'une maison dans l'île de Guillaume de Toulon, d'un jardin près du Moulin des Crottes (8) et de la directe seigneurie sur vingt-neuf propriétés situées dans le territoire de Marseille : à Gibes, au Valqueries, au Canet, à Magnanelle *(Marignelle, entre le Canet et Arenc)*, à la Tour de Guillaume Cornut, à Montolivet, à Valjuif, à Font d'Allier *(Font-de-l'Ebre,*

(1) Etat des cens de l'évêque, 1341.

(2) Arch. mun., DD., 20 avril 1312.

(3) Arch. départ., fonds de la Major, liasse 44, n° 286.

(4) Bernard Blancard, 11 des kalendes de juillet 131[illegible].

(5) Arch. mun., II., P. Jauceran, notaire, et G. [illegible] mars 1321, P. Noe, notaire

(6) Etat des cens de 1431.

(7) Pascal de Mayranegis, 15 septembre 1320 fragment d'un registre de reconnaissances passées en faveur de l'évêque vers 1330, reg. n° 18, f 18, fonds de l'évêché, arch. départ.

(8) Arch. mun., II., not. P. Jauceran.

à Arenc), qui lui produisait annuellement 598 sous et 8 deniers de royaux, 29 émines et demie de blé, etc.(1).

En 1321, il vendit à maître Jean Blaise, médecin du roi Robert et citoyen de la ville inférieure, pour la somme de 370 livres un grand nombre de cens qu'il possédait sur des propriétés situées du côté de Caravelle (2). Après la réunion des deux villes, Isnard Béroard siégea au conseil de la cité en 1349 (3).

Isnard Béroard était, en 1336, seigneur du château de Jullans. Il portait le titre de damoiseau (4). La vente de certains immeubles situés à Jullans et dont il possédait la seigneurie devait recevoir l'approbation de son représentant, Hugues Raynaud, bailli du dit château, qui agissait « pro nobili domicello Isnardo Beroardi ad quem directum dominium et segnoria ipsius terre pertinet (5) . »

Sa sœur Cécile et sa fille Béatrice furent religieuses au monastère de Saint-Sauveur. Isnard faisait à cette dernière une pension annuelle de 8 livres (6).

Son fils, Bertrand Béroard, damoiseau, portait en 1345 le titre de seigneur de Jullans (7), et siégea en

(1) Arch. mun., II. P. Jauceran, notaire.

(2) *Idem*, GG., dernier mars 1321, P. Noël, not., et le cartulaire en provençal du dit Jean Blaise, folio 19.

(3) Conseil du 6 août, arch. munic. Reg. des Délibérations.

(4) Arch. mun., II. Bérenger Matheron, notaire. On lit dans une des chartes de cette série, 13 août 1343 « nobilis domicellus Bertrandus Beroardi filius nobilis domicelli Isnardi Beroardi, domini castri de Jullianis. »

(5) Act. in castro Julhanis, not. Joh. Clement.

(6) Arch. dép., fond de Saint-Sauveur, liasse 87 n° 17 et liasse 109 n° 720.

(7) Arch. mun., II., Jean Clément, notaire.

1349 (séance du 6 août) au conseil général après la réunion des villes. Il eut, en 1365, à se plaindre du clavaire de l'évêque. A ce propos, le conseil demanda au viguier d'envoyer trois hommes probes chez ce prélat pour cette affaire, ce que le viguier fit (séance du 14 mai 1365). Ce Bertrand Béroard avait une fille nommée Marguerite (1) et un fils qui fut enseveli e 5 avril 1384, et lui-même le fut le 1er mai de la même année. Sa femme se nommait Resseneta (2).

Boniface (Guillaume), damoiseau. Conseiller en 1285 et 1310.

Il remplit en 1286 et en 1300 les fonctions d'estimateur général de la ville supérieure (3).

Il possédait des propriétés vers le quartier de Saint-Canat, tout près de la maison épiscopale, maison et jardin. Il avait épousé une nommée Ayceline, propriétaire à Roquebarbe. Il était sans doute parent avec Guillaume Boniface, chevalier, qui en 1251 jura, en même temps que les autres chevaliers de la ville haute, d'observer la sentence rendue par l'évêque au sujet des chevauchées.

On trouve, en 1287, un Guillaume Boniface fils de Guillaume et époux de Massilie (4). Il vend à maître Victor, médecin, 69 sous 2 oboles de cens assis sur diverses propriétés pour la somme 60 livres (5).

Bonsegnor, conseiller en 1285.

(1) 13 août 1397, Jean Clément, notaire.

(2) Reg. du Palais, Monet Blanqui, notaire, 1389.

(3) *Idem*, 5 des kalendes d'avril.— Pascal de Mayranegis, 22 septembre.

(4) Cartulaire de P. Delgada, notaire, fol. 62, arch. mun.

(5) 6 des ides de septembre, J. Garnaud, not. Arch. mun., II.

Bose (Pierre), conseiller en 1295.

Bouscarle (Geoffroy), conseiller en 1285, en 1292 et en 1295.

Il avait fait partie, en 1251, des citoyens de la ville haute désignés sous la qualification de « probes hommes » qui, avec les chevaliers, jurèrent d'observer la sentence rendue par l'évêque au sujet des chevauchées. Il fut désigné par le conseil, en 1289, pour faire partie de la commission chargée de délimiter le territoire des nourriguiers (1).

Il possédait la directe seigneurie sur des terres situées « apud turre Gaufridi Boscarle *(Sainte-Marthe (2)* » et plusieurs terres dans le même village au lieu dit Comaneves. Sa femme, Huguette Maréchal, fille de Rolland Maréchal, était propriétaire de plusieurs immeubles au même quartier. Il laissa un fils nommé Rolland (3).

Broquier (Durand), conseiller en 1295.

La famille des Broquier devait jouir d'une certaine considération puisque, en 1340, ce nom était porté par une île de maisons.

Nous n'avons, sur ce personnage, pas d'autre renseignement que celui-ci : il possédait une vigne à la Roque de Let *(Saint-Jérôme (4)*.

Broquier (Pons), conseiller en 1340.

(1) Arch. mun., HH, 3 avril 1335.

(2) Pascal de Mayranegis, 29 novembre 1299.

(3) *Idem*, 23 mars 1301 et 25 novembre 1302.

(4) Pierre Elzéard, 14 des kalendes de septembre 1300.

Il possédait une maison dans la rue Etienne Jassaud, une autre dans la rue du Puits-de-Cavaillon, deux dans la rue Pierre-Maynier (1), une aire au bourg des Aygadières, un jardin à Arenc et une propriété au quartier de Babilone *(Saint-Henri (2)*.

LXXV.

CADEL André - COLOMBIER Pierre

Cadel (André), conseiller en 1292 et en 1295.

Il possédait une maison à l'Annonerie de la ville supérieure (3) et une terre au lieu dit la Pinède de Rostang (4), une vigne à Plombières.

Il fit partie en 1289 de la commission nommée par le conseil et chargée de la délimitation du territoire des nourriguiers (5).

En 1322 il était mort (6).

Cadel (Guillaume), conseiller en 1285 et en 1295.

Cavaillon (Jean de), notaire. Conseiller en 1341 et en 1342.

Il y eut à la même époque deux Jean de Cavaillon exerçant la même profession : l'aîné et le jeune. Mais il s'agit de celui-ci qui possédait une maison à l'Ile de

(1) Fragment d'un registre de reconnaissances passées en faveur de l'évêque vers 1330. Arch. mun.

(2) Etat des cens de 1311.

(3) Pascal de Mayranegis, 11 juillet 1302.

(4) *Idem*, 15 septembre 1302.

(5) Arch. mun., HH. 3 avril 1335.

(6) Raymond Rogier, notaire, 1322.

Barbier-Durand et un jardin au Moulin des Crotte(1). Il fut nommé en 1342 adjoint aux banniers Bérenger Rostang et Giraud Porcel (2). Il avait épousé Garcendette, fille de Hugues Etienne. Elle possédait une maison située au bourg des Bœufs (3).

CAYAT (Guillaume, *alias* REBOL), conseiller en 1340, 1341, et 1342.

Il était fils d'autre Guillaume et de Marie, qui convola en secondes noces avec Guillaume Martin. Il avait un frère nommé Pierre qui mourut en bas-âge et un oncle nommé Augier Cayat. Notre conseiller était né vers 1290.

Son père lui avait laissé une maison située dans la traverse Jean-de-Servières et trois vignes situées, l'une au quartier dit la Tour de Guillaume Cornut, l'autre aux Servières et la troisième aux Balquières, et une terre située à Arenc (4).

Il possédait une maison dans l'île de Bertrand Lombard (5). Le conseil le délégua, dans sa séance du 14 avril 1342, pour le quartier Saint-Canat, avec ceux qui devaient faire appliquer le ban (6).

COLOMBIER (Pierre), notaire. Conseiller en 1292.

Il possédait une maison et un jardin près de l'église Saint-Antoine, dans la rue où fut établie au commen-

(1) Etat des cens de 1341.

(2) Arch. mun., CC. n°29.

(3) Reg. des cens de Bernard Garnier, 6 juin 1335.

(4) Pascal de Mayranegis, 10 et 11 décembre 1302.

(5) Etat des cens de 1341.

(6) Arch. mun., CC. n° 29.

cement du XIVe siècle la fontaine du quartier Saint-Jacques des-Epées. Il eut à ce propos un procès que nous avons relaté dans la partie relative aux travaux publics.

LXXVI.

DAUMAS Jacques - de DRAGON Raymond

Daumas (Jacques), conseiller en 1300 et en 1310. En 1316 il était estimateur général. Il possédait dans la ville supérieure, rue d'En-Pescayris, une maison qu'il vendit en 1308 au notaire Jean Auchier (1).

Daumas (Raymond), conseiller en 1292 et en 1295. Il possédait une maison dans la rue Saint-Antoine et une terre située près de l'Huveaune (2). Il mourut avant 1301 et laissa deux enfants, Guillaume et Jeanne Daumas (3). Une rue portait son nom (4).

Dauran (Pons), conseiller en 1285 et en 1295.

Dragon (Guillaume), conseiller en 1340.

Nous trouvons un Guillaume Dragon vivant en 1324, père de Raymond Dragon et fils d'un autre Raymond (5).

Il possédait deux maisons dans la rue Droite située sous l'église Saint-Sauveur (6).

(1) Pascal de Mayranegis, 15 décembre 1308 et 15 novembre 1316.

(2) Pierre Aycard, 12 des kalendes de novembre 1285.

(3) Arch. mun., II. Aurienne, not. ides de septembre 1301.

(4) Pascal de Mayranegis, 15 septembre 1302.

(5) Arch. mun., GG.

(6) Bernard Blancard, 4 mars 1324.

DRAGON (Jean), conseiller en 1310.

Il était allerminateur en 1312 (1). Il possédait une terre à la Cavalerie-Supérieure *(entre Saint-Jérôme et Montolivet (2).*

DRAGON (Louis DE), conseiller en 1341 et en 1342.

DRAGON (Raymond DE), conseiller en 1300, 1310, 1331 et 1340.

Il était fils de Guillaume. Il fut syndic de la ville supérieure en 1323 avec Geoffroy de Servières, fils de Jean, et en 1331 avec Guillaume Jourdan. Il demeurait dans le quartier de Cavaillon, près de la maison de Bertrand Béroard le jurisconsulte.

Il soutint au nom de la ville un procès contre Jacques Sagis et Etienne Flor, adjudicataires des revenus du Poids du Lauret, au sujet de la prétention que ceux-ci manifestaient de faire peser par cet établissement les blés de certains boulangers. Il possédait deux maisons à l'Annonerie-Supérieure tout près d'une traverse allant à Roquebarbe (3).

LXXVII.

EGUESIER PIERRE - ETIENNE HUGUES.

EGUESIER (Pierre), conseiller en 1295.

Il possédait une maison à l'Annonerie des Grands-Carmes (4).

(1) Arch. mun., DD., 20 avril 1312.

(2) Etat des cens de 1311.

(3) Arch. mun., II., J. de Spinaclis, notaire, 6 mars 1320.

(4) Pascal de Mayrannegis, Reg. du Palais, 19 nov. 1316.

Englès (Guillaume), conseiller en 1340 et en 1341.

Il était né du mariage de Jacques Englès, pêcheur, et Nicolave. Sa femme se nommait Bertrande (1).

Il possédait un champ à fourrage dans l'île dite de Feroge (2).

Enguilran (Antoine), conseiller en 1331.

Il était fils de Pons et d'Esmengarde. Sa sœur Béatrice avait épousé Jacques Nicolay, marchand (3).

Il possédait une terre au Cros de Pebre *(Accates des Aygalades)*, une vigne de quatre quarterées à la Colla del Morgue *(Claux de Mourgues, près du Saut de Marrot)*, une maison et une vigne à Cars *(près des Aygalades (4)*.

Etienne (Guillaume), conseiller en 1340, en 1341 et en 1342.

Nous trouvons un Guillaume Etienne, fils d'autre Guillaume. Il demeurait dans la rue des Robauds *(carreria voccata Robbaudorum)*. Il fit son testament en 1323 (5).

Il possédait une maison dans l'île de Fouque Sardine ou Paul Naulon (6), une autre rue des Gavottes, rue qui faisait partie de la ville supérieure (7).

Etienne (Hugues), conseiller en 1310.

Il était fils de Guillaume. Les actes le qualifient de « laborator ».

(1) Barth. de Salinis, 27 avril 1322.

(2) Etat des cens de 1341.

(3) Barth. de Salinis, 22 décembre 1326.

(4) Fragment d'un registre de cens payés à l'évêque.

(5) Augier Aycard, 26 octobre 1323.

(6) Etat des cens de 1341

(7) Cens de Bernard Garnier, 15 septembre 1323.

Il possédait une maison à Roquebarbe (1). Il avait épousé la fille de Hugues Laurent, Chrétienne, qui possédait des terres et des vignes dotales situées à Val de Gobranque *(La Palud)*, à Sainte-Marthe, à Plombières, à Caravelle, à Balme-Maynart ; des maisons au bourg des Aygadières et au bourg des Bœufs (2).

Il eut de ce mariage une fille nommée Garcendette. En 1335 il était mort (3).

LXXVIII.

FÉRAUD Guillaume - FRANCHISE Jean

Féraud (Guillaume), notaire. Conseiller en 1295.

Parmi les actes qu'il dressait pour les particuliers, on en trouve beaucoup qui concernent des prêts. Il en rédigea le plus grand nombre dans la boutique de Jacques Martin, située près du Palais de Marseille.

Il fut greffier du dit Palais à diverses reprises, en 1307, 1311, 1320, 1321. Il reste aux archives de la ville six registres écrits de sa main parmi ceux dits des judicatures et sept cartulaires à diverses dates, de 1288 à 1325.

Il possédait un jardin au quartier Saint-Canat (4).

(1) Pierre Aycard, 5 des kalendes de septembre 1285.— Delgada P., 1309, folio 82.

(2) Raymond Rogier, 1322.

(3) Reg. des cens de Bernard Garnier, 6 juin 1335.

(4) Pascal de Mayranegis, 15 septembre 1302.

Féraud (Pons), conseiller en 1292, en 1295 et en 1300.

Il appartenait, sans doute, à la même famille que le notaire Guillaume Féraud. Quoi qu'il en soit, leurs propriétés se confrontaient. Pons, comme Guillaume, possédait un jardin sous Saint-Canat (1).

Sa femme, Adalaxie Castaude, possédait une maison au bourg de Sainte-Catherine (2).

Ferrari (Guillaume), conseiller en 1292.

On rencontre en 1303 un Guillaume Ferrari, marchand, tuteur de Cécile, fille de Pierre des Peines (3).

Il était propriétaire d'une maison dans la traverse Jean-Lingoste (4).

Ferrier (Bertrand), conseiller en 1318.

Ferrier (Pierre), conseiller en 1340.

Il possédait une maison dans la rue de l'Aunonerie, à côté de celle de Fouque Audibert, et une autre dans l'île de Guillaume de Toulouse (5).

Finaud (Hugues), conseiller en 1295.

Il était propriétaire de plusieurs maisons dans la rue Frenarie. Il avait épousé une nommée Aycarde, qui possédait une terre à Gardiole sous la directe de Bertrand de Marseille (6).

Franchise (Jean), conseiller en 1340.

Il possédait une terre située au champ à fourrage

(1) Pascal de Mayranegis, 15 septembre 1302.

(2) Barth. de Salinis, 11 des kalendes de mai 1303.

(3) P. Elzéar, 6 des nones de mai.

(4) *Idem*, 6 des kalendes de mai 1315.

(5) Etat des cens de 1341. — Pierre Giraud, 1361. Testament de Fouque Audibert.

(6) Guillaume Féraud, 17 des kalendes de septembre 1277.

de l'évêque (*in ferragine domini episcopi*); une maison rue Bertrand Béroard (1), quatre maisons dans l'île de Barbier-Durand. Il avait un fils répondant au nom de Martin (2).

LXXIX.

GANTELME Raymond — GUIGUES Jean

Gantelme (Raymond), tailleur. Conseiller en 1292 et en 1310.

On ne sait pas grand chose de ce membre du conseil qui dut jouer un rôle bien effacé. Cependant on trouve dans un acte que sa mère, veuve en secondes noces et sans ressource, demeurait chez lui.

Gardanne (G. de), conseiller en 1285.

On rencontre un Guillaume de Gardanne en 1303. Il était fabricant de chandelles (3).

Garnier (Jean), avocat. Conseiller en 1292.

Il possédait deux parts d'une maison située dans la ville supérieure à lui léguée en 1277 par Guillaumette Julien, femme de feu Gasq (4). Il demeurait dans la maison de Pierre Imbert, jurisconsulte, située dans la rue de l'Orfèvrerie (5). Il était fils de Jacques de Château-Babon et de Ponse. Il possédait aussi une maison au bourg des Oliers (6).

(1) Fragment d'un registre de cens payés à l'évêque.

(2) Etat des cens de 1341.

(3) P. Elzéar, 9 des ides de février.

(4) Guillaume Feraud, 5 des nones de mars 1277.

(5) *Idem*, 17 avril 1277.

(6) *Ibid.*, 3 des ides de mars 1277.

Gaudemar (Jacques), conseiller en 1341 et en 1342. Il était drapier (1). Il fut désigné par le conseil, en 1342, pour surveiller l'application des dispositions du ban dans le quartier de l'Annonerie (2). Il possédait dans la rue de l'Annonerie, une maison avec étable sur le derrière, ayant accès dans une traverse de la rue des Icardens, et un jardin à l'Annonerie ; une vigne avec maison aux Aygalades, une autre vigne au lieu dit Orteus *(Saint Bazile)*. Sa femme se nommait Maria Dementis. Elle possédait aussi une vigne de deux quarterées dans le même quartier (3).

Gaudemar (Pierre), conseiller en 1292 et en 1295.

Il était avec Jacques Marcel, Guillaume de Jérusalem, fils de Pierre, et Rostang Saragos, propriétaire du moulin de « Mota (4). » Il trancha avec Pierre Roubaud et Guillaume Bonfils une contestation entre Jacques Malet, boucher, et ses sœurs, au sujet des limites d'une propriété située à Seillan (5).

Il fit partie de la commission chargée, en 1289, de délimiter le territoire des nourriguiers, commission nommée par le conseil (6).

Geoffroy (Fouque), conseiller en 1285.

Il était estimateur général en 1286 avec Vassal Baucian et Guillaume Boniface (7).

(1) Pascal de Mayranegis, Reg. du Palais, 19 nov 1316.

(2) Arch. mun., CC, n° 29.

(3) Etat des cens de 1341.

(4) Pascal de Mayranegis, 13 des kalendes de mars 1300.

(5) *Idem*, 11 des kalendes d'octobre 1298.

(6) Arch. mun., HH., 3 avril 1335.

(7) Pierre Aycard, 6 des kalendes de septembre 1286.

Geoffroy (Hugues), conseiller en 1285 et en 1295. Il fut avec Jean de Servières et Raymond Geoffroy nommé pour la défense des chemins du terroir, en 1294. Il était sans doute membre de la famille des *Gaufridorium* qui donna, vers la fin du XIIIe siècle, son nom à une rue du quartier de Roquebarbe (1) et à une partie du quartier du Canet : La Granique-des-Geoffroy *(Granica Gaufridorium (2)*.

Il fut avec Jean de Servières et Jacques Aubin chargé de défendre les intérêts de la ville devant toute juridiction dans l'affaire dite des bouchers au sujet de la partie du territoire sur lequel ceux-ci avaient la prétention de faire paître leurs troupeaux (3).

Geoffroy (Pierre), conseiller en 1331, en 1340, en 1341 et en 1342.

Le Conseil, dans sa séance du 14 avril 1342, le désigna avec Durand Lautard pour représenter le quartier de Roquebarbe afin d'appliquer les nouvelles mesures prises au sujet du ban des animaux.

Il possédait une terre à Gat-Mort (4), une maison à la traverse Hugues Pascal (5), une maison près de Roquebarbe, un champ à fourrage vers le bourg des Oliers (6), une terre et vigne au Cros-de-Pebre *(Accates des Aygalades (7)*, une terre de trente-cinq quarterées au quartier des Aycardenques *(Séon (8)*.

(1) P. Aycard, reg. du Palais, 4 des nones de juin 1286.
(2) Guillaume Jean, 13 des kalendes de juillet 1291.
(3) P. Aycard, 17 des kalendes de septembre 1285.
(4) Guillaume Féraud, 7 des kalendes de septembre 1314.
(5) Raymond Rogier, reg. du Palais, *pridie kal. julii 1310*
(6) Registre des cens de Bernard Garnier, 13 juillet 1327.
(7) Fragment d'un registre de cens payés à l'évêque.
(8) Etat des cens de 1311.

Geoffroy (Raymond), conseiller en 1292, en 1300, en 1310 et en 1340.

Il fut, en 1294, chargé de la défense des chemins contre les empiètements des riverains. Il fit partie de la commission nommée par le conseil, en 1289, et chargée de délimiter le territoire des nourriguiers (1). Il avait épousé Esmeraude qui possédait une maison dans la ville inférieure, rue du Change.

Il faisait sans doute partie de la famille des *Gaufridorum* dont il est parlé dans la notice relative à Hugues Geoffroy.

Gibelin (Jacques), conseiller en 1292, en 1295, en 1300 et en 1310.

En 1301 il était estimateur général de la cour de la ville supérieure. Sa femme se nommait Giraude. Il avait plusieurs filles. Leur oncle Guillaume Masselies laissa à l'une d'elles une somme de cinquante livres pour lui permettre d'entrer dans un couvent, ce qui amena un procès intenté par la femme du dit Guillaume (2). Il était fils d'autre Jacques et de Raynaude (3).

Gignac (Pons de), conseiller en 1295.

Il était propriétaire d'une maison située à l'Aumonerie Supérieure (4).

Girami (Pierre), conseiller en 1331, en 1340 et en 1341.

Il possédait avec son frère Guillaume une vigne à Séon (5).

(1) Arch. mun., HH., 4 avril 1335.

(2) Bernard Blancard, 1309, pièce détachée.

(3) Augier Aycard, 3 novembre 1307.

(4) P. Elzéar, nones de mai 1303.

(5) Fragment d'un registre de cens payés à l'évêque.

GIRAUD (Guillaume), conseiller en 1331.

On rencontre, en 1308, un Guillaume Giraud fils de Pierre et de Laure (1) et, en 1315, ce même nom avec la qualification de « cuiratier ».

Guillaume Giraud possédait une maisson à la rue des Gavottes (2), une vigne au Castelar-de-Servières *(quartier des Aygalades)*, une terre et vigne à Freme-Morte *(Sainte-Marthe)*, et une autre à Séon (3).

Est-ce le même qui avait la directe seigneurie sur une maison située dans la rue de l'Echelle, maison que la municipalité acheta en 1373 pour l'agrandissement de la ville de ce côté là (4) ? C'est ce qu'aucun document n'a pu nous indiquer.

GIRAUD (Mathieu), conseiller en 1285, en 1292 et en 1295.

Il fut chargé, en 1285, avec Guillaume de Jérusalem, de procéder au partage des biens laissés par Guillaume d'Alanson, sur la demande de Bertrande, épouse de Jean Tortel et sœur du dit d'Alanson (5). Il fit partie en 1289 de la commission chargée par le conseil de délimiter le territoire affecté aux courriguiers (6).

GONSOLIN (Pierre,) conseiller en 1292 et en 1295.

Les notaires ont écrit, en 1292 : *Petrus Gonsolini*, et en 1295 : *Petrus Gozolini*.

(1) Arch. mun., EE, *decimo kalende junii 1308*, P. Delgade.

(2) Reg. des cens de Bernard Garnier, 20 janvier 1341.

(3) Fragment d'un registre de cens payés à l'évêque.

(4) Arch. mun., EE, 28 mars 1373, Raymond Elie, notaire.

(5) Pierre Aycard, 17 des kalendes de septembre 1285.

(6) Arch. mun., HH, 3 avril 1325.

GONTARD (Jean), conseiller en 1340 et en 1342.

Il possédait une terre et une aire aux Aygalades, une vigne à la Tour-de-Bonafous et une autre « al Cros del Pebre (*Accates des Aygalades (1).* »

GUIBERT (Jean), notaire. Conseiller en 1310, en 1331 et en 1342.

Il possédait des propriétés au bourg de Sainte-Catherine. Une rue portait son nom (2). Il possédait deux pièces de vignes situées au Jarret de Moreries, pièces qu'il vendit à Simon de Saint-Thomas, tonnelier (3).

GUIBERT JEUNE (Jean), notaire. Conseiller en 1331, en 1340, en 1341 et en 1342.

Il possédait une maison derrière l'Annonerie-Supérieure, une maison au quartier de Montcaud (4).

GUIGUES (Jean), conseiller en 1340.

LXXX.

HENGUELRIAN PONS - HUGOLIN RAYNAUD

HENGUELRIAN (Pons), conseiller en 1295.

Il possédait une maison dans la rue Sainte-Marthe à côté de celle de Bertrand de Velaut (5), et une autre dans la ville vicomtale. C'est devant cette maison que siégeait, en 1299, le tribunal des secondes appellations. (6).

(1) Etat des cens de 1341.

(2) Barth. de Salinis, *decimo-quarto kalende junii 1314* et *decimo julii 1322.*

(3) Guillaume Féraud, *sextimo idas februarii 1321.*

(4) Etat des cens de 1341.

(5 et 6) Pascal de Mayranegis, 17 nov. 1299 et 19 mai 1301.

La femme de Pons se nommait Esmengarde. Il avait un fils, Antoine, qui fut plus tard conseiller, et une fille, Béatrice, qui épousa Jacques Nicolas, marchand. En 1326 Pons était mort (1).

HUGOLIN (Bérenger), conseiller en 1285 et en 1295.

Vers la même époque, en 1278 et en 1284, on rencontre un Bérenger Hugolin, chevalier. Il possédait la directe sur un grand nombre de maisons situées en la rue de la Juiverie de la ville inférieure (2). Il fit partie de la commission nommée par le conseil, en 1285, et chargée d'examiner la question soulevée par les éleveurs au sujet du pacage des troupeaux (3). En 1289 il fut membre d'une autre commission ayant pour mandat de déterminer le territoire où les dits éleveurs pouvaient faire paître (4). En 1288, il assista comme témoin au serment prêté par Charles II dans le cimetière des Accoules et par lequel il jurait de maintenir les traités de paix de 1257 et 1262.

Il possédait plusieurs immeubles près de l'église Saint-Cannat (5).

Un autre Bérenger Hugolin, damoiseau, fut mêlé aux affaires de la ville supérieure dont il fut syndic avec Pierre Geoffroy en 1318 (6). Il remplit aussi ces fonctions en 1323 et en 1340 (7). Dans le conseil tenu le 11 juin 1341 on confirma les pouvoirs qu'on lui

(1) Barth. de Salinis, 22 décembre 1326.

(2) Guillaume Féraud, veille des kalendes de juillet 1278 et 4 des nones de janvier 1284.

(3) Pierre Aycard, 17 des kalendes de septembre 1285.

(4) Arch. mun., HH., 8 des ides de mai 1289 et dans la charte du 3 avril 1335.

(5) P. Aycard, reg. du Palais, 3 des kalendes de mars 1285.

(6) Arch. mun., BB., 22 mai 1318.

(7) Guillaume Noé, 9 décembre 1323.

avait confiés ainsi qu'à Jean Audran, comme syndics et procureurs, dans le but de conserver et défendre les intérêts de la ville devant toutes les juridictions, le cas échéant.

Il avait épousé Dulciette, fille de Pierre Garin, jurisconsulte, et d'Agnette. Dulciette possédait dans la ville inférieure plusieurs maisons qu'elle tenait de sa mère (1). Elle hérita aussi des biens de son mari et, par son testament en date du 2 juillet 1347, elle fit un legs de 100 livres à l'hôpital du Saint-Esprit et manifesta le désir d'être ensevelie dans le cimetière des Accoules.

Bérenger Hugolin, damoiseau, mourut vers le commencement de 1347 (2).

C'est cette famille qui donna son nom à une rue de la ville supérieure, *carreria dicta Hugolenorum*, ainsi nommée en 1287 (3) et qui existe encore aujourd'hui. En 1341, une île de maisons portait aussi ce nom ainsi qu'il résulte de l'état des cens dressés par l'évêque cette année-là.

Hugolin (Raymond), conseiller en 1310, en 1331 et en 1340.

Il possédait une maison dans l'île Bérenger-Hugolin sous la directe seigneurie de l'évêque (4). Il était frère d'André.

Hugolin (Raynaud), conseiller en 1331 et en 1342.

En 1342, le conseil tenu le 14 du mois d'avril, prenant de nouvelles dispositions au sujet de la régle-

(1) Bernard Blancard, 17 octobre 1325.

(2) Arch. mun., GG.

(3) Pons Marin, 11 des kalendes de juillet 1287.

(4) Etat des cens de 1341.

mentation des bans de troupeaux et autres amendes, nomma huit hommes probes qui furent chargés de rechercher les animaux et appliquer les amendes. Raynaud Hugolin fut désigné avec Guillaume Cayat pour le quartier Saint-Canat (1).

LXXXII.

JAUCERAN PIERRE - JOUVE BERNARD

JAUCERAN (Pierre), notaire. Conseiller en 1318.

Il possédait une maison et un jardin dans la rue des Repelins. Une rue de la ville supérieure dans laquelle il possédait une maison portait son nom (2). Il signa souvent, comme témoin, les actes rédigés par son confrère Pascal de Mayranegis (3).

JÉRUSALEM (Guillaume DE), conseiller en 1285 et en 1292.

On connaît le rôle que la famille de Jérusalem a joué à Marseille. Ses membres furent souvent à la tête de l'administration et étaient très riches. Une rue existant encore vers le milieu du XIXe siècle portait ce nom, mais est-ce cette famille qui a donné le nom à la rue ou la rue de Jérusalem (c'est-à-dire la rue qui va à Saint-Jean de Jérusalem) qui a donné le

(1) Arch. mun., CC., nº 29.

(2) Fragment d'un registre de cens payés à l'évêque.

(3) Pascal de Mayranegis, *passim*.

(4) Etat des cens de 1341.

(5) Pascal de Mayranegis, 17 mai 1303.

nom à cette famille ? Quoi qu'il en soit, celui qui nous occupe possédait une maison en face des bains de Bertrand Béroard. Il était propriétaire avec Pierre Gaudemar et autres d'un moulin dit « Mota (1) ». Il avait une vigne à Corunel *(Saint-Giniez)*, une autre à la Cola d'En-Bouquier et la directe sur des maisons situées dans la rue de Guibert Raymond, notaire (2). Il était fils de Pierre de Jérusalem.

A peu près à la même époque il existait un autre Guillaume de Jérusalem, marchand, fils de Marin (3). on trouve aussi, en 1310, un Guillaume de Jérusalem, fils de Giraud, possédant la directe seigneurie sur des immeubles situés rue des Aycardens (4).

JÉRUSALEM (Gui DE), conseiller en 1318.

JÉRUSALEM (Guigues DE), conseiller en 1310.

Il possédait une maison dans l'île Guillaume-de Toulouse et une terre au chemin traversier (4).

Il avait éppusé Mariette, héritière de « domini » Jean Ferrier. Sa femme eut un procès avec Vassal Vassal au sujet du payement de cens assis sur des terres et vignes situées au quartier dit « las Balqueras *(les Bouquières, quartier du Canat (5)*. »

JÉRUSALEM (Paul DE), conseiller en 1331 et en 1340.

Il possédait une maison sise rue Cuiraterie dans la

(1) P. Elzéar, *passim*.

(2) Pascal de Mayranegis, 2 juillet 1300, 15 septembre 1302 et 27 août 1306.

(3) Guillaume Féraud, *quarta idus aprilis 1315* et Bernard Blancard, *septimo aprilis 1325*.

(4) Raymond Jauceran, charte formant la couverture d'un registre d'Augier Aycard, de 1341.

ville inférieure. Tantôt on le désignait sous le nom de Paul de Jérusalem et tantôt sous celui de Paul Naulonqui (1).

JOURDAN (Guillaume), conseiller en 1310 et en 1331.

Fils de Pierre, il est qualifié de « domicellus, dominus Bastide de Seon (2) ». Il était syndic de la ville supérieure en 1331 (3). Il avait la seigneurie sur des propriétés situées au quartier de Gat-Mort ainsi qu'à Séon (4), et un jardin au quartier Saint-Canat. Il possédait par indivis la troisième partie d'un « moulin de terre » situé au lieu dit Prat de feu Raolin, partie qu'il loua à Antoine Fouque. Il eut à ce propos un procès avec son locataire.

Il parait avoir été assez généreux envers ses proches. Il fit don en 1300, a Hugues Sifredi son familier, d'une vigne située à Séon, quartier de Figueria (5).

JOURDAN (Hugues), conseiller en 1285.

Il avait épousé Guillaumette, fille de Pierre Alest dont elle fut l'héritière. Guillaumette fit son testament en 1278 et laissa presque tous ses biens à sa belle-mère Huguette Scarlate. Elle fit des dons à diverses institutions religieuses, notamment à l'église Saint-Canat et aux Frères de l'ordre de la B.-M. du Christ (6).

JOURDAN (Pierre), conseiller en 1285.

A cette époque, on rencontre deux citoyens marseillais portant le nom de Pierre Jourdan. Le premier

(1) Bernard Blancard, 19 février 1322.

(2) Pascal de Mayranegis, septembre 1298, fin août 1299.

(3) Arch. mun., AA.

(4) Guillaume Féraud, *septimo kal. septembris 1314*.

(5) Pascal de Mayranegis, 10 mai 1300, 9 mai 1301.

(6) Guillaume Féraud, 3 des nones d'août 1278.

qui mourut avant 1298 était damoiseau (1), le second marchand. Nous croyons que c'est celui-ci qui fut conseiller en 1285 parce que le scribe n'a accompagné d'aucune qualification le nom de P. Jourdan.

Du reste, ce marchand était un personnage très riche. Il possédait deux maisons à la rue de la Vieille-Monnaie, une à la rue Lanternerie, une à la rue Augier, une autre tout près de l'église Saint-Laurent et plusieurs vignes dans le territoire de Marseille (2).

Sa femme s'appelait Francisque. Une de ses filles, Cécile, avait épousé Guillaume Repelin qui fut aussi membre du conseil (3). Il mourut avant 1314.

JOUVE (Bernard), conseiller en 1295.

C'est dans une maison qui lui avait appartenu que la Cour de la ville supérieure tenait ses audiences pendant les premières années du XIVe siècle.

En 1305, Jouve Bernard était mort (4).

LXXXIII.

DE LAURIS BERTRAND - LUCAS

LAURIS (Bertrand DE), chevalier. Conseiller en 1285.

Il n'était pas sans fortune. Il possédait une maison au quartier Saint-Canat et la directe seigneurie sur divers immeubles de la ville supérieure, immeubles

(1) Pascal de Mayranegis, *tertia nonas sept. 1298* et *passim*.

(2) Guillaume Féraud, 12 des kalendes d'octobre 1314.

(3) Pierre Aycard, reg. du Palais, 6 des ides de juin 1286.

(4) Pascal de Mayranegis, *passim*.

situés dans les rues de la Figuière, Saint-Jacques-des Epées et Four-d'En-Prodome (1).

Il avait hérité des biens de sa belle-mère, Béatrice de Lauris. Il légua sa fortune à Tiburge, sa femme, sœur de Bertrand et Guillaume de Sabran dont ils furent les héritiers (2). Tiburge mourut vers 1308 (3). Bertrand ne vécut pas au-delà de 1299.

Lauris (R. de), conseiller en 1285 et en 1292.

On trouve vers la même époque un Raymond de Lauris, damoiseau. Il possédait la directe seigneurie sur des immeubles appartenant à la femme de Bertrand Revel et sur une maison de Jeanne Baussenque située près la Porte Gallique. Il mourut vers 1304 laissant deux enfants mineurs : Guillaume-Bertrand et Arnaud dont Garcende, leur mère, était tutrice (4).

Lautard (Durand), conseiller en 1340.

Il possédait une terre à la Font des Bannières, quartier de Séon (5).

Limosin (G.), conseiller en 1285.

Lombard (Bertrand), conseiller en 1292.

Ce devait être un personnage important puisque, en 1344, une île de maisons de la ville supérieure portait son nom.

Comme à cette date il ne figure pas parmi les propriétaires il devait être mort.

Lucas, boulanger. Conseiller en 1295.

(1) Guillaume Féraud, *pridie idus maii 1284*. Pascal de Mayranegis, 15 septembre 1302 et f° 9 v° du cart. de 1299.

(2) *Idem*, 26 novembre 1299.

(3) Arch. départ., Béguines, liasse 2, n° 8.

(4) Augier Aycard, 1er janvier 1304 et 5 juin 1305.

(5) Fragment d'un registre de cens payés à l'évêque.

LXXXIV.

MANOSQUE B. - DE MORIERS JACQUES

MANOSQUE (B.), conseiller en 1285.

Il appartenait à une famille qui, depuis longtemps, avait fixé son siège à Marseille (1).

MARIN (Guillaume), conseiller en 1292.

MARSEILLE (Jean DE), conseiller en 1295.

La famille de Marseille était une des plus éminentes de la ville supérieure au moyen âge. Elle possédait de nombreux immeubles et des cens. Elle avait donné son nom à une porte de la ville : Porte de Jean de Marseille. Il existait aussi, en 1295 un notaire portant le même nom. On rencontre encore, en 1305, un un autre Jean de Marseille, damoiseau, fils de R. de Marseille, chevalier (2).

MARTIN (Pierre), conseiller en 1295 et en 1300.

Les Pierre Martin sont assez nombreux à la fin du XIIIe siècle et il est impossible d'indiquer avec certitude lequel d'entre eux remplissait ces fonctions municipales. On trouve, en 1285, un Pierre Martin géomètre *(agrimensor (3)*. Il possédait plusieurs maisons. Un autre Pierre Martin est qualifié « peintre de Montpellier ». Sa femme se nommait Raymonde, fille de Pierre d'Aubagne. Ce ménage avait la propriété d'une vigne à *Pedefeda (4)*.

(1) L. Blancard, *Documents inédits*.

(2) Pascal de Mayranegis, 7 des kalendes de Juillet 1295.

(3) P. Aycard, 10 des kalendes de novembre 1285.

(4) Bernard Blancard, *pridie nonas aprilis 1301*.

MAUSSAN (Jean), conseiller en 1318.

MELLI (Guillaume), conseiller en 1310.

MILON (Pons), conseiller en 1295.

Nous ne connaissons rien autre de ce citoyen de la ville supérieure. Mais on trouve quelques renseignements sur d'autres Milon qui vivaient à la même époque. Ainsi, en 1296, on rencontre un Raymond Milon, damoiseau (1). Bérenger Milon possédait au commencement du XIVe siècle une maison à la rue de l'Annonerie Supérieure (2), aujourd'hui rue des Grands-Carmes, où il habitait. C'est peut-être le nom de ce propriétaire qui a donné naissance à la légende relative à la maison de Milon, l'ami de Cicéron, rappelée par Augustin Fabre (3).

Vers le milieu du XIXe siècle, une maison située dans cette rue et portant un buste sur sa façade était encore appelée par le peuple : « la maison de Milon ». Le buste placé ainsi sur la maison de Milon qui pouvait-il représenter ? Des écrivains du siècle dernier, Grosson entre autres, s'aidant des souvenirs classiques, trouvèrent la solution de ce problème : On sait que Milon, l'ami et le client du grand orateur, dut quitter Rome. Il vint demeurer pendant quelque temps à Marseille. La maison de la rue des Grands-Carmes ne pouvait donc être que celle du proscrit romain et le buste son image. Seulement, un examen sérieux de cette œuvre d'art fit découvrir, plus tard, qu'elle représentait le Christ après la flagellation.

(1) Pascal de Mayranegis, Ides d'octobre.

(2) Etat des cens de 1311.— Cahiers de Jean Blaise.

(3) *Anciennes Rues*, p. 139.

Il est donc très probable que l'immeuble avait reçu son nom d'un membre de la famille des Milon qui vivaient au XIVe siècle, car, comme à cette époque les maisons ne portaient pas de numéro, on les désignaient par le nom de leur propriétaire ou celui de leurs habitants.

MONNIER (Guillaume), conseiller en 1331.

Il possédait une maison dans la ville supérieure (1) et une vigne à Saint-Just (2).

MORIERS (Jacques DE), conseiller en 1318.

Il possédait une maison à l'Aumonerie confrontant celle de Jean Aubin (3).

LXXXV.

NOUVEL NICOLAS - PROPHÈTE RAYMOND

NOUVEL (Nicolas), conseiller en 1292.

Il était marchand et recteur de l'hôpital de la B.-M. en 1307 (4).

NOUVEL (R.), conseiller en 1285.

Les citoyens portant ce nom de famille étaient nombreux à Marseille. On en trouve déjà en 1248 (5).

PAUL (Guillaume), conseiller en 1285, en 1292 et en 1295.

Les notaires qui rédigeaient les délibérations du

(1) Augier Aycard, 25 novembre 1301.

(2) P. Elzéar, 12 des kalendes de juin 1303.

(3) Etat des cens de 1311.

(4) Pascal de Mayranegis, 21 décembre 1308.

(5) L. Blancard, *Documents inédits*.

conseil faisaient suivre le nom de ce conseiller de la profession générale de laboureur *(laborator)*, mais certains actes privés le qualifient de maître d'*aysse* (1). Le terme *laborator* était un terme générique qui embrassait toutes les professions manuelles. En 1296, une rue située dans la juridiction de l'Œuvre portait le nom de : « carreria Pauli (2) ». En 1341, parmi les îles de maisons de la ville supérieure, une, la dix septième, était dénommée : « insula Pauli laboratoris (3) ». Il possédait une maison située derrière l'église Sainte-Marthe (4). Son fils Hugues fut, lui aussi, membre du conseil.

Paul (Hugues), conseiller en 1318.

Il possédait un verger à la Sueille-du-Marché (5), une terre à Frépestel (6), et une autre d'une émine au quartier dit Défenses-de-l'Évêque *(les Dévots, à Saint-Henri (7)*, une aire au Champ à Fourrage de l'Évêque, une maison dans l'île Malaussène et une autre dans l'île Paul (8).

Il était fils du précédent.

Philip (Raymond), conseiller en 1318.

Ce membre du Conseil était originaire de Monteux. Il vint à Marseille en 1301, demanda (9) et obtint les

(1) Guillaume Féraud, 8 des Ides de novembre 1300

(2) Pascal de Mayranegis, 1er des kalendes de novembre.

(3) Etat des cens de 1341.

(4) Cens de Bernard Garnier, 22 février 1316.

(5) Pascal de Mayranegis, 20 mai 1307.

(6) Fragment d'un registre de cens payés à l'évêque.

(7) *Idem*.

(8) Etat des cens de 1341.

(9) Voyez l'acte de citadinage de Philip dans les pièces justificatives.

droits de citoyens de la ville supérieure. On le voit souvent devant le tribunal agissant en qualité de procureur *(procurator)*, pour des personnes qui avaient affaire avec la justice (1).

Il avait une terre à Arenc, au bord de la mer (2).

PORTU (Jean DE), conseiller en 1285.

La famille Portu était ancienne à Marseille (3). La rue de la Juiverie portait aussi le nom de rue « domini Andreas-de-Portu, jurisperiti (4) ». Quant à Jean, les nombreux actes privés consultés n'en font pas mention.

PROPHÈTE (Raymond), conseiller en 1295, en 1300 et en 1310.

Ce conseiller était, paraît-il, très riche et savait soigner ses intérêts. Il possédait un immeuble à l'Annonerie-Supérieure dans une traverse derrière l'église Sainte-Marthe (5). Il avait prêté de l'argent à son collègue Pierre Roubaud et, pour cette raison, il fit estimer un champ à fourrage appartenant à ce dernier afin d'obtenir un gage (6).

Plus d'une fois il eut affaire aux tribunaux. En effet, son fils, aussi nommé Raymond, mort jeune, l'institua son légataire universel avec la charge de donner 10 livres à sa tante Alazacie, femme de feu maître Victor, médecin, et sœur de notre conseiller.

(1) Reg. du Palais, *passim*.

(2) Pascal de Mayranegis, 24 novembre 1306.

(3) L. Blancard, *Documents inédits*.

(4) Augier Aycard, 22 novembre 1304.

(5) Pascal de Mayranegis, f° 76 du cart. de 1287.

(6) Voyez la note concernant P. Roubaud.

Celui-ci n'en voulait rien faire. Il y eut procès. Le juge le condama à payer les 10 livres et aux dépens, soit 30 sous (1).

Mais, bien qu'il nous paraisse avoir été riche, la paix ne régnait pas dans son ménage. Sa femme, Alazacie, avait quitté le domicile conjugal. Les documents ne nous en donnent pas le motif. Ce qu'on peut dire cependant, c'est qu'elle obtint, en 1298, du juge de la Cour royale de la ville supérieure, une sentence qui obligeait son mari à lui fournir une pension alimentaires de 8 livres 10 sous par an. La somme avait été fixée par les experts d'après les facultés de Raymond Prophète (2). Cette pension alimentaire ne satisfaisait pas, semble-t-il, Alazacie qui, quelques mois après, alla chez son mari et fit main-basse sur quatre sacs d'argent contenant 250 livres. Elle les cacha chez des particuliers. Raymond Prophète porta plainte. La Cour fit rechercher ces quatre sacs d'argent. On les trouva, la Cour les saisit et condamna Alazacie à 25 livres. Elle en appela. La condamnation fut maintenue. Seulement la Cour, sur les 250 livres dérobées, n'en rendit que 225 à Raymond Prophète et en garda 25 pour la condamnation, de telle sorte que le mari dut payer la somme à laquelle sa femme avait été condamnée pour l'avoir volé (3).

Ces aventures conjugales ne nuisirent pas cependant à la réputation de Raymond Prophète puisqu'il était encore conseiller en 1310.

(1) Pascal de Mayranegis, 20 décembre 1309.

(2) *Idem*, 11 août 1298.

(3) *Ibid.*, 27 septembre et 1er octobre 1298.

LXXXVI.

RAYMOND Guillaume - ROUX Pierre

Raymond (Guillaume), conseiller en 1292.

Il exerçait la profession de changeur ou banquier. A la même époque un autre Raymond Guillaume était membre du conseil de la ville prévôtale. Sa profession n'est pas indiquée. On rencontre des propriétés inscrites au nom de Raymond Guillaume, situées à la rue Jean-Lingoste, derrière la Pierre-de-l'Image, et ailleurs (1).

Raymond (Pierre), conseiller en 1310.

On trouve en 1316 un Pierre Raymond, fustier (2). Un autre que les actes qualifient d'aubergiste (3). Un autre encore qui était jardinier et qui possédait une maison dans la rue de la Muette (4) et une vigne rue d'En-Phelip (5). Un Pierre Raymond — est-ce l'un de ceux qui précèdent — fut désigné en 1300 comme procureur par les propriétaires du moulin de la *Mota* pour le règlement d'une affaire concernant cet immeuble (6). Il reçut aussi, en 1301, procuration au sujet d'une affaire survenue entre la femme de Hugues Alaman et les hériters de Rostand Beguet (7).

(1) Pascal de Mayranegis, 5 des kalendes d'août 1298.

(2) Bernard Blancard, Ides de juillet 1316.

(3) *Idem*, 4 avril et 14 août 1325.

(4) P. Elzéar, 6 des kalendes de mai 1315.

(5) Cens de Bernard Garnier, 13 novembre 1323.

(6) P. Elzéar, 13 des kalendes de mars 1300.

(7) *Idem*, 9 des kalendes d'août 1301.

Raynaud (B.), conseiller en 1285.

Rebuffat (Olivier), conseiller en 1292.

Il exerçait la profession de boucher et fut mandataire du syndicat de la corporation de la ville supérieure lors du procès que ses confrères des deux villes eurent avec les autorités municipales vers 1285 au sujet du paccage, procès qui dura plusieurs ans (1).

Les Rebuffat étaient nombreux vers 1300, tant dans la ville haute que dans la ville inférieure. Presque tous se livraient à l'industrie et au commerce de la boucherie.

Repelin (Bérenger), on trouve ce nom dans les séances du Conseil en 1285, 1292, 1295, 1331 et 1340.

Il est probable qu'il a été porté par deux personnes dont l'une vécut à la fin XIIIe siècle et l'autre au commencement du XIVe siècle, car si le même citoyen avait siégé au conseil de 1285 à 1340 il aurait eu sans doute un âge qui ne lui aurait pas permis de vaquer aux affaires publiques.

Quoi qu'il en soit, un Bérenger Repelin vivait vers le milieu du XIIIe siècle et faisait le commerce avec Bougie (2); un autre possédait un immeuble, en 1341, dans l'île de maisons dites de « Bérenger Repelin », située non loin de Saint-Jacques-des-Épées, un four et un casal dans l'île de Guillaume de Scale (3).

On rencontre aussi, vers 1300, un personnage portant ces nom et prénom, qui faisait partie, en qualité de sacristain, de l'ordre de Saint-Antoine (4).

(1) Pierre Aycard, reg. du Palais, folio 7 verso.

(2) L. Blancard, *Documents inédits*, t. II, p. 619.

(3) Etat des cens.

(4) Pascal de Mayranegis, 11a octobre 1300.

Repelin (Étienne), conseiller en 1300, en 1310, en 1331, en 1340 et en 1341.

Il possédait la censive sur plusieurs maisons, censive de 2 sous 3 deniers qu'il avait acheté à Nicolas André pour la somme de 40 sous (1). Une maison située à la rue Négrel et habitée par Silvie Cuende lui appartenait ainsi qu'un atelier dans la rue du Palais, en face de la Claverie royale, atelier dans lequel les notaires Guillaume Féraud et Jean de Salinis rédigeaient souvent leurs actes (2).

Il avait épousé Maria, fille de Raymond Barthélemy de laquelle il eut un fils, Jeannet, et une fille, Catherine, qui se maria avec Pierre de Vaquières, négociant. Catherine possédait la directe sur une terre située près l'église de Saint-Martin d'Arenc (3).

Repelin (Guillaume), conseiller en 1285.

Il demeurait près l'hôpital Saint-Jacques des Epées. Un acte du 6 des ides de juin 1286 indique qu'à cette date il était mort. Cette même année on procéda sur la demande de sa mère, Machione, veuve d'autre Guillaume Repelin, et tutrice de ses petits enfants, Jeannet et Machionette, à l'inventaire des biens laissés par son fils Guillaume Repelin. Il possédait trois maisons dans la rue Saint-Jacques des Epées, une dans la rue Saint-Antoine et une vigne à Monteau (4).

Il avait épousé Cécile Jourdan, fille de Pierre (5).

(1) Augier Aycard, 5 juin 1304.

(2) Guillaume Féraud, 1314, *passim*. Jean de Salinis, *passim*.

(3) Arch. mun., II. Raymond de Caderousse, 7 août 1350.

(4) Arch. départ., fonds de la Major, liasse 26, n° 149.

(5) P. Aycard, reg. du Palais.

REPELIN (Jean), conseiller en 1300.

Il était frère de Etienne Repelin et exerçait la profession de fustier (1).

REPELIN (Michel), conseiller en 1300 et en 1318.

Il possédait une maison dans la rue de Raymond-Alexandre (2), un verger situé à la Sueille du Marché, rue du Four-d'En-Prodome, verger qu'il vendit en 1302 à Antoine Godefroid, drapier (3).

En 1301, il avait été receveur des deniers destinés aux ouvrages nécessaires aux fontaines. Le juge Hugues de Moriers et le conseil nommèrent deux citoyens, Jean de Servières et Pons Enguilran, pour vérifier les sommes qu'il avait reçues et dépensées. Les comptes furent trouvés exacts et les auditeurs en firent mention devant le juge et le Conseil (4).

Sa femme s'appelait Maria (5).

REPELIN (Raymond), conseiller en 1295.

En 1316 il était estimateur général avec Jacques Dalmas. Il exerça en 1309 les fonctions d'expulseur des femmes de mauvaise vie. Il possédait une maison à la rue du Four-d'En-Prodome et une autre vers l'église Saint-Jacques des Epées (6) ainsi qu'une vigne à Sainte Marthe (7).

RICAVI (Jean), conseiller en 1331.

(1) L. Blancard, *Documents inédits*. IV, p. 85.

(2) Pascal de Mayranegis, 1er avril 1291.

(3) *Idem*, 24 août 1302.

(4) *Ibid.*, 19 novembre 1301.

(5) *Ibid.*, 1305, *passim*.

(6) *Ibid.*, 18 août 1298 ; 1299, folio 9 verso ; 14 mai 1309.

(7) P. Elzéar, 6 des kalendes de novembre 1316.

Il possédait une maison dans l'île de Guillaume-Sarde, en face du palais épiscopal, et un jardin à Arenc (1).

RODEL (Jean), conseiller en 1331.

Il possédait une maison et un terrain dans l'île des Aygadiers, une terre et vigne à Fresquestel *(quartier de Séon-Saint-Henri).*

Sa femme s'appelait Gilette (2).

ROSTANG (Bérenger), conseiller en 1310, en 1341 et en 1342.

La famille des Rostang fut une des plus considérables de la ville supérieure vers l'an 1300. Elle possédait une tour qui portait son nom et qui fut appelée plus tard tour de Saint-Canat. Peut-être notre conseiller appartenait-il à cette famille. Nous n'avons rien trouvé sur ses relations.

Bérenger Rostang fut nommé « bannier » en 1342 avec Giraud Porcelli (3).

ROSTANG (Pons), conseiller en 1295.

Nous trouvons un Pons Rostang en 1329 et en 1341. Il possédait une maison rue d'En-Bosquet. Sa femme, Guillaumette, était propriétaire d'une maison située dans la même rue (4).

ROUBAUD (Pierre), conseiller en 1295 et en 1300.

Son nom est suivi des mots : « de Sainte-Marthe » parce qu'il possédait une maison devant l'église éri-

(1) Etat des cens de 1311.

(2) *Idem.*

(3) Arch. mun., CC., n° 29.

(4) Cens de Bernard Garnier, 16 octobre 1329, 13 juillet 1341.

gée sous l'invocation de cette sainte, maison qu'il habitait et qu'il donna, en 1305, à son fils Etienne (1).

Il hérita, en 1286, de son grand-père P. Roubaud *(lo Dous)*. Son père s'appelait aussi P. Roubaud (2).

Il possédait un champ à fourrage au lieu dit la Fontaine Pouilleuse, à Séon, champ qui fut, en 1306, estimé sur la demande de Raymond Prophète à qui ledit Pierre devait une certaine somme (3). Il était aussi propriétaire de terres et vignes au même quartier, à Montolivet et aux Garbiers *(Saint-Charles (4)*.

C'est dans une de ses maisons que la Cour et le Conseil de la ville supérieure tenaient audiences et séances (5).

Roubaud (Pons), conseiller en 1295 et en 1300.

Il eut un procès avec Jean Auriat à cause de la dot de 50 livres promise par ledit Pons à sa fille Bertrande (6).

Roux (Pierre-Martin), conseiller en 1292.

Tout ce que nous savons de ce conseiller c'est qu'en 1333 il était mort (7) et qu'il avait un fils portant les mêmes prénoms et à qui Jacques Monsalvi devait une certaine somme.

(1) Pascal de Mayranegis, 1305, *passim*. Cette maison confrontait celle de Pierre Guillaume, jardinier, celle d'Audouarde Riperte, la rue Sainte Marthe et « a parte inferioris cum hospicio Sancti-Honorati et carreria Johannis-Guiberti qua itur à colla versus curiam episcopalem. »

(2) P. Aycard, 6 des kalendes de septembre 1286.

(3) Pascal de Mayranegis, 17 avril 1306.

(4) *Idem*, 12 juin 1308.

(5) *Ibid.*, *passim*.

(6) *Ibid.*, 11 janvier 1308.

(7) Bernard Blancard, 14 novembre.

LXXXVII

SABATIER GUILLAUME - DE SERVIÈRES JEAN

SABATIER (Guillaume), conseiller en 1340 et en 1342.

Si l'on s'en rapporte au registre des cens de 1341 et aux confronts de la maison qu'il possédait au quartier de Cavaillon, île de Paul-Laboureur, son véritable nom était : Guillaume Bontos, *alias* Sabatier.

SAINT-FÉLIX (Raymond DE), conseiller en 1295 et en 1300.

Il possédait un jardin près de la Porte-Gallique (1). Il assistait souvent aux audiences de la Cour de la ville supérieure et signait comme témoin les actes que le notaire rédigeait (2). Il existait à la même époque une famille de Saint-Félix dont deux membres, Pierre-Raymond et Bernard, portèrent le titre de « chevaliers. » Ce dernier possédait avec Raymond de Saint-Félix la directe sur des maisons situées au bourg Saint-Augustin (3).

Il était mort en 1324

SAONES (Guillaume), conseiller en 1310.

Il possédait une maison rue de l'Annonerie (4).

SARDE (Guillaume), conseiller en 1295.

On rencontre deux Guillaume Sarde à la même époque :

(1) Augier Aycard, 1er janvier 1301.

(2) Pascal de Mayranegis, *passim*.

(3) Bernard Blancard, 6 octobre 1324.

(4) Pascal de Mayranegis, 7 mars 1308.

1° Celui qui était syndic en 1295, estimateur général de 1299 à 1305 et « districtor » du ban en 1301.

2° Celui qui était notaire (1).

Est-ce le même personnage ?

Quoi qu'il en soit, vers 1340, une île de maisons de la ville supérieure portait encore le nom de Guillaume Sarde.

SARDE (DE SAINT-CANAT Hugues), conseiller en 1292 et en 1295.

Hugues Sarde fut syndic de la ville en 1295 et estimateur général en 1302.

Quoique riche, il avait des créanciers récalcitrants puisque Raymond Boniface, à qui il devait une certaine somme, fit estimer ses biens en 1296. Il possédait une maison devant les bains de Bertrand Béroard et une autre au-dessus de la Pierre-de l'Image (2).

Vers l'an 1300 il remplit les fonctions de préposé aux armements maritimes (3).

Sa femme Huguette était aussi propriétaire à la rue Maucouinat d'une maison qui fut plus tard estimée, à la demande de Jacques Assunello, damoiseau de Podio et mari de Céciliette, fille dudit Hugues (4).

On rencontre, un peu plus tard, un autre Hugues Sarde, fustier, fils de Bertrand de Bains, maître d'*aysse*. Il avait épousé Bernarde, fille de Bermond de Berre. Elle lui avait apporté en dot 100 livres et une maison située à la rue Pierre-Boniface (5).

(1) Pascal de Mayranegis, 23 octobre et 26 novembre 1299 ; 7 des Ides de février et 2 juillet 1301 ; 10 mai 1302.

(2) *Idem*, 15 des kalendes de juin 1296 et 15 septembre 1302.

(3) Arch. départ. B., n° 1369.

(4) Barthélemy de Salinis, 1302.

(5) Bernard Blancard, *pridie kal. 1312*.

En 1314 il était mort et avait laissé à son fils Pierret une maison située à la rue Guillaume-Imbert, deux ateliers de fustier rue de la Fusterie (1).

SAUNIER (Jacques), conseiller en 1310.

Il possédait une terre à Montcau *(quartier situé entre Saint-Barthélemy et Saint-Just (2)*.

SAUMERIVE (Fouque DE), notaire. Conseiller en 1285. Son père se nommait Guillaume. Les actes lui donnent souvent le titre de jurisconsulte.

Il siégea plusieurs fois, en 1285, comme lieutenant du juge de la ville supérieure : Gui de Tabie (3).

Il fit son testament le quatrième jour des nones de juin 1286. Il manifesta le désir d'être enterré dans le cimetière de la Cathédrale. Il légua deux sous à la luminaire de l'église de Saint-Canat, deux sous à un vicaire de la dite église, douze deniers à un autre vicaire, six deniers au diacre, douze deniers à chacun des trois clercs de la même église ; il légua pour des chandelles cinq sous à l'église des Accoules, deux sous à la cathédrale ; il légua en outre vingt sous à Guillaume de Quinsac, banquier ; dix sous à son filleul, Pierre Garnier ; cinq sous à son filleul Raymondet, fils de Geofroy Palenc de Saint-Marcel ; vingt sous pour les ouvrages des conduits des eaux ; dix sous à sa parente Galborque, fille de P. Guillaume ; douze deniers à chacun des hôpitaux de Marseille et des faubourgs ; cinq sous à l'aumônerie de Saint-Victor ; trois sous aux ouvriers de l'église des Frères-Mineurs

(1) Guillaume Féraud, 4 des kalendes de juin 114.

(2) Etat des cens de 141.

(3) P. Aycard, reg. du Palais de 1285-86, *passim*.

et trois sous aux ouvriers de l'église des Frères-Prêcheurs ; cent sous pour ses funérailles, cent quarante livres et les meubles à sa femme Amélie, somme dont une grande partie avait été comprise dans la dot de la dite Amélie ainsi qu'une vigne située à Sainte Marguerite. Il légua certains de ses biens à sa mère et à son frère Raymond. Il institua ses enfants Mathivet et Jeannette ses légataires universels (1). L'héritage s'élevait à cent livres. Fouque Saumerive avait été chargé avec plusieurs de ses collègues du conseil de défendre les intérêts de la ville dans l'affaire des bouchers mourut dans le courant du mois de juin 1286 (2).

Saumerive (Hugues de), syndic et procureur du conseil général de la ville haute en 1285.

Servières (Déodat de), conseiller en 1340, en 1341 et en 1342.

Servières (Jean de), conseiller en 1285, en 1292 et en 1310.

Il était notaire (3) et fils de Geofroy. En 1285 et en 1295 il remplit les fonctions de syndic de la ville (4). Il fit partie de la commission chargée de délimiter le territoire affecté aux *nourriguiers* en 1289, et en 1295 de celle qui avait pour mission de défendre les droits de la ville contre l'évêque au sujet de la dîme, et fut aussi en 1294 et 1312 chargé avec Hugues et Raymond

(1) *Idem*.

(2) *Ibid.*, 17 des kalendes de septembre 1285 et 2 des nones de juin 1286.

(3) L. Blancard, *Documents inédits*, t. Iᵉʳ, p. 511.

(4) Pascal de Mayranegis, 3 des kalendes de septembre 1295

Geoffroy de la défense des chemins du terroir contre les empiétements des riverains (1). Il possédait la directe seigneurie sur des propriétés au lieu dit le Chemin Traversier *(quartier de Sainte-Marthe (2)* et au lieu dit les Servières *(quartier du Canet (3)*. Une rue de la ville supérieure portait son nom (4).

Il eut un fils nommé Geoffroy. En 1322 Jean était décédé.

LXXXVIII.

THOMAS P. - DE VILLENEUVE JACQUES

THOMAS (P.), conseiller en 1285.

Il possédait une maison sous la rue du Four-d'En-Prodome (5). En 1251 il avait fait partie des « hommes probes » qui, avec les chevaliers de la ville supérieure jurèrent d'observer la sentence rendue par l'évêque au sujet des chevauchées.

TOLLON (Benoit DE), conseiller en 1295.

Il était commerçant en blés *(bladié)*.

TOULOUSE (Guillaume), conseiller en 1290, en 1295 et en 1300.

En 1300 il était bannier avec Guillaume Sarde et Peyrier et, en 1301, estimateur général (6).

(1) Guillaume Jean, 13 des kalendes de juillet 1294.

(2) Augier Aycard, 1305.

(3) Pascal de Mayranegis, 8 des ides de novembre 1285.

(4) Augier Aycard, 1323.

(5) Guillaume Féraud, 10 des kalendes de décembre 1284.

(6) Pascal de Mayranegis, 2 juillet 1300 et 2 mai 1301.

En 1316, un Guillaume Toulouse, peut-être le même, est cordier. Il posséda plusieurs maisons dans la rue Morier (1).

Tribolet (Guillaume), conseiller en 1318 et en 1331. On trouve vers la même époque un Tribolet exerçant le métier de boulanger (2). Il donna, en 1323, avec Reinard Desan une certaine somme qui fut remise à Hugues Blanc, juge de la ville supérieure, pour des vacations faites dans l'intérêt de la communauté (3).

Une rue portait au moyen-âge le nom de rue Tribolet. On nommait *tribolets*, vers 1380, des pains d'une fabrication particulière (4).

Vellan (Nicolas), conseiller en 1331.

Victor (Durand), tisserand. Conseiller en 1285.

Villeneuve (Jacques de), conseiller en 1341 et en 1342.

Il fut désigné par le conseil, dans la séance du 14 avril 1342, pour surveiller l'application du ban dans le quartier de l'Annonerie (5), ce qui tend à prouver qu'il y demeurait.

(1) P. Elzéar, 7 des ides d'août 1316.

(2) *Idem*, 15 des kalendes d'avril 1303.

(3) Arch. mun., CC.

(4) Registre des Délibérations.

(5) Arch. mun., CC., nº 29.

CONSEILLERS DE LA VILLE PRÉVOTALE

LXXXIX.

D'AIX PONS - AYCARD RAYMOND

AIX (Pons d'), conseiller en 1292.

Il appartenait sans doute à la famille de ce nom dont la plupart des membres exerçaient à cette époque la profession de boucher.

AMIEL (Guillaume), chevalier. Conseiller en 1292 et en 1295.

Sa femme, Cécile, eut en 1315 un procès avec Gassiane, femme de Bert. de Saliuis, notaire, et Huguette, femme de Jean Fabre. Parmi ces dernières, il y avait une sœur et une nièce de Guillaume Amiel, dont elles étaient les héritières. Le procès se produisit à cause d'une maison que Cécile affirmait avoir apportée en dot tandis que sa belle-sœur et sa nièce prétendaient que la dite maison, située au lieu dit Coronel, faisait partie de l'héritage (1).

AMIEL (R.), conseiller en 1285.

ANDRÉ (Nicolas), marchand. Conseiller en 1295.

Il possédait avec son frère Ricard une maison située rue Etienne Repelin, tout près de l'église Saint-Antoine.

(1) P. Elzéar, 12 juin 1315.

Il possédait en son propre un verger situé dans la rue des Repelins, une maison dans la rue Pierre-Jauceran (1) et un cens de deux sous trois deniers sur une maison appartenant à Etienne Repelin, cens qu'il vendit à celui-ci (2). Il avait épousé la fille de Béatrice Béroard, femme d'Augier Aycard. Dans un acte de 1298, sa belle-mère reconnaît lui devoir huit livres et demie qu'elle avait reçues à titre de prêt.

Il avait un frère nommé Pellegrin André (3).

Argelier (Nicolas), conseiller en 1292 et en 1295. Il avait épousé Maria, fille de Jean Manduel (4), ce riche négociant marseillais que Charles d'Anjou fit condamner et exécuter à la place Saint-Michel comme conspirateur en 1268 parce que, d'après l'accusation, il ne voulait pas se soumettre, avec plusieurs de ses compatriotes, à l'autorité usurpatrice du comte de Provence qui s'empara des biens considérables de ses victimes (5).

Nicolas était fils de Pierre Argelier. Il avait une fille nommée Mariette, née de son mariage avec Maria Manduel. Il possédait une maison située dans la rue Droite et confrontant le cimetière de la Sainte-Trinité. Les époux Nicolas Argelier et leur fille furent obligés de la vendre « à cause de leur pauvreté » dit l'acte. Ils habitaient la partie de la ville soumise à la juridiction de la Prévôté, « habitatores prepositure ecclesie sedis Massilie ».

(1) Fragment d'un registre de cens payés à l'évêque.

(2) Pascal de Mayranegis, 17 des kalendes de mai 1298.

(3) Augier Aycard, 4 août 1304.

(4) Pascal de Mayranegis, 13 des kalendes de juillet 1298.

(5) L. Blancard, *Documents inédits*, préface.

AUDIGUIER (Guillaume), conseiller en 1295.

Il possédait une maison rue Pierre Boniface (1), une vigne à l'Euze *(quartier du Canet)* sous la directe de Raymond Geoffroy, des terres à Gibes. Il mourut vers l'an 1300 laissant quatre enfants : Huguet, Bertrandette, Béatrice et Guillaumet. Sa mère s'appelait Huguette (2).

Une rue située au quartier de Château-Babon portait à la même époque le nom de rue des Audiguiers (3).

AURIOL (Fouque), conseiller en 1295.

Il était marchand (4). Il avait épousé une nommée Béatrice. Son fils, Pierre Auriol, vendit en 1326 une vigne située au Canet. A cette date Fouque n'existait plus (5).

AYCARD (Augier), conseiller en 1292.

Il avait épousé Béatrice Béroard, fille de Hugues Béroard, chevalier. Il mourut avant 1298. Son fils, Raymond jeune, eut maille à partir avec la justice. Celui-ci avec Jean Aycard, fils d'autre Raymond, blessèrent mortellement dans une rixe le nommé Pierre Pellisson. La Cour condamna Raymond Aycard jeune à 300 livres et Jean à 200. On fit appel de ce jugement et grâce à l'intervention du Conseil, où sans doute Augier Aycard avait conservé des sympathies posthumes, la peine fut réduite (6).

(1) Bernard Blancard, veille des kalendes de juin 1312.

(2) Pascal de Mayranegis, dernier d'octobre 1300.

(3) Augier Aycard, 22 novembre 1304.

(4) Pascal de Mayranegis, 18 des kalendes de mai 1298 ; 14 mars 1308.

(5) *Idem*, 9 des kalendes d'avril 1295.

(6) Barthélemy de Salinis, 17 juillet 1326.

AYCARD (Raymond), conseiller en 1295.

Il était fils de Fouque Aycard, sa femme s'appelait Alazacie. Il exerçait la profession de tavernier et possédait un jardin ainsi qu'un pré au lieu dit : *al Lca'*, à côté du pré de l'Œuvre (1).

Son fils, Jean Aycard, avait été condamné par contumace à la suite du meurtre de Pierre Pelisson. Raymond dut entrer en composition avec Marguerite, épouse dudit Pelisson et ses enfants, Pierre, Marguerite et Béatrice (2).

XC

BANNIER GUILLAUME – DE BOSSONET MATHIEU

BANNIER (Guillaume), conseiller en 1295.

Il était « laborator » et possédait plusieurs terres et vignes dans le territoire de Marseille avec, en outre, une maison à Roquebarbe. Ces propriétés formèrent la dot qu'il donna à sa cousine Béatrice, future épouse de Guillaume André (3).

Une rue du quartier de Roquebarbe s'appelait, en 1316, rue Guillaume-Bannier (4).

Ce conseiller était en relation d'affaires avec Jean Jouve, mégissier (5).

BAUCIAN (B.), conseiller en 1235.

On trouve à peu près à la même époque Bucian Baucian et Bertrand Baucian. C'est sans doute l'un

(1) P. Elzéar, 8 des ides de février 1303.

(2) Pascal de Mayranegis, 3 avril 1307.

(3) *Idem*, 6 février 1300.

(4) Cens de Bernard Garnier, 22 février 1316.

(5) Pascal de Mayranegis, 1295.

des deux qui siégeait au conseil. Quoi qu'il en soit les Baucian formaient une famille très connue à Marseille et qui donna son nom à une rue de la ville prévôtale. Baucian Baucian possédait la directe sur plusieurs maisons situées à Roquebarbe et sur des vignes à Sainte-Marthe (1). La directe sur ces vignes fut vendue par son fils Bertrand à Bernard Garnier en 1317 (2). Il avait épousé Huguette Béroard, fille de Guillaume, chevalier, et sœur de Raymond et de Bertrand, damoiseaux. Elle possédait des revenus assis sur des terres situées à Saint-Marcel (3).

On rencontre un autre Baucian Baucian, fils de Raymond et époux de Giraude, qui reconnait tenir sous la directe de Bernard Garnier une maison située rue Bernard-Gasq (4).

Quant à Bertrand Baucian il était « magister lapidis ». Il avait épousé Guillaumette Roubaud qui avait emprunté une certaine somme à la femme de Guillaume Ebrand, autre « magister lapidis ». Bertrand était mort en 1288 (5).

BAUCIAN (Jeune), conseiller en 1292.

Il est impossible de savoir quel est le prénom de ce personnage.

BAUME (Nicolas), conseiller en 1292.

Il était marchand de poivre.

Il possédait un casal situé « supra pertusium maris (1) » et une maison à la Pierre-de-l'Image (2). Il

(1) Pascal de Mayranegis, 6 février 1 0 .

(2) Arch. mun., II, Raymond Rogier, notaire, 7 des kalendes de mai.

(3) Pascal de Mayranegis, 11 juin 1299.

(4) Barthélemy de Salinis, 22 mai 1319.

(5) Pons Martin, 1er des kalendes d'avril 1283.

était fils de Gantelme. Il eut en 1282 un procès avec les héritiers de Bernard Flori au sujet d'une commande que celui-ci lui avait faite. Il gagna sa cause (3).

BONAVENTURE (Jean), conseiller en 1292 et en 1295.

Il possédait une maison à la rue Pierre Boniface. En 1312 il était mort (4).

BONAVENTURE (Nicolas), conseiller en 1292.

Il possédait une maison dans laquelle le notaire Pascal de Mayranegis allait quelquefois rédiger ses actes. En 1296 il remplit les fonctions d'estimateur des cours de la Prévôté et de l'Œuvre avec Nicolas Gibelin lorsqu'il s'agit d'estimer les biens de son collègue Hugues Sarde (5).

BONIFACE (Pierre), conseiller en 1292.

« Dominus Petrus Bonifacii », tel est le titre que les actes lui donnent. Il appartenait à une vieille famille marseillaise. Une rue de Château-Babon portait son nom. C'était, paraît-il, un gros armateur. En 1272 Charles d'Anjou ordonna à son sénéchal de ne pas permettre aux navires des Génois et autres étrangers de charger des marchandises sur les côtes de Provence alors que Pierre Boniface et d'autres sujets du roi possédaient suffisamment de navires (6). Il était copropriétaire d'un navire appelé « Sancta Maria de Valle Viridis » et il est qualifié de « dominus

(1) Pascal de Mayranegis, 4 novembre 1302.

(2) Guillaume Féraud, mars 1321.

(3) L. Blancard, *Documents inédits*, IV, 80.

(4) Bernard Blancard, *pridie kal. junii 1312*.

(5) Pascal de Mayranegis, 1295, 15 des kal. de juin 1296.

(6) Arch. mun., *Livre Noir*, f. 238.

galeorum » dans un acte par lequel Ancelme Fer, fils de Guillaume Ancelme, reconnut lui devoir une somme de cent sous de Provence. Il possédait la directe sur un grand nombre d'immeubles situés à Château-Babon.

Il avait épousé Dulcie de Bossonet, fille de « domini » Mathieu de Bossonet. Il laissa plusieurs enfants : Pierre, Jean, Monet, Raymond, Jaumet, Nicolette et Bonifacie. Il protesta dans la séance du 30 octobre 1295 contre la proposition tendant à ce que la première fontaine soit établie près de l'Oyde. En 1302 il était mort (1).

Son fils Jacques (Jaumet) fit un testament en 1365 par lequel il manifestait le désir d'être enseveli dans le tombeau où reposait son père Pierre, situé dans le cimetière de la Cathédrale, à la place qui se trouvait devant l'entrée de la porte principale de la dite église « in platea ante introitu majoris janue predicte ecclesie sedis (2). »

Bossonet (Mathieu de), conseiller en 1292 et en 1295.

Il était banquier *(campsor)*, mais certains actes le qualifient de marchand et d'autres l'appellent « dominus ». Il avait un fils nommé François et une fille qui épousa Pierre Boniface. Il possédait une vigne à Camp-Long. En 1324 il était mort (3).

(1) Guillaume Féraud, 5 des ides d'août 1283. — Pascal de Mayranegis, 6 des ides de juin, 10 mai 1295 15 des kalendes de juin 1298, 3 octobre 1300, 10 mai 1302.

(2) Jean Georges, 16 février 1365.

(3) Jean Garnaud, 5 des nones de mars 1288 ; Pascal de Mayranegis, 15 des kalendes de juillet 1298 ; Barth. de Salmis, 7 janvier 1324.

XCI.

CAMBAL JACQUES — MILLAYROLLE DURAND

CAMBAL (Jacques), conseiller en 1292.

Il possédait une maison dans la rue Raymond-Alexandre, une autre à la rue de la Pierre-de-l'Image et une troisième située aux Sueillés-du-Marché (1).

CAUSSIO (Guillaume DE), conseiller en 1292.

COTHET (Bertrand), conseiller en 1292.

Il était, en 1251, du nombre des « probes hommes » qui jurèrent avec les chevaliers de la même époque d'observer la sentence rendue par l'évêque au sujet des chevauchées.

CUESSARD (Pons), conseiller en 1292.

Il avait une fille nommée Rixendis qui était béguine en 1314. Elle possédait une vigne au Teulet *(quartier du Canet)*, qu'elle vendit à Etienne de Saint-Paul.

En 1314 Pons était mort (2).

FOUQUE (Raymond), conseiller en 1292.

Il possédait une maison à la Porte-Gallique (3) et une vigne de trois quarterées au lieu dit : le Moulin-de-l'Evêque (4).

FRANC (Guillaume), conseiller en 1292.

Il était armateur. Sa galère faisait les voyages de Marseille et d'Aygues-Mortes à Mayorque. Il trans-

(1) Pascal de Mayranegis, *prid. non. aug. 1295*, 15 des kal. de juin 1296, 20 mai 1307.

(2) Guillaume Féraud, nones de décembre 1314.

(3) Pascal de Mayranegis, ides d'octobre 1293.

(4) Barthélemy de Salinis, 12 juin 1332.

portait des marchandises et des voyageurs. A propos de deux voyages qu'il fit en 1289, il eut un procès avec Barthélemy Gal devant la cour de l'Œuvre dont Jean Garnaud était bailli. Il remit au tribunal le cartulaire dans lequel on trouve, écrite en langue provençale, l'énumération des marchandises qu'il avait chargées et les noms des négociants à qui ces marchandises appartenaient : « Aisso sun los mercadiers que cargueron rauba en la galeya del sen Guilhem Franc, à Masselha et en Ayguas-Mortas per portar à Mayorguas. » En faisant cette remise il déclarait qu'elle ne devait en rien préjudicier à ses droits d'appel du jugement rendu par le juge (1).

Guillaume Franc habitait la juridiction de l'Œuvre. Il possédait une maison dans une rue parallèle à la rue Droite (2).

Guirami (Jacques), conseiller en 1310.

Son nom est tantôt écrit Guirami, tantôt Jirami, et tantôt Gayrami. Il était estimateur général en 1301, avec Guillaume de Toulouse et Jean Nicolas. Jacques Guirami possédait une maison dans l'île de Bérenger Repelin et une vigne à Séon. Ses filles Marie et Laurence héritèrent de la maison (3).

Hugolin (André), conseiller en 1295.

Il était banquier *(campsor)*. Son père qui mourut avant 1280 se nommait aussi André (4) et laissa quatre enfants mâles : Raymond, Bertrand, Guillaume et André. En 1280 ils firent dresser un acte pour le

(1) L. Blancard, *Documents inédits*, IV, 92.

(2) Pascal de Mayranegis, 8 des nones de novembre 1295.

(3) Cens de 1341.

(4) Pascal de Mayranegis, 16 des kalendes de mai 1295.

partage des biens paternels (1). André Hugolin était en relations d'affaires avec le médecin du roi Robert, maître Jean Blaise, natif de Montpellier, citoyen de Marseille, qui, tout en exerçant sa profession, se livrait au commerce, armait des navires et prêtait de l'argent. André lui emprunta, le vendredi 5 mai 1335, trois florins de Florence, pour payer un roussin qu'il avait acheté. Il dût laisser en gage un fermoir de manteau qu'il recouvra quelques mois après en rendant les trois florins. Plus tard, en 1336, le 20 décembre, il emprunta encore au même trente sous pour lesquels il laissa en gage un anneau d'or « en que ha una granada escalpida. »

André Hugolin faisait aussi le commerce, paraît il. Il vendit, par l'intermédiaire de Draguignan, courtier, le 6 septembre 1331, à Jean Blaise douze émines d'avoine au prix de huit sous l'émine. Le 26 février 1334, il arrêta ses comptes avec maître Jean Blaise à qui il devait encore dix livres deux sous. Il firent la même opération le 21 mai 1337. André resta débiteur de 103 livres qu'il promit et jura de payer par petits payements, c'est-à dire 4 florins de Florence chaque année à la Noel, « à Calenas ho à Nadal (2). »

Il possédait vingt-cinq sous de cens assis sur une terre située à Arcolens, cens qu'il vendit à Raymond Verd, archidiacre de Marseille (3). Il possédait aussi une maison rue Bouterie (4).

(1) Arch. mun., II, not. Hug. Championi, 7 des ides de septembre 1280.

(2) Cahiers de Jean Blaise, 6 v., 21 v., 48 r., 31 v., 57 v.

(3) Arch. dép., fonds de la Major, liasse 60, n° 400.

(4) *Idem*, fonds de Saint-Sauveur, liasse 8, n° 45.

JOURDAN (Hengilran), conseiller en 1292.

Il était fils d'Aycard. En 1283 il hérita avec ses frères Bertrand, Guillaume, Jaumet et Bertrandet de son oncle Gilles Jourdan qui leur laissa cinq maisons situées derrière le Four-du-Chapitre au lieu dit le Pré-à-Fourrage, tout près de la maison de Bertrand de Beaumont, marchand, et sous la directe de la Prévôté. Ces maisons furent vendues à Raymond Alamaric, marchand (1).

MARTIN (Hugues), conseiller en 1292.

Il possédait avec son frère Jacques une maison à l'Ourse et plusieurs tout près de l'église de la Sainte-Trinité et dans la rue Française. Il tenait en location une part des bains situés à la rue Droite-de-la-Pierre-de-l'Image, part dont Jacques de Cant était propriétaire. Une rue située près de la Sainte-Trinité et de l'Ourse s'appelait rue « des Martins (2). »

MILLAYROLLE (Durand), conseiller en 1292.

La famille Millayrolle habitait le quartier de la Sainte-Trinité où elle possédait plusieurs maisons. Les Millayrolle eurent quelquefois des démêlés avec la justice à cause de rixes auxquelles ils prenaient part aux abords de l'église de la Sainte-Trinité et de l'anse de l'Ourse.

Durand avait épousé une nommée Jeanne dont il eut deux filles, l'une, Cécilliette, se maria avec P. Beaumont, tailleur ; l'autre s'appelait Dulciette (3).

(1) Guillaume Féraud, kalendes d'avril 1283.

(2) Pascal de Mayranegis, 15 septembre 1292, 12 des kalendes de juin 1296, Barth. de Salinis, 8 avril 1320.

(3) *Idem*, 14 des kalendes de janvier 1279, 10 juillet 1301, 15 septembre 1302.

XCII.

DE NERS BARTHÉLEMY - VIGOUROUX LAURENT

NERS (Barthélemy DE), conseiller en 1292 et en 1295. Bien que qualifié de « nobilis vir (1) » il faisait le commerce des blés. C'est du moins ce qui résulte d'un procès qu'il eut en 1298 avec Pierre Maurel qui lui réclamait le reliquat d'une somme relative au nolis de 458 rasiers de blé apportés par celui-ci de Sardaigne à Marseille. Il fut condamné par le juge des cours de la Prévôté et de l'Œuvre à payer ce reliquat et aux dépens (2). Il possédait des maisons à la Pierre-de-l'Image et à la rue Française ou Droite.

Son neveu, Pierre de Ners, âgé d'environ douze ans, fils de feu Fouque, banquier, déclara devant le juge en 1298, le 24 mai, qu'il était logé et nourri dans la maison et aux frais de son oncle. Barthélemy fut chargé par le conseil, en 1295, de défendre les intérêts des habitants de la ville prévôtale contre les prétentions de l'évêque au sujet de la dîme. En 1307 il vendit sa maison de la rue Pierre-de-l'Image à Hugues Cambal (3).

Il était fils de Raymond de Ners. Sa femme Huguette possédait la directe seigneurie sur une terre située à Saint-Just (4). Il mourut avant 1315. Il avait un fils nommé Raymond (5).

(1) Arch. mun., BB.

(2) L. Blancard, *Documents inédits*, IV, 108.

(3) Pascal de Mayranegis, août et 3 des ides de novembre 295, 9 des kalendes de juin 1298, 4 août 1299 et 28 juillet 1307.

(4) Bernard Blancard, 20 octobre 1333.

(5) Pascal de Mayranegis, 2 avril 1315.

Pairolier (Barthélemy), conseiller en 1292.

Pierre, de Saint-Jean, conseiller en 1292.

Raymond (Guillaume), conseiller en 1292.

Voir la note concernant son homonyme, membre du conseil de la ville supérieure.

Ricard (Bernard), conseiller en 1292 et en 1295.

Dans la séance du Conseil général de la ville prévôtale, du 30 août 1295, il protesta avec Pierre Boniface contre la proposition faite par Bertrand Béroard et Guillaume Sarde, syndic du Conseil de la ville supérieure, au nom de ce dernier Conseil, proposition tendant à ce que la première des quatre fontaines qu'on avait, en 1292, décidé d'établir, soit élevée vers les Oydes c'est-à dire dans la partie Est de la ville, tout près de la Porte d'Aix. Mais sa protestation fut sans effet. Le Conseil général de la ville prévôtale accepta le projet de ceux de la ville supérieure.

Il possédait une maison rue Raymond-Ricard. En 1299 il était mort (1).

Romand (Guillaume), conseiller en 1292 et en 1295.

Il exerçait la profession de blanquier *(mégissier (2)*. Il possédait une maison à la rue Droite, tirant vers la Sainte-Trinité, tout près du cimetière de cette église, sous la seigneurie de la Prévôté (3), et une vigne au béal de Jarret, vigne qu'il vendit en 1300 à Jeanne Garrigue, femme de Guillaume Gamel.

Il avait possédé une autre vigne située au lieu dit : la Retrache *(quartier des Aygalades)*. Il la vendit en 1285 à Guillaume de Montolieu (4).

(1) Pascal de Mayranegis, 17 juillet 1299.
(2) P. Elzéar, 14 des nones de 1300.
(3) Pascal de Mayranegis, 13 des kalendes de juillet 1298.
(4) P. Aycard, 5 des kalendes de février 1285.

SALE (Marquis DE), conseiller en 1295.

Nous savons seulement de ce personnage qu'il possédait des terres et la seigneurie sur des vignes situées dans le quartier nommé la Pinède de Marquis de Sale (*Pineda Marquesii de Sala*). Il avait possédé des maisons dans la rue Caisserie (1).

En 1304 il était mort. Il laissa un fils mineur nommé Marquesier (*Marquesérius*) de Sale dont la tutrice était Doucelline Bouquier, sa grand-mère (2).

THAUMAS (Bertrand), conseiller en 1292.

TORTOSE (Pierre), conseiller en 1295.

Il possédait au sommet de Roquebarbe un moulin nommé « le moulin de Pierre Tortose » qui porta ce nom pendant plus de trente ans (3). Il était aussi propriétaire d'un pâturage et de plusieurs maisons au même endroit, d'une autre située à la rue de la Corderie-de-Château-Babon (4) et d'une vigne sise au lieu dit les Jardins (*quartier Saint-Bazile* (5)).

En 1322 il était mort (6). On trouve des citoyens marseillais portant ce nom vers le milieu du XIIIe siècle (7).

VIGOUROUX (Laurent), conseiller en 1292 et en 1295.

Il fut syndic de cette ville. Il possédait une maison près la Pierre-de-l'Image et une vigne aux Amiguas (*quartier de Sainte-Marthe* (8)).

(1) Pons Marin, nones de juillet 1282.

(2) Bernard Blancard, ides de septembre 1304.

(3) Augier Aycard, 15 septembre 1301.

(4) Cens de Bernard Garnier et Pascal de Mayranegis, 8 des kalendes de février 1298.

(5) Fragment d'un registre de cens payés à l'évêque.

(6) Cens de Bernard Garnier, 20 janvier 1322.

(7) L. Blancard, *Documents inédits*.

(8) Pascal de Mayranegis, 15 des kalendes de juin 1296.

COURS DE LA VILLE PRÉVOTALE

(JUGES, BAILLIS ET AUTRES)

XCIII.

ANCELME Hugues - GARNAUD Jean

ANCELME (Hugues), jurisconsulte. Il fut juge des cours de la ville prévôtale. Voyez l'article intitulé : « Un Tournoi qui tourne mal », publié dans la *Revue historique de Provence*, n° 1.

BOURDAUX (Aymond). Il fut juge des cours de la ville prévôtale en 1292 et prieur de l'église du château de Saint-Marcel en 1296 (1).

FABREFORT (Pierre), juge des cours de la ville prévôtale en 1300. Les actes de l'époque lui donnent le titre de jurisconsulte. En 1301 il était juge de la cour des premières appellations (2).

GARIN (Jacques), juge des cours de la ville prévôtale en 1326. Il appartenait à une famille d'hommes de lois. En 1254, on rencontre un P. Garin, notaire (3). Le père de Jacques, Pierre Garin, portait le titre de jurisconsulte et avait été juge de la cour de la ville inférieure en 1282 et lieutenant du juge P. Imbert en 1285 (4). Jacques avait épousé en premières noces une nommée Audouarde dont il eut une fille Cécile,

(1) Pascal de Mayranegis, *11 kal. aug. 1296*.

(2) Bernard Blancard, veille des nones d'avril 1304. – Pierre Elzéard, ides de mai 1301.

(3) L. Blancard, *Documents inédits*, II. p. 122.

(4) Pons Marin. *25 nov. 1282*. – P. Aycard, *2 id. sept. 1285*.

et en secondes noces Aguette, qui mourut vers 1314. De ce second mariage il eut Dulciette, épouse de Bérenger Hugolin, damoiseau, Jacques Garin, jurisconsulte, juge des cours de la ville prévôtale ; Bertrand et autre Pierre Garin. En 1287, Pierre Garin, le jurisconsulte, était mort (1).

Jacques Garin possédait un moulin et un casal tout près de la rue des Baucians, près du lieu dit la *Scaularie*, sous la directe seigneurie de Jean Garnaud (2), une vigne à Montean (*entre Saint-Barthélemy et Saint-Just (3)* et la directe seigneurie sur une terre située « al Vas » (*quartier de Saint-Jérôme (4)*.

Garnaud (Jean), bailli des cours de la ville prévôtale de 1286 à 1307.

Jean Garnaud exerça la profession de notaire et fut, ainsi qu'on le voit, pendant de longues années bailli des dites cours. Nous n'avons trouvé aucun acte postérieur à 1307 lui donnant encore ce titre. En examinant les affaires qui étaient soumises à son tribunal, on comprend que sa juridiction ne s'étendait guère que sur les faits compétant à la basse justice tandis que ceux du ressort de la moyenne justice étaient connus par le juge des dites cours. Le juge de la ville supérieure possédait sur le territoire de la ville prévôtale, comme il a été dit plus haut, la haute justice, en vertu de la vente faite par l'évêque de la

(1) Pons Marin, nones d'octobre 1287. — Bernard Blancard, 17 octobre 1325.

(2) P. Elzéar, 6 des kalendes de mai 1315.

(3) Cens de 1311.

(4) Bernard Blancard, 11 des kalendes d'octobre 1305.

seigneurie au comte de Provence en 1257. Les affaires analysées dans l'article concernant les cours de la ville prévôtale donnent une idée des attributions dont le bailli se trouvait investi et on a vu par la protestation qu'il éleva à propos du procès intenté à Hugues Boet, qu'il tenait à ne pas les laisser diminuer, fût ce même au profit du juge de la ville supérieure.

Jean Garnaud habitait la ville prévôtale. Il avait épousé Dulciette de Servières, fille de Bertrand (1). Elle possédait diverses propriétés situées à Pombières (2). Après la mort de son mari, Dulciette épousa un nommé Vincent et demeura à la rue Saint-Jacques-de Corrégerie (3).

De son mariage avec cette demoiselle de Servières, Jean Garnaud eut plusieurs enfants : Pierre, Jeannette et Jaumette. Son fils, qui exerçait aussi la profession de notaire, se maria avec Jacobie de Vaquières, fille de Jean. Jean Garnaud s'était engagé à doter la dite Jacobie et, comme il avait institué légataires universelles ses deux filles, Pierre Garnaud intenta un procès afin que la dot de sa femme, qui s'élevait à la somme de 140 livres de royaux, soit prise sur les biens composant ce legs (4).

Jeannette Garnaud épousa, vers 1342, Guillaume Turrel (5). Pascal de Mayrunegis rédigea le testament

(1) Pierre Elzéard, *loco citato*.

(2) Fragment d'un registre de cens payés à l'évêque.

(3) Jean de Salinis, 9 mai 1342, nones de mai 1345.

(4) Pierre Elzéard, *loco citato*.

(5) Jean de Salinis, *loc. cit*.

de Jean Garnaud et donna l'énumération des biens appartenant au testateur. Ils comprenaient des cens assis sur des immeubles situés à Val-Velfoze *(entre Saint-Lazare et Saint-Charles)*, rue Mario Just, Roche-de-Let *(quartier de Saint-Jérôme)*, rue de la Muette, traverse Jean Lingoste, rue Saint-Antoine et autres lieux (1).

XCIV.

LIAUTAUD Pierre - de VAQUÈRES Étienne

Liautaud (Pierre), syndic de la ville prévôtale en 1320.

On trouve vers la même époque deux Pierre Liautaud, l'un marchand et l'autre fournier (2). Un Pierre Liautaud avait épousé la fille de Jean Pizon, Alazacie (3).

Mais le syndic était certainement le marchand, qui demeurait à Château-Babon, quartier compris dans la ville prévôtale.

Ce Pierre Liautaud fit, en 1322, un héritage considérable. Raymond Verd, chanoine et archidiacre de la Cathédrale (4), par son testament en date du 21 avril 1321, lui laissa tous ses biens qui, en partie, consistaient en un grand nombre de cens perpétuels assis sur des immeubles situés à Coufoune *(quartier*

(1) Pierre Elzéard, *loc. cit.*

(2) Fragment d'un reg. de cens dûs à l'évêque.

(3) Cens de Bernard Garnier, 12 mars 1326.

(4) Venerabilis vir dominus Raymundus Viridis, canonicus et archidiaconus ecclesie sedis Massilie. — Pascal de Mayranegis, 1er septembre 1322.

de Mazargues), Carvilhan *(Sainte-Marguerite)*, Montolivet, Pas-de-Rodel *(entre la Rose et Saint-Jérôme)*, Barnassot, le Chemin-Traversier, Sainte-Marthe, Plombières, etc., et formant un revenu de 47 livres.

Par ce même testament, Raymond Verd imposa à Pierre Liautaud l'obligation d'entretenir les chapellenies instituées par lui en l'eglise cathédrale, dans la chapelle qu'il avait fait construire et nommée la chapelle de Saint-Laurent (1).

QUINSAC (Jean DE), juge des cours de la ville prévôtale en 1310.

Il était jurisconsulte. Son père Bernard eut plusieurs enfants : Jacques, Bernard, Guillaume, Laurent, le dit Jean, Jeanne Stornel et Cécile Boniface: ces dernières portent dans l'acte les noms de leurs maris (2).

Jean avait épousé une nommée Valentine qui possédait une maison dans la rue de la Canabasserie *(Cannabasserie (3)*. Son étude, ou sa boutique comme on disait alors, était située, en 1311, dans la rue du Palais (4). C'est là que le notaire Bernard Blancard rédigeait un grand nombre de ses actes, notamment ceux qui concernaient des affaires commerciales traitées entre étrangers (5).

(1) *Idem*, 11 septembre 1322.

(2) Pierre Eizéard, *13 kal. aug*, *1300*.

(3) *Idem*, *10 kal. aug. 1301*.—*Canabasseur*, celui qui fait ou vend de la toile ou autre chose faite de chanvre, *canabaserius*. Ducange.

(4) Bernard Blancard, 10 des kalendes de mai 1311.

(5) *Idem*, 1316, *passim*.

En 1298 Jean de Quinsac avait été juge de la cour de Marseille (1).

En 1286 on le rencontre déjà avec le titre de jurisconsulte (2).

En 1350, parmi les membres du conseil, on trouve aussi un Jean de Quinsac, jurisconsulte (3).

Rostang (Raymond), juge des cours de la ville prévôtale en 1323. Il portait le titre de jurisconsulte.

Il acheta en 1324, pour la somme de 25 livres, à Maraude et Saurette, filles et héritières de Raymond de Rabastens, une maison située dans la ville vicomtale, rue des Forestiers, où il possédait déjà un immeuble (4). Il était aussi propriétaire d'une maison rue des Bosquets, près de Roquebarbe (5) et d'une vigne au lieu dit de Balaguier *(quartier du Canet)*, pour laquelle il payait à l'évêque un cens consistant en une charge de raisins (6).

Servières (Raymond de), syndic de la ville supérieure en 1286.

Il devait, à ce titre, faire partie du conseil bien que son nom ne se rencontre pas dans les diverses délibérations où sont inscrits les conseillers présents. Il avait épousé une dame nommée Tiburge qui laissa, par son testament du 29 novembre 1301, une grande partie de ses biens à Jean de Servières. Elle fit de

(1) *Ibid.*, nones de novembre 1298.

(2) Pascal de Mayranegis, 23 mai 1286.

(3) Reg. des Délib., 1350-51, f° 11.

(4) Bernard Blancard, 1er septembre 1324.

(5) Cens de Bernard Garnier, 12 juillet 1339.

(6) Cens de 1311.

nombreux legs à des religieux de l'ordre des Frères Mineurs et de l'ordre des Frères de Jésus-Christ.

En 1301 Raymond était mort (1).

SERVIÈRES (Geoffroy DE), syndic de la ville supérieure en 1323.

Son père Jean de Servières (2) figure parmi les conseillers dont on a vu les notes biographiques.

On trouve aussi Geoffroy de Servières conseiller de la ville inférieure en 1331 (3).

VAQUIÈRES (Etienne DE), juge des cours de la ville prévôtale en 1296 (4).

Citoyen de Marseille. Les actes antérieurs à cette date lui donnent le titre de jurisconsulte.

Les Vaquières ont joué un rôle assez important dans les affaires municipales de la ville inférieure et étaient, en général, commerçants.

Hugues Martin, clerc du lieu d'Hyères, remit à Etienne, en 1287, une somme de 25 livres à titre de dépôt ou commande (5), ce qui indique qu'il se livrait aussi au commerce, malgré sa profession de jurisconsulte.

(1) Pascal de Mayranegis, 29 novembre 1301.

(2) Arch. mun., FF.

(3) Reg. des Délib., f° 11.

(4) Pascal de Mayranegis, *15 kal. junii 1296*

(5) Pons Marin, 21 octobre 1287.

PIÈCES JUSTIFICATIVES

I.

SERMENT DES CONSULS DE LA VILLE SUPÉRIEURE (1)

In nomine sancte et individue trinitatis. Anno incarnati verbi millesimo ducentesimo tricesimo primo, regnante domino Frederico secundo, Romæ imperatore semper augusto, pridie nonas junii.

Hoc est translatum sacramentalis consulum ville superioris Massilie, de originali rescriptum quod sic incipit : Vos jurabitis ad sanctam Dei evangeliam a vobis corporaliter manuclata *(sic)* quod vos et quollibet vestrum tam omnes quam singuli per vos et per officiales vestros hinc usque ad unum annum proximum tenebitis et conservabitis justiciam, legalitatem et equitatem omni persone et personis ab omni persona et personis sub vestra jurisdicione comorantibus et cohabitantibus, secundum jura et equitatem et statuta que facta inveniretis vel in posterum fierent, vestro et vestrorum consiliariorum consilio mediante, et quod nemini malefacienti penam parcetis, vel irrogabitis secundum quod meruerit et justum fuerit ipsam malefacientem pecunialiter vel corporaliter punietis et quod regetis, et gubernabitis cum consilio consiliariorum vestrorum villam superiorem

(1) Voyez pp. 11 et suivantes.

Massilie et cohabitantes in ea prout melius, justius et equius poteritis per totum tempus vestri regiminis.

Item, jurabitis salvare et defendere in personis et rebus omnes habitantes inter muros Massilie, tam superioris quam inferioris ville sine ullo discrimine.

Item, jurabitis quod vos et vestros diligetis et custodietis pro posse vestro omnibus modis amicos ville superioris et inferioris Massilie et dominium comitis Tolose et quod nunquam inimicos predicte civitatis et specialiter Mascaratos et suos recipietis vel recipi facietis sustinebitis, nec aliquod colloquium ore vel litteris cum eis vel eorum nunciis facietis, nec fieri sustinebitis quod aliqua persona sub districto vestro eos recipiat, idem cum eis colloquium verbis vel litteris faciat vel habeat.

Item, jurabitis quod vos vel aliquis nomine vestro non recipietis vel recipi facietis aliqua servicia ab aliqua persona dum eritis in hoc regimine per totum annum ultra summam XII denariorum.

Item, jurabitis quod quam cito poteritis eligitis XL probos homines et legales honestiores, prudentiores et meliores, bone opinionis et fame quos invenire poteritis sub districtu vestro cohabitantes, ad quorum consilium regetis et gubernabitis vestram curiam et villam et facietis tam dictis quam factis secundum quod vobis ab eis dabitur in consilio et illud non permutabitis aliquo modo quo possitis et quod vos facietis XL probos homines jurare quod ipsi consulent vobis bona fide et sine fraude secundum quod melius et justius poterint et scient, remoto inde omni odio et amore et qualiter vos possitis tenere justiciam et equitatem secundum quod predictum est.

Item, jurabitis quod vos statuetis curiam vestram de personis justis, idoneis et sufficientibus, scilicet de judice et notariis et aliis officialibus qui teneant justiciam et equitatem omnibus personis coram eis et conquerentibus et hoc quam cito poteritis facietis.

Item, jurabitis quod vos, pro posse vestro, facietis et complebitis et atendetis et operam dabitis efficacem quod omnia debita seu manulevationes que (fac) facta fuerunt vel suscepte mandato episcopi vel suorum comiti provincie vel suis ab aliqua persona tempore guerre, solvantur quam cito poteritis et specialiter de bonis ipsius episcopi.

Item, jurabitis quod vos non accipietis vel recipi facietis in curia pro causis que coram vobis aut vestro judice ventilabuntur et diffinientur per sententiam aut mandamentum vestri vel vestri judicis nisi XII denar. pro libra nisi forte in maleficiis in quibus possitis pignora recipere secundum quod vobis videretur et de vestro consilio emanaret, quod augmentaretur vel diminueretur.

Item, jurabitis quod omnia predicta universa et singula atendetis et complebitis et observabitis et contra non venietis per vos vel per alium aliqua juris vel facti subtilitate et hoc remoto inde odio et amore, prece vel precio vel timore et hoc salvo jure omnium personarum et specialiter salvo jure ecclesie.

Item, vos jurabitis facere guerram cum comite Tolosæ et cum hominibus ville inferioris Massilie contra comitem Provincie et contra Arelatem et similiter pacem quando comes Tolosæ et homines ville vicecomitalis fecerint pacem vel treugam.

Item, jurabitis salvare et deffendere dominium comitis Tolosæ et homines ville inferioris per vos et per homines superioris ville per mare et per terram cum armis et sine armis.

Sciendum vero est quod ego magister Hugo de Ventabrens, publicus notarius Massilie, mandato consulum ville superioris Massilie predictum sacramentale de originali transtuli sine fraude sicut ibi inveni scriptum sub anno domini MCCXXX, tercio idus februaris et illud legi in presencia testium scilicet, G. de Lunello, G. Raimundi, Johannis Guiberti, Petri Ancelmi.

II.

Extrait de la Convention passée entre l'Évêque et le Comte (1).

In nomine domini, amen. Anno incarnationis ejusdem MCCLVII, tertio kal. septembris.

Cum venerabilis pater B., Dei gratia Mass. episcopus haberet jurisdictionem temporalem in civitate Massilie que dicitur Episcopalis et Ecclesie, pro qua jurisdictione graves et difficile questiones et periculose contentiones retroactis temporibus, pluries fuerint, inter ipsum et antecessores suos et Ecclesiam, et homines superioris ville ab una parte, et Podestatem et consules, vicarios et rectores et commune ville vicecomitalis ex altera, et modo decentum esset ad hoc, quod villa vicecomitalis et totum commune devenerit ad plenum et merum imperium et dominium illustrissimi domini Caroli, Dei gratia Andegaviæ, Provenciæ et Forqualquerii comitis, et Marchionis Provinciæ, et domine B., comitisse, ejus uxoris, consideratis etiam retroactis periculis...... volens idem episcopus in posterum precavere et plenam pacem et concordiam facere et servare inter superiorem et inferiorem civitatem, et immunitatem et indempnitatem episcopi et ecclesie salubrius et utilius procurare, predictam jurisdictionem et senhoriam temporalem, de consensu et voluntate Petri Andre, prepositi, Rostagni de Agouto, Hugonis de Forcalquerio, Gaufridi Rostagni, Guillelmi de Temple, precentoris, Peregrini Bauciani,

(1) Voyez pp. 17 et suivantes.

Johannis Aurioli, Hugonis Feri, Hugonis Andre, seno ris Simonis, operarii, Johannis Blanqui, juvenis, filii Johannis Blanqui, jurisperiti, canonicorum sedis Massilie, sicut... per cartas inde factis permutavit et ex causa permutationis tradidis et quesi tradidis, dictus episcopus, supradictis domino Karolo, comiti et domine B., comitisse, ejus uxor, et eorum heredibus ipsam juriditionem temporalem et totam segnoriam et omnia jura et temporalia quod habebat in dicta civitate et crt inenciis maris et terre. Retentis tamien dicto domino episcopo et suis successoribus episcopis Massilie universis dominicaturis proprietabus et possessionibus et terræ vintenis et trezenis et acaptis et censibus in illis terris quod facer e consueverint servicium episcopo Massili, et tascis et jure coquendi panem sive fornagio et molendi bladium ad opus sui et familie sue sive moture, et retenta sibi et suis successoribus episcopis Massilie plena et mera jurisdictionem in omnibus spiritualibus et retentis omnibus inquisitionibus et condempnationibus et penis impostas per dictum dominum episcopum vel ejus curiam usque in die facte permutationis et retenta sibi plena jurisdictione in religionibus quo ad ecclesiastico juribus quocumque nomine censeantur.

Assignaverunt dictus dominus comes et dicta domina comitissa ex causa dicte permutationis in feudum dicto episcopo et suis successoribus episcopis massiliæ, castra et loca inferius designata cum omni plenissima jurisdictione et mero imperio et mixto et districtu, jure et dominio, et cum omni majori valentia que nunc est aut in posterum esse poterit in predictis...

... Omnia predicta castra et loca cum omnibus pertinentiis suis, et juribus, et districtibus universis, dederunt et assignaverunt, eo modo quo supra dictum est, predicti dominus comes et domina comitissa, pro se et successoribus suis pro dicta quantitate, eidem domino episopo et successoribus suis episcopis Massilie, cum omni plenissima juriscdictione et mero et mixto imperio.

... Nullo sibi vel suis ibi retento nisi cavalcatis secundum morem Provincie et majori dominio et fidelitate et homagio, quod ipse dominus episcopus et ejus successories episcopis Massilie tenentur facere pro predictis, ipsi domino comiti et domina comitissa et heredibus eorumdem, pro predictis castris cum eorum pertinentiis.

... Qui mittat dictas cavalcatus ad requisitionem curie dicti domini comitis ; ita tamen quod numquam pro cavalcatis detur pecunia vel fiat redemptio pecunie pro eisdem sine voluntate domini episcopi et successorum suorum quod homines universaliter quicumque sint et undecunque possint transire per navem vel naves de Mérindol cum omnibus sine conditione et impedimento dicti comitis et ejus curie et suorum, eo modo quo ab antiquo hactenus est consuetum. Et dictus dominus episcopus possit habere navem vel naves in territorio de Merindolio ad suam voluntatem, et recipere naulum seu passagium et reditus dictarum navium...

Si contigeret quod aliquis Prelatus seu princeps, vel Baro, vel aliqua alia persona religiosa vel secularis diceret, se habere jus in predictis, et obtineret in parte vel in toto ; quod ad valorem partis seu totius, debeant, dominus comes vel domina comitissa et eorum heredes, predicto domino episcopo vel ejus successoribus episcopis Massilie ad cognitionem bonorum virorum tantumdem pacifice assignare.

Quod dicto domino episcopo et suis successoribus episcopis Massilie faciant homagium et fidelitatem.

Quod si barones vel milites aliqui, seu populus vel quecumque aliæ persone contradicerent dicto episcopo vel suis successoribus episcopis Massilie seu eorum loca tenentibus, vel turbarent, vel impedirent de supra dictis castris...

Vel insurgerent in aliquo contra dictum dominum episcopum vel ejus loc... tenentes, seu conspirationem facerunt, vel tractarem; quod dominus comes et domina comitissa et eorum heredes et senescalli et bajuli domini comitis et domine comitisse et eorum successorum..... manu tenere defendere et salvare sicut bonus dominus tenetur servare fidelem juvare vassalum.

Quod dictus dominus episcopus et ejus successores episcopi Massilie possint perpetuo, et per tota n terram suam in uno loco vel pluribus constituere notarios et judices ordinarios.

Dictus dominus episcopus pro predictis castris. fecit recognitionem et homagium ipsi domino comiti recipienti nomine suo et dicte domine Beatricis, comitissé, uxoris sue, et heredum suorum et juravit super sancte evangilie fidelitatem.

Actum apud Sanctum Remigium, in priorata Sancti Remigii, presentibus et vocatis testibus infrascriptis, videlicet : domino B., Forojuliensi episcopo, domino vicedomino electo Aquensi ; domino P., episcopo Nice ; P., abbate Sancti-Honorati ; Egidio, archidiacono Aquensi.

Barallo, domino Baucii ; Bonifacio de Gasberto, domino de Salernis ; Bonifacio de Regio, domino Castellane ; Alberto de Laverno, legum professo, vicario Massilie ; Isnardo de Autraveruis, domino Toloni ; Bertrando de Alamanono, domino Rognis ; Girardo de ..., senescallo Provincie ; Joanne de ..., senescallo Venascini, Simone de Foresta, milite, et mihi Bertrando Lingosta, publ'co notario.

III.

Vente par le Chapitre a la reine Jeanne de la ville Prévôtale (1).

Clemens, episcopus, servus servorum Dei, ad perpetuam rei memoriam, sollicitat nos illius cura regiminis quod ex divine, suscepimus providentia majestatis ut, ecclesiarum omnium quarum regimini universaliter presumus commodis quantum nobis ex alto conceditur, intendamus et ut ea que, pro evidente utilitate ipsarum, conspicimus esse facta firma et illibata perpetuis futuris temporibus perseverent apostolice firmitatis presidio muniamus. Exhibita siquidem nobis venerabilis patris nostri episcopi et dilectorum filiorum operarii et capituli Massiliensium, petitio continebat quod cum operarius, ratione officii operarie ecclesie Massiliensis et capitulum predicti, per sucertam jurisdictionem cum bannis, latis, leudis, pedagiis et cossis in villa superiore turrium ac preposituro, ex alia parte civitatis Massiliensis cujusque territorio et mari haberent et obtinerent, ipsi attendentes quod jurisdictio hujusmodi, cum omnibus supradictis, modicum utilitatis afferebat eisdem et quod utilius erat ipsis quod viis et modis quibus melius fieri posset, jurisdictio ipsa in alios redditus et proventus commutaretur de quibus eis et aliis servitoribus ejusdem ecclesie, pro cultu divino augendo et peragendo solennius in eadem providori valeret; tandem ipsi operarius et capitulum cum gentibus et procuratoribus, carissime in Christo filie nostre Johanne, regine Sicilie, illustris comitisse Provincie, tractatum super hiis, deliberatione provida habuerunt ac predictam jurisdictionem cum omnibus supradictis ipsi regine suisque suc-

(1) Voyez pp.184 et suivantes.

cessoribus, pro precio duorum milium et trecentorum florenorum auri Florentia, vendiderunt ipsis procuratoribus ementibus et venditionem hujus modi nomine regine recipientibus, antedicte ac in venditione ipsa, nostro et sedis apostolice beneplacito reservato, prout in instrumento publico inde confecto cujus tenorem de verbo ad verbum presentibus inseri fecimus plenius et seriosius continetur. Subjungebat etiam petitio supradicta quod ipsi operarius et capitulum intendunt de dicta pecunia pro eis acquirere et emere, redditus et proventus perpetuos in comitatu Provincie et Forcalquerii consistentes in feudo vel allodio, fornagiis vel usagiis, serviliis, lesdis aut retro feudis que tamen non consistant in jurisdictione temporali et que censum non faciant ipsi regine seu curie sue loco jurisdictionis et aliorum omnium predictorum taliter venditorum ipsis operario et capitulo prout pro rata quemlibet rationabiliter tangere poterit applicandos. Quare prefati episcopus, operarius et capitulum nobis humiliter supplicarunt ut venditionem hujus modi, non obstante quod in venditione predicta tractatur cum solennitate juris debita qui debet in rebus ecclesie alienandis adhiberi, non extitis observantur approbare et confirmare, ita tamen quod dicta pecunia in alios usus converti no valeat nec expendi auctoritate apostolica dignaremur. Nos igitur, honorem et comodum ejusdem massiliensis ecclesie paternis affectibus diligentes hujus modi supplicationibus inclinati, venditionem predictam ratam et gratam habentes illa auctoritate apostolica ex certa sciencia approbamus et etiam confirmamus ac presentis scripti patrocinio communimus predictam ac omnem alium defectum si quis in premissis et circa ea quomodolibet intervenit, supplentes de apostolice plenitudine protestatis, proviso tamen quod dicta pecunia pro jurisdictione et aliis predictis venditis conventa in usus alios quam ut premissum est nullatenus convertatur.

Tenor autem instrumenti predicti talis est :

In nomine domini nostri Jhesu Christi amen. Anno ab incarnatione ejusdem millesimo trecentesimo quadragesimo tertio, die primo decembris, duodecime indictionis, regnante serenissima domina nostra domina Johanna, dei gratia Jerosolimi et Sicilie regina, illustris ducatus Apulie et principatus Capue, Provincie et Forcalquerii ac Pedemontis comitissa, regnorum ejus anno primo ; ex tenore hujus modi publici instrumenti pateat universis tam presentibus quam futuris quod, in presentia mei notarii et testium subscriptorum, congregato venerabili capitulo ecclesie cathedralis civitatis Massilie ad sonum campane ut moris est, in quo erant dominus Fredolus de Felgayranis, operarius dicte ecclesie, dominus Hugo de Aurono, dominus Bertrandus Rostagni, dominus Guillelmus de Tesio et dominus Marchus de Marchiis, canonici Massilie, residentes in aula inferiori domus prepositure Massilie vocata capitulum, in qua consuevit capitulum celebrari, ibidem, pro infrascriptis capitulum facientes et celebrantes, dixerunt et veraciter asserverunt pluries et diversis verbis atque temporibus in dicto capitulo, per ipsos dominos canonicos, pro maxima utilitate, fuisse tractatum et dicto capitulo esse utile, necesssarium et expediens vendere, precio quo possent meliori, totam et omnimodam jurisdictionem et omne dominium et senhoriam quod et quas habet et possidet seu quasi possidet dictum capitulum vel, temporibus retroactis, habuit, tenuit et possedit seu quasi, prepositus Massiliensis ecclesie in villa superiori civitatis Massilie seu infra dictam civitatem in quacumque parte ipsius vel in territorio ipsius civitatis et in mari, que omnia devoluta fuerunt et venerunt ad dictum capitulum ex certis rationabili[illegible] causis et nullam personam potuerit dictum capitulum invenire que tantum precium pro predictis dare voluerit, quantum magnificus et spectabilis vir Hugo, dominus Baucii, comes Avellini, comitatuum Provincie et Forcalquerii senescallus et dominus Guillelmus Henrici, in predictis comitatibus procurator et advocatus ejusdem domine nostre Johanne, regine dictorum regnorum ac comitisse comitatuum predictorum et domine dicte civitatis Massilie, nomine et pro parte dicte domine regine et comitisse, qui, post plures tractatus inter ipsum capitulum ex una parte et dictos dominos senescallum et procuratorem reginalem ex altera habitos, dare pro predictis bonis et juribus se obtulerunt duo milia et trecentos florenorum auri de Florentia, nomine dicte domine regine cui oblationi prefatum capitulum consentiit pro evidente utilitate ipsius, dictum precium velint ponere in certis emptionibus fiendis per dictum capitulum de quilibet habebit utiles redditus in multo maiori quantitate quam habeant de jurisdictione predicta. Eapropter (sic) prefatum capitulum, videlicet dicti domini canonici nomine suo et nomine dicti domini prepositi et aliorum canonicorum absentium et dictus dominus operarius, nomine suo et dicti capituli, insimul congregati et capitulum ut supra facientes, ipsum, inquam, capitulum ac omnes de ipso non cohacti, decepti aut in aliquo circumventi sed gratis, mera et spontanea voluntate pro maxima et evidente utilitate capituli supradicti vendiderunt, cesserunt et concesserunt seu vendit, cessit et concessit ex titulo puro, perfecto et irrevocabilis venditionis seu quasi, retentis et salvis voluntatibus et beneplacitis domini nostri summi pontificis et reverendi patris domini episcopi massiliensis, nobilibus et circumspectis viris domino Guillelmo Henrici predicto et domino Nicolao de Contraguerra de Camplo, jurisperitis in dictis comitatibus Provincie et Forcalquerii, reginalibus procuratoribus et advocatis presentibus et ementibus de mandato et licentia et auctoritate spectabilis et magnifici viri domini Hugonis, domini Baucii, comitis Avellini comitatuum Provincie et Forcalquerii senescalli predicti, nomine et pro parte dicte domine nostre regine et comitisse dictorum comitatum ac domine civitatis ejusdem necnon heredum et successorum suorum, omne et totum dominium ac omni modam jurisdictionem et senhoriam altam et bassam et excercitium eorumdem quod et quam habet et tenet et possidet seu quasi possidet et habere, tenere et possidere seu quasi possidere ipsum capitulum seu dictus prepositus visum est seu visus fuit, insimul aut dispersim et per se habere in villa superiori civitatis Massilie et in villa Prepositure Massilie et ipsarum territorio et mari massilien. Ac quicquid habent et visi sunt habere in eis, necnon lesdas et, pedagia, naufragia, piscarias et jura piscariarum, rippaggia, cossias, lesdas et banna et omnem fructum jurisdictionis, cujuslibet et omnia dependentia a juridictione et omnibus supradictis, nichil sibi de predictis retinendo, precio et nomine precii duorum milium et trecentorum florenorum auri predicti, de quo quidem precio dictum capitulum (...) em habuit a dictis dominis reginalibus procuratoribus, cedens et mandans capitulum ipsum et omnes et singuli prenominati de ipso capitulum hujus modi facientes dictis dominis reginalibus procuratoribus et advocatis presentibus stipulantibus solenniter et recipientibus nomine et pro parte quo supra omnes actiones et rationes reales et personales, mixtas, utiles et directas reique persecutorias, pretorias et civiles perpetuas et corporales quas et que capitulum ipsum seu dictus dominus prepositus habet, tenet et possidet seu quasi et visum est habere, tenere et possidere seu quasi in predictis rebus supra venditis et ipsarum qualibet etiam et habebat, tenebat et possidebat seu quasi possidebat ante presentem venditionem, volens, concedens et mandans quod iidem domini procuratores reginales et advocati procuratoriis nominibus quibus supra aut alius nomine et pro parte excellentie reginalis predicte possit et vadat corporalem possessionem seu quasi apprehendere bonorum, dominii, jurium et juridictionis predictorum, auctoritate propria nullaque pretoris vel judicis requisita licentia vel obtenta, usum fructum ipsorum omnium supra venditorum sibi per unam diem tantumodo retinendo, qua die lapsa usufructus sue proprietati consolidare voluerunt ita quod ipsis juribus cessis, mandatis et desamparatis prefata domina regina seu ejus officiales extunc in antea premissis omnibus uti possint et valeant ac etiam experiri tanquam de re propria et libere acquisita predicta ; autem bona, jura et jurisdictionem supra venditas prefatum capitulum per stipulatione et sub ipsius capituli bonorum obligatione promisit dictis dominis reginalibus procuratoribus presentibus stipulantibus solemniter et recipientibus et ementibus nomine et pro parte dicte domine regine semper defendere et salvare in judicio et extra judicium, de jure et etiam de facto ob omni inquietante seu perturbante aut prefate domine regine vel ejus successoribus questionem aliquam super predictis movente, et de omni evictione et expensarum restitutione teneri necessitate denunciandi et appellandi eisdem dominis reginalibus procuratoribus dictis nominibus ex pacto remissis de quibus predictum capitulum dicte domine regine seu suis procuratoribus credere promisit eorum verbo simplici sine juramento, testibus et alia probatione quacumque ; promittens dictum capitulum et omnes nominati de ipso capitulo, capitulum ipsum ut premittitur facientes, sub obligatione qua supra se facturos et curaturos cum effectis quod presentem venditionem et alienationem predictorum jurium facient per dominium nostrum summum pontificem et per dictum dominum massilien. episcopum et per dictum dominum prepositum ex certa eorum scientia et omnia et singula in presenti instrumento contenta solemniter confirmare, ratificare et approbare et predicte alienationi consentire et quod omnem defectum solennitatis (.....), contractus seu alienationis ex plenitudine potestatis dictus dominus noster papa confirmabit et ratificabit ex certa sciencia, presentemque venditionem idem dominus noster papa semper valere et de jure valere mandabit et precipiet legibus et canonibus bona et jura ecclesie alienari prohibentibus nullatenus obstantibus et donec preses alienatio et preses contractus per ipsum dominum nostrum papam et prefatum dominum episcopum fuerit legitime validatus et confirmatus prefatus dominus senescallus seu dicti domini reginales procuratores predictum precium dicto capitulo minime solvere teneantur habita tamen dicta confirmatione rite et legitime in forma juris prefatus dominus senescallus et dicti domini reginales procuratores dictum precium predicto capitulo integre solvere teneantur qua solutione facta idem dominus senescallus seu dicti domini procuratores auctoritate propria et nullius licentia et consensu requisitis possint possessionem seu quasi apprehendere corporalem predictorum bonorum et jurium supra venditorum ; confites dictum capitulum ut premittitur congregatum non habere aliquem superiorem in predictis bonis et juribus venditis alium quam dominam reginam et comitissam sub cujus dominio et senhoria et predecessorum suorum tam dominus prepositus quam dictum capitulum tenere et possidere consueverunt et debent omnia bona et jura predicta. Et si predicta jurisdictio et alia bona et jura supravendita plus valent seu in antea valere possent precio supradicto totam illam magisvalentiam prefatum capitulum dictis dominis procuratoribus reginalibus recipientibus et stipulantibus solemniter pro donatione simplici inter vivos donavit, cessit et remisit

(...) que jurisdictionem bona et jura predicta prefatum capitulum nomine dicte domine regine et dictorum procuratorum suorum se constituit possidere seu quasi donec illorum possessionem habuerint seu apprehenderint corporalem, quam apprehendendi et tenendi per se seu alios officiales reginales incontinenti facta confirmatione predicta per dominum nostrum papam et omnibus proscriptis completis auctoritatem et licentiam concessit et dedit, retinens et exceptans dictum capitulum quod ubi predicti dominus noster papa et dominus massilien. episcopus presentem alienationem seu contractum approbare seu confirmare nollent et presens venditio nullum fortiatur effectum seu habeatur potius pro non facta et de hoc tam dicti canonici quam prefati domini procuratores reginales solemniter protestantur. Et etiam ego Johannes Alberti predictus notarius et subscriptus ac Philippus Gregorii notarius publicus vocatus pro parte dicti capituli ad prescripta et infrascripta etiam conscribenda de hiis fuimus pariter solemniter protestati, renuncians predictum capitulum ex pacto pleno certificatum in omnibus supradictis juribus prohibentibus bona immobilia ecclesie alienari et omnibus statutis consuetudinibus privilegiis et rescriptis quibuscumque editis vel edendis, impetratis et impetrandis, petitioni, libelli, note que translatui hujus instrumenti et omnibus feriis dilationibus et exceptionibus quibus dictum capitulum posset se contra predicta in aliquo juvare etiam vel tueri et supradicta omnia universa et singula attendere et complere et contra in aliquo non facere, dicere vel venire de jure vel de facto, predictum capitulum et prenominati canonici dictis nominibus dictis dominis procuratoribus reginalibus presentibus et quibus supra nominibus recipientibus promiserunt, sub ypotheca et obligatione omnium bonorum dicti capituli presentium et futurorum et super sancta dei evangelia corporaliter manibus tacta, sponte juraverunt et etiam dicti domini reginales procuratores in animam dicte domine regine et comitisse de quibus omnibus universis et singulis supradictis dicti domini reginales procuratores dictis nominibus petierunt sibi fieri unum et plura publica consimilia instrumenta que possunt dictari, corrigi, refici, meliorari, emendari, semel et plures et totiens quotiens opus fuerit, productum in judicio vel non productum, consilio unius vel plurium sapientium addendo in eis clauzulas vel diminuendo prout expedire viderint facti, tamen substantiam aliquo non mutata.

Actum Massilie in predicto capitulo presentibus testibus ad premissa vocatis et rogatis videlicet nobilibus viris domino Guillelmo de Berrutis maiore et secundorum appellationum judice comitatuum Provincie et Forcalquerii predictorum, domino Guillelmo de Sparrono milite, juris civilis professoribus, domino Bertrando Ferrannm de Sancto Cannato, officiali episcopatus Masilien. domino Bertrando de Rovesto de Massilia jurisperito, magistro Giraudo Eyssauterii de Barcilonia, Odino de Galerano, Petro de Piniaco de Aquis, Raolino Alberti de Massilia, Johanne Grandini de Tornaforti, predicto Philippo Gregorii de Massilia, notariis et me Johanne Alberti de Draguihaco jam dicto publico in dictis comitatibus Provincie et Forcalquerii ab illustrissimo domino nostro Roberto bone memorie rege Jerlm. et Sicilie ducatus Apulie et principatus Capue, Provincie et Forcalquerii ac Pedemontis comite notario constituto, qui requisitus omnibus premissis interfuit et rogatus inde hoc instrumentum publicum propria manu scripsi et signo meo consueto signavi.

Nulli ergo omnium hominum liceat hanc paginam nostre approbationis, confirmationis et supletionis infringere vel ei ausu temerario contra ire. Si quis autem hoc attemptare presumpserit indignationem omnipotentis Dei et beatorum Petri et Pauli apostolorum ejus se noverit incursurum.

Datum Avinionis, VI kal. aprilis pontificatus nostri anno secundo.

LETTRE DE LA REINE JEANNE

réunissant la ville supérieure, dite des Tours, à la ville Inférieure

Johanna Dei gracia Regina Jerlm. et Sicilie, ducatus Apulie et principatus Capue, Provincie et Forcalquerii ac Pedimontis Comitissa universis et singulis, presentes literas inspecturis tam presentibus quam futuris, discreta rerum evidens et probabilis ratio persuadet, ut culminis nostri regale fastigium suis obviare teneatur incomodis, ac suorum subiectorum fidelium in rei publice comodum benignis supplicationibus graciosius assentire, sane pro parte fidelium nostrorum syndicorum et universitatis ville Turrium civitatis nostre Massilie, habuit humilis exposicio culmini nostro facta, quod attentis libertatibus, franchisiis et immunitatibus vicecomitalis Massilie, hujusmodi civitatis homines, mares et femine dicte ville Turrium, lares in illa et incolatus proprios confoventes, ad civitatem vicecomitalem predictam se transtulerunt retrolapso tempore jam adiu et cotidie se transferre non desinunt incolatu perpetuo adeo quod velut hermis censetur et ruinis deformatur totaliter, non sine civitatis vicecomitalis predicte guerrarum turbatis forsitan futuris temporibus ob ingressum ville ipsius habilem ad memoratam civitatem vicecomitalem hujusmodi discriminosis dispendiis et periculis manifestis, supplicarunt majestati nostre humiliter, ut de munificencie nostre gracia liberalitate mera et concessione gratuita, villam predictam et homines Turrium et ejus districtus decorare predictis libertatibus, franchisiis et immunitatibus civitatis vice comitalis ipsius ac eidem adunire insolidum cum omnibus juribus tenementis suis et pertinenciis et ad iddem sub predictis libertatibus, capitulis statutis et franchisiis, ac bonis usibus omnino reducere attentis serviciorum universitatis ville ipsius meritis nostre celsitudini, ac nostris recolende memorie progenitoribus impensorum fideliter benignius dignaremur. Quorum suppiicationibus gratis nobis ut pote benignius annuentes necminus dicte terre visibiliter comodum dictorumque nostrum fidelium, ac majestatis nostre compendium non in merito attendentes, villam predictam Turrium nec non ejus homines mares et feminas, habitatores et in colas, cum omnibus juribus et pertinenciis suis, sub libertatibus, capitulis, statutis, franchisiis et bonis usibus, nec non sub directione in omnibus et regimine vicarii principaliter et ceterorum officialium presentium et futurorum dicte civitatis vice comitalis Massilie, de certa nostra sciencia et speciali gratia permissorum, intuitu civitatis vice comitalis predicte reducimus et ejus dominio tenore presentium absque differencie medio penitus per imperpetuum adunimus. In cujus rei testimonium hoc nostrum patens privilegium, eidem universitati dicte ville Turrium fieri et pendente maiestatis nostre sigillo jussimus communiri. Datum Massilie de mandato nostro per Bertrandum Radulphi de Bredula, secretarium nostrum, magne nostre curie, magistrum racionalem, procuratorem et advocatum Provincie. Anno Domini millesimo trecentissimo quadragesimo octavo, die tercia mensi januari, primo indictionis Regnorum nostrorum anno sexto.

CITADINAGES [1]

I

In nomine domini, amen, Anno incarnation ejusdem MCCCI, indictione XV, die XVII februario, noverint universi quod constitutus Raymundus Philipi, castri de Montiliis, ante presentiam nobilis et discreti viri domini Berengarii de Turre, judicis curie regie civitatis superioris Massilie, pro tribunali sedentis in curia supradicta, dixit et asseruit, coram eo, se velle esse civem et habitatorem civitatis superioris predicte et ibidem domicilium suum facere et juri in dicta curia stare, parare, obedire et respondere omnibus personis de eodem R vel de ejus familia et conquerementibus, et congregare ibidem substanciam suam vel majorem partem ejusdem et fidelem esse subditum et devotum domini nostri regis Jerlm. et Sicilie et suorum heredum, secundum facultatem ejusdem, suportare honera civitatis superioris predicte et cetera alia facere que quilibet civis inhabitator dicte civitatis superioris et fidelis dicti domini nost i regis facere tenetur debet. Unde petiit a dicto domino Judice, cum quanta potuit instancia se per eum in civem et habitatorem civitatis superioris supradicte, et omnium ipsius civitatis

(1) V. pp. 72-73.

statutorum, libertatum, franquisiarum, usum, consuetudinum et antiquitatum participem recipi et admiti, qui dictus dominus judex, audita petitione dicte Raymundi eaque admissa ut justa, et ..... atque juri ipsum Raymundum presentem et cum ejus familia recepit et admisit in civem et habitatorem civitatis superioris predicte, statuta, libertates, franquerias, consuetides, antiquitates usus ipsius civitatis predicte sibi totaliter concedendo, quibus uti de cetero gaudere possit et valeut ut alii cives civitatis predicte gaudent etiam et utantur, dans et concedens dictus judex dicto Raymundo presenti et recipienti et suis, autoritatem, licentiam ac libram potestem a modo habitandi, morandi, larem fovendi et domicilium faciendi in civitate superiori predicta, emendi, vendendi, mercandi, contrantenti et cetera omnia alia faciendi et excercendi in dicta civitate superiori et alibi ubicumque que ceteri cives et habitatores ipsius civitatis predicte facerint, exercent cum omnibus altis franquesiis, statutis, consuetudinibus et antiquitatibus civitatis predicte, utendo et eis gaudendo ut ex ipsis ceteri cives civitatis superioris predicte utantur, gaudent fideles regis et devoti. Et dictus Raymundus incontinenti promisit dicto domino judici et mihi notario infrascripto, stipulantibus et recipientibus nomine dicti domini nostri regis et suorum heredum et ad sanctam Dei evangiliam sponte juravit se a modo in civitate predicta domicilium facere, habitare et larem fovere et se fidelem et devotum regium esse et persistere et obedientem, dicto domino nostro regi et ejus heredibus et curia (sic) supradicte et suis officialibus in dicta curia presentibus et futuris et eorum perceptis obedire et ea attendere, adimplere, complere et pro posse per omnia observare et personas ipsius domini nostri regis et suorum heredum ac officialium suorum et bona eorum custodire, salvare et deffendere et pro posse et dampna evitare et (protinus) manifestare seu revelare eisdem secundum ejus possibilitatem et facultatem ipsius civitatis superioris onera debite supp (ortare).

Et de predictis omnibus, dictus R. petiit sibi fieri instrumentum per me notarium infrascriptum, quod dictus dominus judex fieri voluit et concessit ad majorem predictorum omnium firmitatem sigillo dicte curie sigillatum.

Actum Massilie in domo Petri Robaudi in qua regitur curia civitatis superioris predicte, presencibus Johanne Aucherii, Bertrando Cervelli, Johanne Periati, notariis et Jacobo Albini, testibus ad hoc vocatis et rogatis et me Pasc. de Mayranegis. not. pub. massilie, comitatumque Provincie et Forcalquerii, ac scribo dicte curie, qui, mandato dicti domini judicis et prece et requisitione dictis R., hanc cartam scripsi supposito signo meo et sigillo etiam pendente diete curie sigillavi.

II

In nomine domini, amen. Anno incarnationis ejusdem MCCCVIII. indict. VII. X januaris, noverint, etc., quod constitutus magister Johannes de Montona, anglicus, candelarius candelarium de cepo coram nobile et discreto viro domino Johanne Radulphi, judice curie regie civitatis superioris Massilie, protibunali sedente dixit et asseruit, coram eo, quod licet ipse habitaret et habitaverit diu est in hac civitate cum uxore quam hic dixit et liberis suis, ad cautelam vult recipi in civem dicte civitate per dictum dominum judicem et perinde se velle esse civem et habitatorem civitatis superioris predicte et ibidem domicilium suum facere et habitare et juri in dicta curia stare, posere et respondere omnibus personis de eodem Johanne vel de cèdent. Quelques mots sont changés, mais le sens ejus familia. (*Le reste à peu près comme l'acte précédent. Quelques mots sont changés, mais le sens reste même jusqu'à l'*actum.

Actum Mass., in domo quæ fuit Bernardi Juvenis in qua nunc regitur dicta curia presentibus domino Alberto Radulphi, jurisperito, Guillelmo Ponci, notario, et Petro Palota, testibus ad hec vocatis et rogatis, et me dicto Pasc. de Mayranegis not. etc., etc.

Table des Matières

Imp. du Bon Marché, 1, Boulev. Douéa.

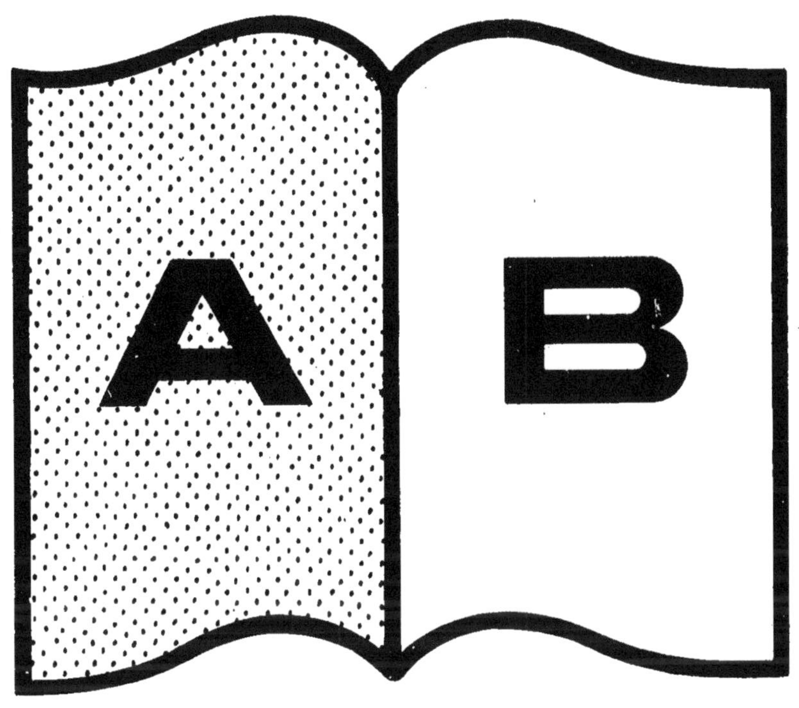

Contraste insuffisant

NF Z 43-120-14

www.ingramcontent.com/pod-product-compliance
Ingram Content Group UK Ltd.
Pitfield, Milton Keynes, MK11 3LW, UK
UKHW020438200726
13857UKWH00002B/470

9 782012 899032